出る順 行政書士

2021年版
Deru-jun Gyouseishoshi

合格の LEC

ウォーク問 過去問題集
② 一般知識編

は し が き

行政書士の役割と現代的意義

　現代社会においては，各種許認可申請などのさまざまな権利を行使したり義務を果たしたりするうえで，国や自治体の行政機関と深くかかわることがあります。それらの行政事務は，すべて法律に基づいて行われており，行政書士は，これらの行政事務と関連する法律問題を処理する専門家です。国民や企業の法務コンサルタントとして，行政書士は重要な職責を担っているのです。

行政書士試験受験にあたっての過去問学習の目的

　行政書士試験に合格するためには，過去問学習は必須です。

　しかし，やみくもに過去問を解くだけでは有効とはいえません。過去問を解くことの目的は，①行政書士試験の出題傾向を探ること，②自己の弱点を把握することです。本書を利用する場合には，常にこの2点を念頭においてください。

　本書は，過去問10年分を科目別，体系別に編集したうえで，上記の①②の目的を達成するための工夫を随所に凝らしています。具体的には，次ページの＜本書の特長＞を参照してください。

　本書をおおいに活用し，1人でも多くの受験生が見事行政書士試験に合格されることを祈念しております。

2020 年 12 月吉日

株式会社　東京リーガルマインド
LEC総合研究所　行政書士試験部

本 書 の 特 長

❶ 10年分の過去問を項目ごとに分類

過去の10年分（2011〜2020年度）の本試験問題を分析し，各科目の体系項目ごとに分類しました。今後の出題の可能性という観点から，A，B，Cの3段階で重要度を示してあります。また，問題ごとの受験者正答率も示しました。重要度と合わせて学習の際に利用してください。

❷ 1ページ1問の見やすいレイアウト

原則として，1問ごとに，表に問題を，裏に解答・解説を載せ，学習したい項目ごとに演習できるようにしました。

❸ 「チェック欄」つき

「チェック欄」を設け，自分の弱点・誤った問題を絞り込むことができるようにしました。

❹ 専任講師がアドバイス

各科目ごとに，「専任講師が教える合格テクニック」をつけ，超合理的勉強方法のヒントを記しました。

❺ 法改正に対応

学習上の便宜を考慮し，法改正に応じて，問題文・解説を見直しました。該当問題については，「本試験○○年問○改題」と表記しています。なお，法改正等により「正解なし」や「複数解」となっている問題もあります。

❻ 「ワンポイント・アドバイス」

問題に関連して確認しておきたい知識を掲載しています。知識を整理することによって実力をアップすることができます。

❼ 「出る順行政書士 合格基本書」とリンク

試験問題を『2021年版出る順行政書士 合格基本書』の項目にあわせて分類・掲載するとともに，解説ページに合格基本書の該当ページを掲載しているので，調べたいことがある場合などに大変便利です。

1 持ち歩きに便利！

　本書は表に問題文，裏に解説文という1枚完結を基本型としています。

　また，持ち運びに便利なハンディサイズと，薄手の紙の採用により，一層の使いやすさを実現しました。

　どこへ行くにも持ち歩き，電車の中でも，待ち時間でも，細切れの時間を効率的に使用し，合格へ向けて前進してください。

5大特長

2 「チェック欄」を縦横無尽に活用する！

　問題文の上に「チェック欄」がありますので，ご自由に工夫してお使いください。

　演習を行った日付を記入したり，どの問題を間違えたのかを記録したりする○×チェック欄として使うことができます。チェックすることにより，学習の進捗状況や自分の弱点を把握することができ，復習する際の目安となります。

　本書に収録された本試験問題を反復練習することで，本試験突破の実力が身につきます。

　「チェック！チェック！再チェック！」合格の秘訣は反復練習にあります。徹底的にチェック欄を活用しましょう！

最近10年分の出題傾向の分析から導き出された重要度を表示！

　各問題文の見出しに重要度をA, B, Cの3段階で表示し, 特に出題される可能性の高い問題がひと目でわかるようにしました。

　重要度を確認することで, 自分がどの問題から手をつけるべきかがわかり, 直前期でも確実に点数アップの対策をとることができます。

　なお, 問題の文末には「本試験○○年問○」と表示しています。また, 最近の法改正等に合わせて, 本試験問題を改めたものは, 問題の文末に「本試験○○年問○改題」と表示しています。

4 受験者正答率の表示で難易度がわかる

　LECでは，毎年，LECの講座を受講していない方も含めて，多くの受験者の方から本試験での解答を教えていただいて，独自に採点した結果を集計する「無料成績診断」を実施しています。

　本書では，その際に集計した受験者正答率（無料成績診断を利用した受験者のうちの何パーセントが正解したか）のデータを表示して，各問題の難易度がわかるようにしました。法改正等により現在では「正解なし」や「複数解」となっている問題についても，出題当時の受験者正答率のデータを表示しています。

　本試験を突破するためには，やさしい問題は全部とる，難しい問題はできればとる，中間の問題は半分以上とる，このようなスタンスで問題を解く実力をつける必要があります。

　ふだんの学習から「これはやさしい問題だから，絶対正解する必要があるぞ」などと問題ごとの難易度を常に意識しながら学習を進めましょう。「とれる問題をとりこぼさない」ことが合格を勝ち取るための必須条件なのです。

専任講師がアドバイス！

本書では，科目ごとに「専任講師が教える合格テクニック」を掲載しました。各科目の本試験における出題のウェイトも一目でわかるようにグラフにしたうえで，合理的な勉強方法のヒントをわかりやすくアドバイスしていますので，学習を進めるにあたって，参考にしてください。

出題範囲の広い行政書士試験において，メリハリをつけて学習することは非常に重要ですから，ぜひ効率的な学習方法を身に付け，合格を勝ち取りましょう！！

専任講師が教える 合格テクニック 政治・経済・社会

植松和宏 LEC専任講師

出題のウェイト
※2020年本試験実績。多肢選択式・記述式を含む。

憲法	民法	行政法	商法・会社法	基礎法学	一般知識
9.3%	25.3%	37.3%	6.7%	2.7%	18.7%

❶出題範囲

行政書士試験で出題される一般知識科目14問のうち「政治・経済・社会」は，7問～8問出題されています。2020年の本試験では，8問の出題でした。

「政治」では，各国の政治制度，日本の選挙制度，行政改革などが出題されています。また，「経済」では，財政問題，金融政策の基本的理解が問われます。さらに，「社会」では，社会保障制度や環境問題などを題材とした出題がなされています。

❷学習のポイント

行政書士試験では，法令科目・一般知識科目のそれぞれに「基準点」が設けられています。いずれも基準点に達しなければ不合格となるので，一般知識の科目といえどもおろそかにはできません。ただし，学習の中心はあくまで法令科目ですので，一般知識の科目はあまり時間をかけないで効率よく学習することが大切です。

「政治・経済・社会」の対策として，まずは高校までに学習した政治経済や現代社会の教科書に出てくるような基礎知識を習得し，その後，それに絡んだ時事的知識を上積みすることが必要です。

いずれも『出る順行政書士 合格基本書』や各自のテキスト，本書の学習を通じて，まずは基礎知識の習得を目指しましょう。

さらに，基本事項に関連する時事的な知識を身につけるためには，普段から新聞やテレビのニュースに対して自分なりにアンテナを張り巡らせておくことが必要です。最終的には，予想問題・模擬試験等を利用して，知識の上積みをはかりましょう。

本書の効果的使い方

チェック欄　　　●政治・経済・社会

社会／社会保障

重要度 **B**

問43 日本の貧困ならびに生活困窮に関する次の記述のうち、妥当なものはどれか。

1 生活保護世帯のうち、単身高齢者世帯の割合は高く、現在、保護世帯全体のおおよそ5割を占めている。

2 政府が、貧困問題解消に向けて最低賃金の基準引上げを行った結果、〔問題をテーマ別に分類・整理。〕未満の給与所得者数は大幅な減少傾向に

3 一国における相対的貧困率とは、上位1割の高額所得者の所得に対する、下位1割の低所得者の所得の比率をいい、日本ではおおよそ10％とされる。

4 絶対的貧困とは、ある人の所得が、その国の国民平均所得の1

〔問題を解くごとに結果を記入することができます。また、学習日をチェックすることも可能です。〕日本では国民の6人に1人が、この状態

ず、生活を成り立たせることが難しい

活困窮者自立支援法案が国会に提出され

たが、財政難を理由に成立は見送られた。

(本試験2015年問49改題)

第1編 政治・経済・社会

本試験の出題傾向を分析し、重要度を表示！

 ……最重要

 ……重要

 ……参考程度

95

●一般知識編

正解 **1**

正答率 **68%**　合格基本書

1 妥当である そのとおり。生活保護世帯（保護停止中を含まない）のうち，単身高齢者世帯は 830,695 世帯であり，全保護世帯（1,627,341 世帯）のおおよそ 51.0％を占めている（令和 2 年 4 月分概数）。　718p

2 妥当でない 給与階級別に給与所得が 200 万円以下の……移している。年によって増減……る（2013（平成 25）年は 1,……1,098 万人（国税庁「平成 30 年分民間給与実態統計調査」））。

3 妥当でない 相対的貧困率とは，所得中央値の半分（いわゆる「貧困線」）を下回る所得しか得ていない者の比率のことである。日本の相対的貧困率は，厚生労働省「国民生活基礎調査」（2015（平成 27）年）では 15.7％である。　718p

4 妥当でない 絶対的貧困とは，2015（平成 27）年 10 月の世界銀行による定義では，2011（平成 23）年時点での購買力平価に換算して一日あたりの生活費が 1.90 ドル未満の状態を意味する。　718p

5 妥当でない 生活困窮者自立支援法は，2013（平成 25）年に成立している。同法に基づき，生活……立相談支援事業をはじめ，住居確保給付……られている。　719p

ワンポイント・アドバイス

【貧困の連鎖】

　生活保護世帯の子供が，大人になって再び生活保護を受給するケースが多数存在し，これを「貧困の連鎖」と呼ぶことがあります。「貧困の連鎖」を断つためには，自立の支援，生活習慣改善，……

96

CONTENTS

はしがき
本書の特長
5大特長
本書の効果的使い方
行政書士試験ガイダンス
本試験問題・ウォーク問対照表

第1編　政治・経済・社会

専任講師が教える合格テクニック 2
政治／政治史 5
政治／政治制度 9
政治／国内政治 17
政治／国際政治 43
政治／その他 55
経済／国際経済 57
経済／国内経済 67
経済／財政 79
経済／その他 87
社会／社会保障 91
社会／社会福祉 97
社会／環境問題等 107
社会／その他 111

第2編　情報通信・個人情報保護

専任講師が教える合格テクニック	160
情報通信／情報通信の諸問題	163
情報通信／情報通信技術・用語	175
個人情報保護／個人情報保護法	199
個人情報保護／行政機関個人情報保護法	219
個人情報保護／総合	225

第3編　文章理解

専任講師が教える合格テクニック	250
文章理解／要旨把握型	253
文章理解／並べ替え型	257
文章理解／空欄補充型	290

行政書士試験ガイダンス

1 行政書士の業務内容

1 書類作成業務

　例えば，みなさんが「建設業をやりたい」「喫茶店をやりたい」などと考えたとします。この場合，「建設業の許可」「飲食店の営業許可」といったものがなければ営業をすることはできません。では，これらの許可はいったいどこでもらえるのでしょうか？それは「官公署」（いわゆる「役所」です。「行政」と考えてもよいでしょう）です。官公署に申請書を提出して要件をみたしていれば許可がもらえるのです。しかし，ここで問題となるのは，許認可を得るための申請に際して提出する各種書類や添付書類はとても複雑であり，法律的な専門知識を要するものが多いということです。そこで，依頼人に代わって専門知識のある行政書士が業務として申請書類を作成することになるのです。行政書士の作成できる書類は，数千から1万点以上ともいわれています。

2 提出代理業務

　行政書士の仕事は，書類作成だけではありません。依頼人に代わって官公署に提出するところまで仕事とすることができるのです。むしろ，「書類作成業務」と「提出代理業務」をセットで受注するケースのほうが多いといえるでしょう。実は数年前までは，提出「代行」しかできませんでした。しかし，法改正で業務の幅が広がり，提出「代理」が可能となったのです。

3 相談業務

作成可能な書類に関して，相談に応じることも業務として行うことができます。例えば，相続問題等においては特に依頼人の要望を詳しく聴くことが不可欠です。そして，相談者に対してどのような提案が可能なのかを判断するのは，プロフェッショナルとしての知識や経験が問われる場面でもあります。相談者の疑問に答えることは当然であり，求められるのはプラスアルファのアドバイスです。

4 その他新しい業務

「契約書等の作成代理業務」もできるようになりました。このことは，官公署との業務（タテの関係）だけでなく，市民間（ヨコの関係）における活躍の場がいっそう広がったことを意味します。また，国の重要政策の1つである電子政府化の中に，行政の分野も含まれており，電子申請等に必要な「電磁的記録の作成」も業務として行うことができるようになりました。

2 平成26年行政書士法改正

2014（平成26）年6月の行政書士法改正により，行政書士は，行政書士が作成した官公署に提出する書類に係る審査請求等行政庁に対する不服申立ての手続について代理し，およびその手続について官公署に提出する書類を作成することを業とすることができるようになりました。この改正により，行政書士の社会的使命が高まることが期待されます。

【行政書士の主要業務】

分　野	主な内容
国際法務	外国人が日本に在留するために必要な在留資格の変更・更新申請，帰化許可申請，国籍取得届出などに関する業務 （※入管関係の書類の提出代行にあたっては，申請取次者の資格が必要です）
建設・宅建	・建築，大工，土木など建設業法で規定されている業種の営業を営むために必要な建設業許可に関する業務 ・公共事業の入札に参加する場合に必要な各種申請手続業務 ・宅地建物取引業（不動産業）の免許に関する業務 ・開発許可，農地の移転や宅地への転用に関する業務
法人設立	各種法人（株式会社などの営利法人・学校法人や宗教法人などの公益法人・商工組合などの中間法人）の設立に関する業務
風俗営業	バー・スナック・パチンコ店など風俗営業を営むために必要とされる風俗営業許可に関する業務
会計・経営	会計帳簿の記帳，財務諸表の作成，一定の税務書類の作成など会計や経営に関する業務
相　続	遺言書の起案作成，相続財産や相続人の調査，遺産分割協議書の作成など相続に関する業務
著作権	・文芸・学術・美術・音楽など著作権の登録に関する業務 ・著作権の譲渡や貸与に関する契約書の作成業務

3 行政書士試験のガイド

1 **試験日** 例年11月の第2日曜日

2 **試験時間** 午後1時～4時（3時間）

3 **受験資格** 特になし

4 **受験手続** 受験願書の配布・受験願書の受付　例年8月

5 **合格発表** 例年1月の第5週に属する日

6 **問合せ先** 一般財団法人　行政書士試験研究センター

　　　　　　 〒102-0082

　　　　　　 東京都千代田区一番町25番地　全国町村議員会館3階

　　　　　　 電話番号（試験専用）：03-3263-7700

7 **試験科目**

①法令等〔択一式（5肢択一式／多肢選択式）・記述式〕　46問

　●憲法　●行政法（行政法の一般的な法理論・行政手続法・行政不服審査法・行政事件訴訟法・国家賠償法・地方自治法を中心とする）　●民法　●商法（会社法）　●基礎法学

②一般知識等〔択一式〕　14問

　●政治・経済・社会　●情報通信・個人情報保護　●文章理解

【受験者数と合格率の推移】

年　　度	2013	2014	2015	2016	2017	2018	2019
受験者	55,436	48,869	44,366	41,053	40,449	39,105	39,821
合格者	5,597	4,043	5,820	4,084	6,360	4,968	4,571
合格率	10.10％	8.27％	13.12％	9.95％	15.72％	12.70％	11.48％

本試験問題・ウォーク問対照表

問＼年	2011	2012	2013	2014	2015
47	4	3	6	13	23
48	18	12	20	15	10
49	31	1	33	55	43
50	27	32	58	36	38
51	42	39	47	21	62
52	61	66	14	26	68
53	49	46	30	64	44
54	89	92	101	60	104
55	103	90	107	73	79
56	106	84	94	74	98
57	83	100	82	91	75
58	112	113	114	125	126
59	111	121	123	135	116
60	120	122	124	115	127

※表内の数字は本書の問題番号です。

問 \ 年	2016	2017	2018	2019	2020
47	22	25	59	24	5
48	11	41	8	17	2
49	7	51	54	16	35
50	28	76	29	48	37
51	34	70	56	40	45
52	69	52	19	9	53
53	67	71	57	50	63
54	77	80	109	86	65
55	81	72	108	110	87
56	85	78	96	88	99
57	105	102	93	97	95
58	131	132	136	138	134
59	130	137	139	129	119
60	117	118	128	133	140

第1編

政治・経済・社会

●一般知識編

専任講師が教える
合格テクニック
政治・経済・社会

植松和宏 LEC専任講師

出題のウェイト
＊2020年本試験実績。多肢選択式・記述式を含む。

憲法	民法	行政法	商法会社法	基礎法学	一般知識
9.3%	25.3%	37.3%	6.7%	2.7%	18.7%

❶出題範囲

　行政書士試験で出題される一般知識科目14問のうち「政治・経済・社会」は，7問〜8問出題されています。2020年の本試験では，8問の出題でした。

　「政治」では，各国の政治制度，日本の選挙制度，行政改革などが出題されています。また，「経済」では，財政問題，金融政策の基本的理解が問われます。さらに，「社会」では，社会保障制度や環境問題などを題材とした出題がなされています。

●政治・経済・社会

❷学習のポイント

　行政書士試験では，法令科目・一般知識科目のそれぞれに「基準点」が設けられています。いずれも基準点に達しなければ不合格となるので，一般知識の科目といえどもおろそかにはできません。ただし，学習の中心はあくまで法令科目ですので，一般知識の科目はあまり時間をかけないで効率よく学習することが大切です。

　「政治・経済・社会」の対策として，まずは高校までに学習した政治経済や現代社会の教科書に出てくるような基礎知識を習得し，その後，それに絡んだ時事的な知識を上積みすることが必要です。

　いずれも『出る順行政書士　合格基本書』や各自のテキスト，本書の学習を通じて，まずは基礎知識の習得を目指しましょう。

　さらに，基本事項に関連する時事的な知識を身につけるためには，普段から新聞やテレビのニュースに対して自分なりにアンテナを張り巡らせておくことが必要です。最終的には，予想問題・模擬試験等を利用して，知識の上積みをはかりましょう。

3

●政治・経済・社会

政治／政治史

問1 諸外国における革命および憲法に関する次の記述のうち、妥当なものはどれか。

1 イギリスでは、1689年に、議会がまとめた「権利の宣言」を国王が受け入れる名誉革命がなされた。議会は同年に、この宣言を「イングランド人権宣言」として制定した。

2 1776年に北アメリカ北東部のイギリスの13植民地が独立宣言を発表した。さらに、その後、フィラデルフィアの憲法制定会議で合衆国憲法が制定された。

3 フランスでは、1789年に国民議会で人権宣言が採択された。この宣言は、すべての人間の自由・平等、主権在民、言論の自由、生産手段の国有化など、近代市民社会の原理を主張するものであった。

4 1917年にはロシアで社会主義革命が起きた。ロシア・ウクライナ・ベラルーシ・ザカフカースの4ソヴィエト共和国は連合して、単一主権制のソヴィエト連合人民共和国を建国し、新憲法が公布された。

5 ドイツでは、1919年にボンで開かれた国民議会で、民主的な憲法であるボン基本法が制定された。1933年のナチス党のヒトラーの政権掌握までの共和国は、ボン共和国と呼ばれる。

(本試験2012年問49)

●一般知識編

正答率 **59**%

合格基本書
670p

1 **妥当でない** イギリスでは，1688年の名誉革命の後，オレンジ公ウィリアムが王位についた翌1689年に「権利章典」が制定された。これは，イギリス臣民の「古来の権利と自由」の名において諸権利を擁護しようとしたものであったが，イギリス人の権利保障にとどまっていた点で普遍的人権を宣言した近代の人権宣言とはいえないものだった。

2 **妥当である** そのとおり。アメリカでは，1776年に連邦議会において13州の宣言（独立宣言）が発表された。1787年にフィラデルフィアの憲法制定会議でアメリカ合衆国憲法が制定され，1788年に発効した。

3 **妥当でない** 1789年に採択されたフランス人権宣言は，精神的自由権，身体的自由権，経済的自由権等の「自然的権利」，市民の立法参加権等の「市民の権利」等を規定した。しかし，「生産手段の国有化」は規定していない。

4 **妥当でない** 1917年にロシアで社会主義革命が起きた。その後，ロシア・ウクライナ・ベラルーシ・ザカフカースの4ソヴィエト共和国は連合して，「ソヴィエト社会主義共和国連邦」が建国され，新憲法が公布された。なお，ソヴィエト憲法には，人民の諸権利について，自然権としての基本的人権観念は存在せず，勤労者を主体として自由よりも生産手段の平等に基礎を置く全労働者大衆の平等を重視するものであった。

5 **妥当でない** ドイツでは，1919年に「ワイマール憲法」が制定された。1933年のナチス党による政権掌握までの共和国は「ワイマール共和国」と呼ばれる。なお，ボン基本法はドイツ連邦共和国基本法と呼ばれ，第二次世界大戦後の1949年に西ドイツで制定された。

| チェック欄 | | | |

●政治・経済・社会

政治／政治史

重要度 B

問2 「フランス人権宣言」に関する次の記述のうち、妥当なものはどれか。

1 個人の権利としての人権を否定して、フランスの第三身分の階級的な権利を宣言したものである。
2 人権の不知、忘却または蔑視が、公共の不幸と政府の腐敗の原因に他ならない、とされている。
3 人は生まれながらに不平等ではあるが、教育をすることによって人としての権利を得る、とされている。
4 あらゆる主権の源泉は、神や国王あるいは国民ではなく、本質的に領土に由来する、とされている。
5 権利の保障が確保されず、権力の分立が規定されないすべての社会は公の武力を持ってはならない、とされている。

(本試験2020年問48)

●一般知識編

正答率 **64**%

1　妥当でない　フランス人権宣言は，人は自由かつ権利において平等なものとして生まれ生存するとするなど（1条），自然権思想に基づき，個人の権利としての人権を肯定している。第三身分（平民）の階級的な権利を宣言したものではない。

2　妥当である　そのとおり。フランス人権宣言は，人権の不知，忘却または蔑視が公共の不幸と政府の腐敗の原因に他ならないことにかんがみて，人の譲り渡すことのできない神聖な自然権を提示することを決意したとしている（前文）。

3　妥当でない　フランス人権宣言は，人は自由かつ権利において平等なものとして生まれ生存するとしている（1条）。

4　妥当でない　フランス人権宣言は，あらゆる主権の源泉は本質的に国民にあるとしている（3条）。

5　妥当でない　フランス人権宣言は，権利の保障が確保されず，権力の分立が規定されないすべての社会は憲法をもたないとしている（16条）。

670p

ワンポイント・アドバイス

【人権宣言～人権を自然権として認めたもの】

バージニア権利章典	天賦人権論に基づき，「人は生まれながらにして人間として不可侵の権利を有すること」を明記した。人民の権利保障を認めた世界最初の成文憲法である。
アメリカ独立宣言	生命・自由及び幸福の追求を生まれつき授けられた権利であると宣言した。民主主義の原理を明らかにし，フランス革命に影響を与えた。
フランス人権宣言	精神的自由権，身体的自由権，経済的自由権等の「自然的権利」，市民の立法参加権等の「市民の権利」，「権力分立」等を規定した。

●政治・経済・社会

政治／政治制度

問3 わが国の議会の運営に関する次の記述のうち、妥当なものはどれか。

1 かつて国会では、官僚が政府委員として大臣の代わりに答弁するなど、政治家の主体性が問われる事態が見られたため、1990年代末に、政府委員制度が廃止されるとともに、いわゆるクエスチョン・タイム制が導入されたが、この制度では、野党第一党の党首以外には与党党首（首相）との討論の機会がない。

2 国会における立法については、これまでは官僚が法案を作成し、内閣提出法案として提出されることが多かったが、1990年代からは議員提出法案が増加傾向にあり、特に法案成立率では例年、内閣提出法案を上回るようになっている。

3 議員が所属する政党の決定に拘束される党議拘束は、法律上、参議院の審議には及ばないと定められているにもかかわらず、実際には党議に反する行動は困難であるため、議員の自由な発言や議論を阻害する場合があることが指摘されている。

4 自治体議会では、審議の活性化を図るため、近年、本会議における質疑を一問一答方式に変える議会が増えており、議会基本条例を制定して、首長や執行機関の職員に、議員の質問に対して反問する権利を認める議会が現れている。

5 自治体では一種の大統領制がとられ、原則として首長が予算案以外の議案を議会に提出できないことから、首長が事務執行等のため条例制定などを必要とする場合は、便宜上与党の議員を通じて提案している。

（本試験2012年問47）

●一般知識編

正解 **4**

正答率 **49**%

1 **妥当でない** 1999（平成11）年に国会審議活性化法（国会審議の活性化及び政治主導の政策決定システムの確立に関する法律）が制定され，2001（平成13）年から政府委員制度が廃止された。一方，2000（平成12）年にいわゆるクエスチョン・タイム制が導入された。衆参いずれかで10人以上の議席を有する野党党首が，与党党首（首相）と対面式により議席比例による持ち時間の範囲内で自由に取り上げるテーマを議論する。野党第一党以外の野党の党首にも，与党党首（首相）との討論の機会がある。

2 **妥当でない** 議員提出法案は増加傾向にあるが，「法案成立率」において内閣提出法案を上回るには至っていない。

3 **妥当でない** 参議院が衆議院に対する独自性を発揮しようとする場合は政党から距離を置くべきだという見地から，参議院の審議に党議拘束を認めるべきではないという見解もある。しかし，法律上，党議拘束が参議院の審議には及ばないとされているわけではない。

4 **妥当である** そのとおり。地方分権改革によって，自治体の権限が拡大したことに伴い，議会の活性化を目的として，議会基本条例を制定する自治体が出現してきている。議会の質疑については，一問一答方式を採用する議会が増えてきている。

5 **妥当でない** 普通地方公共団体の長は，議会の議決を経べき事件につきその議案を提出することができる（地方自治法149条1号）。

10

●政治・経済・社会

政治／政治制度

問4 各国の政治体制に関する次のア〜オの記述のうち、妥当なものの組合せはどれか。

ア　イギリスでは、議院内閣制がとられ、首相は下院の第一党の指導者が就任することとされているが、議会が上院または下院において不信任の議決を行った場合には、内閣は自ら辞職するか、議決を行った議院を解散しなければならない。

イ　アメリカでは、大統領制がとられ、大統領と議会は権力分立の原則が貫かれているため、議会は大統領の不信任を議決することができないし、大統領は議会の解散権、法案の提出権、議会が可決した法案の拒否権のいずれも有していない。

ウ　フランスでは、基本的に議院内閣制がとられており、大統領のほかに内閣を代表する首相がおかれ、大統領は外交上の儀礼的な権能を有するだけで、広く行政権は内閣に属し、かつ議会の解散権も内閣が有している。

エ　ロシアでは、1990年代前半に成立した新憲法において三権分立制がとられているが、大統領に首相の任命権が付与されており、連邦議会は連邦会議と国家会議の二院制となっている。

オ　中国では、最高権力をもつ一院制の全国人民代表大会（全人代）の下に、常設機関である常務委員会が設けられ、法令の制定、条約の批准など広範な権限をもつとともに、国務院が設けられ行政を担当している。

1　ア・イ
2　ア・ウ・エ
3　イ・エ・オ
4　ウ・エ
5　エ・オ

（本試験2011年問47）

●一般知識編

正解 **5**

正答率 **64**%

合格基本書

ア **妥当でない** イギリスの議院内閣制では，首相は下院の多 `672p`
数党の党首が就任する。また，下院に内閣不信任決議権が認め
られており，内閣には下院に対する解散権が認められてい
る（内閣の裁量による解散権行使はできず，不信任決議に対
する解散権行使もしくは下院の自主解散のみが認められてい
る）。しかし，上院には拘束力を有する内閣不信任決議権は
なく，内閣が上院を解散させることもできない。

イ **妥当でない** アメリカの大統領制では，厳格な権力分立が `672p`
貫かれ，大統領が議会に対して法案を提出することはできな
い。また，議会は大統領の不信任の議決をすることはでき
ず，大統領も議会の解散権を有していない。その代わり，大
統領は議会に対して教書を送付することができ，また，議会
が可決した法案に対して拒否権を有している。

ウ **妥当でない** フランスの政治体制は，大統領制と議院内閣 `673p`
制の折衷型（半大統領制）といわれ，下院解散権や首相の任
免権，非常大権など強大な実質的権限を持つ大統領と，国政
を担当する内閣が存在する。内閣は，国政の運営につき議会
に対して責任を負い，下院が信任案を否決するか，不信任決議
案を可決した場合には，首相は大統領に対して内閣総辞職を
申し出ることになる。議会の解散権は，大統領が有している。

エ **妥当である** そのとおり。ロシアでは，1993年に国民投票 `673p`
によって新憲法が採択された。これにより，ロシアは三権分立
を基礎とする国家となった。議会は連邦会議（上院）と国家
会議（下院）の二院からなり，首相は下院で承認し大統領が
任命する。

オ **妥当である** そのとおり。中国の国家機構は民主集中制の `673p`
原則を実行するものとされる。中国では，議会に相当する全
国人民代表大会（全人代）が最高の国家権力機関とされ，常
設機関である全国人民代表大会常務委員会とともに立法権を
行使する。また，国務院は，最高国家行政機関として国務院
総理を長として行政権を行使している。

以上より，妥当なものはエ・オであり，正解は**5**である。

政治／政治制度

問5 普通選挙に関する次の記述のうち，妥当なものはどれか。

1 アメリカでは，女性参政権に反対した南軍が南北戦争で敗れたため，19世紀末には男女普通選挙が実現した。

2 ドイツでは，帝政時代には男子についても普通選挙が認められていなかったが，ワイマール共和国になって男女普通選挙が実現した。

3 日本では，第一次世界大戦後に男子普通選挙となったが，男女普通選挙の実現は第二次世界大戦後である。

4 スイスでは，男子国民皆兵制と直接民主主義の伝統があり，現在まで女子普通選挙は行われていない。

5 イギリスでは，三次にわたる選挙法改正が行われ，19世紀末には男女普通選挙が実現していた。

(本試験2020年問47)

●一般知識編

正解 **3**

正答率 **69**%

合格基本書

1　妥当でない　アメリカにおいて国レベルで女性参政権が認められ，男女普通選挙が実現したのは，20世紀前半（1920年）である。なお，南北戦争（1861年〜1865年）の主な争点は奴隷制の可否であり（南軍が奴隷制存続を主張），男女普通選挙の実現と直接の関係はない。

2　妥当でない　ドイツでは，帝政時代（1871年〜1918年）にすでに男子普通選挙が認められていた。また，ドイツにおいて男女普通選挙が実現したのは，ワイマール共和国（1919年〜1933年）の成立の直前の1918年11月である。

3　妥当である　そのとおり。日本では，第1次世界大戦（1914年〜1918年）後の1925（大正14）年に男子普通選挙，第2次世界大戦（1939年〜1945年）後の1945（昭和20）年に男女普通選挙が実現した。

4　妥当でない　スイスでは，女性参政権は長らく認められていなかったが，1971年に女子についても普通選挙が実現した。

5　妥当でない　イギリスでは，19世紀に3次にわたる選挙法改正が行われたが，女性参政権が認められるには至らなかった。イギリスにおいて男女普通選挙が実現したのは，20世紀前半（1928年の第5次改正）である。

ワンポイント・アドバイス

【普通選挙・制限選挙】

　普通選挙とは，財産，納税額，人種，信条，性別，教育などを選挙権の要件としない選挙のことをいいます。これらを要件とするものを制限選挙といいます。日本で1890年に実施された第1回衆議院議員選挙は，「15円以上の直接国税を納めた25歳以上の男子」だけを対象とした制限選挙でした。

14

●政治・経済・社会

政治／政治制度

問6 現代日本の利益集団（または，利益団体・圧力団体）に関する次の記述のうち，妥当でないものはどれか。

1 利益集団は，特定の利益の増進のため，政党や政府・各省庁に働きかけ，政治的決定に影響力を及ぼそうとする団体である。

2 世論は，常に正しいとは言えないが，世論を政治に反映させることは民主政治の基本である。世論は，大衆運動，マスメディアなどで示されるが，利益集団の活動によっては示されない。

3 内閣は，法案を国会に提出するが，その法案は，政党・利益集団と関係省庁間の利害調整の結果として作成され，内閣法制局の審査を経たものであることが多い。

4 利益集団には，経営者団体や労働団体，医師や農業従事者の団体などがある。例えば，日本経済団体連合会は，経営者団体の代表的なものである。

5 利益集団は，特定の政党に政治献金や選挙協力をすることで発言権を強めようとすることがある。その結果として，利益集団と密接な繋がりのある議員が登場することがある。

（本試験2013年問47）

●一般知識編

正解 2

正答率 **82**%

合格基本書

1　妥当である　そのとおり。「利益集団」（利益団体，圧力　679p
団体）とは，自分たちの個別的利益の増進のために，特定の
政党に政治献金をする等の方法で，政策執行機関（政府）や
政策決定機関（議会）に直接働きかけて影響力を及ぼそうと
する団体である。

2　妥当でない　世論は，大衆運動，マスメディアなどで示
されるほか，「利益集団」の活動によっても示される。

3　妥当である　そのとおり。内閣には法案提出権があり，
法案は関係省庁と関係団体との意見調整等の結果，作成され
る。そして，内閣が提出する法律案は，閣議に付される前に
すべて内閣法制局における審査が行われる。なお，内閣法制
局が作成した法律案については，上記審査は行われない。

4　妥当である　そのとおり。「利益集団」の例として，日本　679p
医師会，日本経済団体連合会（経団連），日本商工会議所
（日商），日本労働組合総連合会（連合）などが挙げられる。

5　妥当である　そのとおり。「利益集団」は，特定の政党に　679p
政治献金や選挙協力をすることで発言権を強めようとするこ
とがある。その結果，利益集団と密接な繋がりのある議員
（族議員）が登場することがある。なお，このことが，政治
腐敗の温床にもなりうる。

ワンポイント・アドバイス

【ロビイスト】

ロビイストとは，立法に影響を与えるために，議員に対して圧力活動（ロビー活動）を行う専門家のことをいいます。アメリカでは，圧力団体がロビイストを雇って活動しています。日本では，ロビイストが未発達であるため，族議員が行政機関に対してロビイスト的な役割を果たすことが多くみられました。

●政治・経済・社会

政治／国内政治

重要度 B

問7 近年に設置された日本の中央政府の庁に関する次のア～オの記述のうち，正しいものの組合せはどれか。

ア 文部科学省にスポーツ庁が置かれた。
イ 国土交通省に復興庁が置かれた。
ウ 防衛省に防衛装備庁が置かれた。
エ 経済産業省に観光庁が置かれた。
オ 農林水産省に消費者庁が置かれた。

1 ア・ウ
2 ア・オ
3 イ・エ
4 イ・オ
5 ウ・エ

(本試験2016年問49)

● 一般知識編

正答率 **68**%

合格基本書

ア **正** そのとおり。2015（平成27）年10月1日に，文部科学省の外局として「スポーツ庁」が置かれた（文部科学省設置法13条）。　675p

イ **誤** 2012（平成24）年2月10日に，<u>内閣</u>に「復興庁」が置かれた（復興庁設置法2条）。　675p

ウ **正** そのとおり。2015（平成27）年10月1日に，防衛省の外局として「防衛装備庁」が置かれた（防衛省設置法35条1項）。　675p

エ **誤** 2008（平成20）年10月1日に，<u>国土交通省</u>の外局として「観光庁」が置かれた（国土交通省設置法41条1項）。　675p

オ **誤** 2009（平成21）年9月1日に，<u>内閣府</u>の外局として「消費者庁」が置かれた（消費者庁及び消費者委員会設置法2条1項）。　675p

以上より，正しいものはア・ウであり，正解は**1**である。

ワンポイント・アドバイス

1999（平成11）年の「国会審議活性化法」により，2001（平成13）年に，従来の政務次官に代わって「副大臣」と「大臣政務官」が設けられました（同法8条1項，10条1項）。副大臣は，大臣の申出により内閣が任命し，天皇が認証します（同法8条6項）。大臣政務官も，大臣の申出により内閣が任命しますが，天皇の認証を受けません（同法10条5項）。

●政治・経済・社会

政治／国内政治

問8 行政書士に関する国の事務をつかさどるのは総務省であるが、専門資格に関する事務をつかさどる省庁についての次のア～オの記述のうち、妥当でないものの組合せはどれか。

ア 財務省は、不動産鑑定士に関する事務をつかさどる。
イ 金融庁は、公認会計士に関する事務をつかさどる。
ウ 法務省は、司法書士に関する事務をつかさどる。
エ 厚生労働省は、獣医師に関する事務をつかさどる。
オ 経済産業省は、弁理士に関する事務をつかさどる。

1 ア・イ
2 ア・エ
3 イ・ウ
4 ウ・オ
5 エ・オ

(本試験2018年問48)

●一般知識編

正解 2　　　正答率 **28**%

ア **妥当でない**　不動産鑑定士に関する国の事務は，国土交通省がつかさどる（国土交通省設置法4条1項33号参照）。

イ **妥当である**　そのとおり。公認会計士に関する国の事務は，金融庁がつかさどる（金融庁設置法4条1項18号）。

ウ **妥当である**　そのとおり。司法書士に関する国の事務は，法務省がつかさどる（法務省設置法4条1項22号）。

エ **妥当でない**　獣医師に関する国の事務は，農林水産省がつかさどる（農林水産省設置法4条1項22号の2）。

オ **妥当である**　そのとおり。弁理士に関する国の事務は，経済産業省がつかさどる（経済産業省設置法4条1項56号）。

以上より，妥当でないものはア・エであり，正解は **2** である。

ワンポイント・アドバイス

　行政書士に関する国の事務は，総務省がつかさどる（総務省設置法4条1項30号）とされています。
　行政書士の制度は，行政書士法で定めています（行政書士法1条）が，行政書士法に定めるもののほか，行政書士または行政書士法人の業務執行，行政書士会および日本行政書士会連合会に関し必要な事項は，総務省令で定める（同法20条）とされています。

●政治・経済・社会

政治／国内政治

重要度 C

問9 元号制定の手続に関する次の記述のうち，妥当なものはどれか。

1 元号は，憲法に基づいて内閣総理大臣が告示で定める。
2 元号は，皇室典範に基づいて天皇が布告で定める。
3 元号は，法律に基づいて内閣が政令で定める。
4 元号は，法律に基づいて天皇が勅令で定める。
5 元号は，慣習に基づいて皇室会議が公示で定める。

(本試験2019年問52)

●一般知識編

正解 3　　　正答率 **86%**

　元号の制定に関しては「元号法」という法律が制定されている。そして，元号法は，元号の制定について「元号は，政令で定める。」と規定している。よって，元号は，法律に基づいて内閣が政令で定める。

　以上より，正解は **3** である。

ワンポイント・アドバイス

　元号法は，全2条から構成されます。元号法は，第1条で「元号は，政令で定める。」と規定するとともに，第2条で「元号は，皇位の継承があつた場合に限り改める。」と規定しています。この第2条は，天皇一代に元号を一つとすることを意味します。これは「一世一元の制」と呼ばれているものです。「一世一元の制」は，1868（明治元）年9月8日の明治改元の詔により，明治への改元とあわせて採用されました。

●政治・経済・社会

政治／国内政治

問10 日本の選挙に関する次の記述のうち、誤っているものはどれか。

1 衆議院議員総選挙は、衆議院議員の4年の任期満了時と、衆議院の解散がなされた場合に行われる。

2 参議院議員通常選挙は、参議院議員の6年の任期満了時に行われるが、3年ごとに半数を入れ替えるため、3年に1回実施される。

3 比例代表により選出された衆議院議員は、所属する政党を離党し、当該選挙における他の衆議院名簿届出政党に所属した時でも、失職しない。

4 最高裁判所裁判官は、その任命後初めて行われる衆議院議員総選挙の期日に、国民審査に付される。

5 国政選挙の有権者で、在外選挙人名簿に登録され在外選挙人証を有している者は、外国にいながら国政選挙で投票することができる。

(本試験2015年問48)

●一般知識編

正解 3

正答率 **69**%

合格基本書

1 **正** そのとおり。衆議院議員総選挙は，衆議院議員の任期満了の場合と，衆議院の解散がなされた場合に行われる（憲法45条，54条1項，公職選挙法31条1項3項）。 683p

2 **正** そのとおり。参議院議員は3年ごとに半数が改選されるので（憲法46条），参議院議員通常選挙は3年に1回行われる。 683p

3 **誤** 比例代表により選出された衆議院議員は，所属する政党を離党し，<u>当該選挙における他の衆議院名簿届出政党に所属したときは，失職する</u>（国会法109条の2第1項，公職選挙法99条の2第1項）。なお，比例代表により選出された参議院議員も，同様である（国会法109条の2第2項，公職選挙法99条の2第6項）。これに対し，所属する政党からの離党（自発的離党，除名処分など）だけでは失職しない。また，当該選挙の後に結成された新党に所属することでは失職しない。 681p

4 **正** そのとおり。最高裁判所の裁判官の任命は，その任命後初めて行われる衆議院議員総選挙の際国民の審査に付し，その後10年を経過した後初めて行われる衆議院議員総選挙の際更に審査に付し，その後も同様とする（憲法79条2項）。 683p

5 **正** そのとおり。国政選挙の有権者は，海外に居住している場合であっても，在外選挙人名簿に登録され，在外選挙人証を取得することにより，国政選挙において投票をすることができる（公職選挙法30条の6，49条の2）。 683p

●政治・経済・社会

チェック欄

政治／国内政治

問 11 2015年夏に成立し公布された改正公職選挙法*による参議院選挙区選出議員の選挙区・定数の改正および改正後の状況に関する次の記述のうち，妥当でないものはどれか。

1 選挙区のあり方を見直す必要性を指摘した最高裁判所判決が改正より前に出ていた。
2 定数が増加した選挙区はいずれも三大都市圏にある。
3 定数が減少した選挙区はいずれも三大都市圏にない。
4 区域が変更された選挙区が中国地方と四国地方に生じた。
5 改正後も全国の選挙区の総定数に変更は生じていない。

(注) ＊ 公職選挙法の一部を改正する法律（平成27年法律第60号）による改正後の公職選挙法

(本試験2016年問48)

●一般知識編

正答率 **29**%

2015（平成27）年8月の公職選挙法改正により，参議院選挙区選出議員の選挙について，同年11月5日以降に公示される選挙から，各選挙区において選挙すべき議員の数が是正されるとともに，人口の少ない県の選挙区が統合されて「鳥取県・島根県」および「徳島県・高知県」の2つの合区が設けられた（4県2合区を含む10増10減）。

1　妥当である　そのとおり。2015（平成27）年8月の公職選挙法改正より前に，選挙区のあり方を見直す必要性を指摘した最高裁判所判決（最大判平24.10.17など）が出ていた。

2　妥当でない　2015（平成27）年8月の公職選挙法改正によって定数が増加した選挙区は，北海道，東京都（首都圏），愛知県（中京圏），兵庫県（近畿圏），福岡県である。このうち，北海道，福岡県は，三大都市圏（首都圏・中京圏・近畿圏）に含まれていない。

3　妥当である　そのとおり。2015（平成27）年8月の公職選挙法改正によって定数が減少した選挙区は，宮城県，新潟県，長野県のほか，選挙区域が変更されて合区とされた「鳥取県・島根県」および「徳島県・高知県」である。いずれも，三大都市圏（首都圏・中京圏・近畿圏）には含まれていない。

4　妥当である　そのとおり。2015（平成27）年8月の公職選挙法改正によって選挙区域が変更されて合区とされた選挙区は，中国地方の「鳥取県・島根県」と，四国地方の「徳島県・高知県」である。

5　妥当である　そのとおり。2015（平成27）年8月の公職選挙法改正による定数見直しは「10増10減」であり，全国の選挙区の総定数に変更は生じていない。なお，その後，2018（平成30）年7月の公職選挙法改正により，2022（令和4）年までに選挙区（埼玉県）の定数を2増，比例区の定数を4増とする参議院議員の定数見直し（6増）が行われた。

●政治・経済・社会

政治／国内政治

問 12 近現代の日本の汚職・政治腐敗などの疑獄事件に関する次の記述のうち，明らかに誤っているものはどれか。

1 外国製の軍艦や兵器の輸入をめぐる海軍高官の汚職事件であるジーメンス事件が発覚すると，都市民衆の抗議運動が高まり，山本権兵衛内閣は退陣することとなった。

2 日本社会党・民主党・国民協同党の三党が連立した片山哲内閣の枠組を引き継いだ芦田均内閣は，広く政界から GHQ まで巻き込んだ疑獄事件である昭和電工事件により，退陣した。

3 造船疑獄事件で，吉田茂内閣への批判が強まるなか，鳩山一郎ら自由党反吉田派は離党して鳩山を総裁とする日本民主党を結成した。同年末に吉田内閣は退陣し，鳩山内閣が成立した。

4 航空機売り込みをめぐる収賄容疑で，現職の首相である田中角栄が逮捕されたロッキード事件が起きた。そのため，与党の自由民主党内で「田中おろし」がなされ，田中内閣が総辞職して福田赳夫内閣が成立した。

5 消費税導入を実現した竹下登内閣は，おりからのリクルート事件の疑惑のなかで退陣した。これを受け継いだ宇野宗佑内閣も，参議院選挙での与党大敗を受けて退陣することとなった。

（本試験2012年問48）

●一般知識編

正解 4

正答率 **27**%

1 正 そのとおり。ジーメンス事件（「シーメンス事件」ともいう）とは，1914（大正3）年に発覚した事件で，ドイツの商社であるジーメンス社から軍艦や兵器の輸入をめぐって海軍の高官が賄賂を受け取ったという事件である。この事件が発覚すると，都市民衆の抗議運動が高まり，山本権兵衛内閣は退陣に追い込まれた。

2 正 そのとおり。昭和電工事件は，1948（昭和23）年に発覚した事件で，昭和電工はGHQや政府首脳部に賄賂を提供する一方，見返りに政府資金を投入されていた。日本社会党，民主党，国民協同党の三党が連立した片山内閣から政権を引き継いだ芦田内閣は，この事件により退陣に至った。

3 正 そのとおり。造船疑獄事件は，1954（昭和29）年に発覚した事件で，造船業界が政治家や官僚等に巨額の献金をし，その見返りに造船業界に有利な政策をとらせたのではないかが問題となった。この事件を機に，当時の吉田内閣への批判が強まる中，鳩山一郎らは離党して鳩山を総裁とする日本民主党を結成した。

4 明らかに誤っている ロッキード事件は，1976（昭和51）年に発覚した事件である。米国の航空機会社であるロッキード社（以下，「ロ社」という）が，ロ社製航空機の日本への売り込みにあたり，当時の田中内閣総理大臣にロ社製航空機購入を全日空に勧奨するよう依頼し，同首相が同機購入の後，金銭供与をロ社から受けたとして，事件発覚時には「前首相」であった田中角栄が逮捕された。そのため，与党の自由民主党内で，当時の三木首相に対する「三木おろし」がなされた。その後，三木内閣が総辞職して，福田赳夫内閣が成立した。

5 正 そのとおり。リクルート事件とは1988（昭和63）年〜1989（平成元）年に発覚した事件で，リクルート社が公開後は値上がり必至の系列不動産会社リクルートコスモス社の未公開株を，当時の有力政治家へ譲渡したとされる。リクルート事件疑惑で退陣した竹下内閣を引き継いだ宇野内閣も，参議院選挙での大敗を受けて早期退陣に追い込まれた。

●政治・経済・社会

政治／国内政治

重要度 B

問13 日本の政治資金に関する次の記述のうち，妥当なものはどれか。

1 政党への公的助成である政党交付金の総額は，人口に250円を乗じて得た額を基準として予算で定めることとされている。

2 政党交付金は，国会に一定の議席を持つ受給資格のある全政党が受給しており，それらの政党では政治資金源の約半分を政党交付金に依存している。

3 政府は，政治腐敗防止のために政治資金規正法の制定を目指したが，国会議員からの反対が強く，まだ成立には至っていない。

4 政党への企業・団体献金は，政治腐敗防止のために禁止されているが，違法な政治献金が後を絶たない。

5 政治資金に占める事業収入の割合は，政党交付金の受給資格がある全政党で極めて低くなっている。

（本試験2014年問47）

●一般知識編

正答率 **64%**

合格基本書

1 妥当である そのとおり。政党交付金の総額は，人口に 250円を乗じて得た額を基準として予算で定める（政党助成法7条1項）。　679p

2 妥当でない 日本共産党は，政党交付金を受給していない。

3 妥当でない 政治資金規正法は，1948（昭和23）年に成立している。　679p

4 妥当でない 政党本部・支部，または政党が指定する政治資金団体への企業・団体献金は，禁止されていない。　679p

5 妥当でない 近年の政治資金収支報告書によれば，政党の政治資金に占める事業収入の割合は，日本共産党と公明党では高くなっている。

ワンポイント・アドバイス

【政治資金規正法の主な改正の歴史】

1994年改正	企業や団体からの政治家個人への寄付は禁止，企業や労働組合から政党・政治団体や資金管理団体以外の者への政治的寄付も禁止
1999年改正	企業・労働組合等の団体（政治団体を除く。）から資金管理団体（政治家が一団体に限り指定する。）への政治献金も禁止
2005年改正	① 政治団体（政党・政治資金団体を除く。）間の寄付の制限（年間合計5,000万円以内） ② 振込以外の政治資金団体に係る寄付の禁止
2007年改正	国会議員関係政治団体のすべての支出についての領収書を公開する 1万円以下の領収書は選挙管理委員会に開示請求をする

●政治・経済・社会

政治／国内政治

問14 肥大化した行政をスリム化することを目的として，政府の多くの機関・業務が，独立行政法人に移行したが，次のア〜オのうち，独立行政法人通則法による独立行政法人にあたるものはいくつあるか。

ア　JR東日本
イ　日本郵政
ウ　造幣局
エ　国立公文書館
オ　日本銀行

1　一つ
2　二つ
3　三つ
4　四つ
5　五つ

（本試験2013年問52）

●一般知識編

正解 **2**

正答率 **50%**

合格基本書

　独立行政法人とは，独立行政法人通則法と個別法（独立行政法人造幣局法等）に基づいて設立される法人をいう。

ア　**独立行政法人にあたるものではない**　ＪＲ東日本は，中曽根康弘内閣により，1987（昭和62）年4月に旧日本国有鉄道から分割・民営化された民間企業（ＪＲ7社）の1つである。

イ　**独立行政法人にあたるものではない**　2006（平成18）年1月，郵政民営化後の持株会社となる準備企画会社として，日本郵政株式会社が設立された。2007（平成19）年10月，郵政民営化関連法により，日本郵政公社から，日本郵政株式会社と4つの事業会社に分かれ，民営化された。その後，郵政民営化関連法改正により，2012（平成24）年10月から郵便事業株式会社と郵便局株式会社が統合され，日本郵政グループは5社体制から4社体制へと再編された。

ウ　**独立行政法人にあたる**　財務省の造幣局は，1999（平成11）年4月に閣議決定された中央省庁等改革の推進に関する方針に基づき，2003（平成15）年4月に独立行政法人へ移行した。

エ　**独立行政法人にあたる**　総理府（現内閣府）の附属機関として設置された国立公文書館は，中央行政機構改革の一環として，2001（平成13）年4月に独立行政法人へ移行した。

オ　**独立行政法人にあたるものではない**　日本銀行は，日本銀行法に基づく財務省所管の認可法人であり，わが国唯一の中央銀行である。

　以上より，独立行政法人通則法による独立行政法人にあたるものはウ，エの2つであり，正解は**2**である。

| チェック欄 | | | |

●政治・経済・社会

政治／国内政治

問 15 日本の中央政府の行政改革について，平成13年（2001年）に実現した省庁再編の内容として妥当なものの組合せはどれか。

ア　環境庁を環境省に移行した。

イ　防衛庁，海上保安庁の2庁を防衛省に統合した。

ウ　首相府，沖縄開発庁，経済企画庁の1府2庁を内閣府に統合した。

エ　運輸省，建設省，北海道開発庁，国土庁の2省2庁を国土交通省に統合した。

オ　自治省，総務庁，金融庁，文化庁，気象庁の1省4庁を総務省に統合した。

1　ア・ウ
2　ア・エ
3　イ・ウ
4　イ・オ
5　エ・オ

（本試験2014年問48）

●一般知識編

正解 2

正答率 **72%**

合格基本書

- ア **妥当である** そのとおり。2001(平成13)年1月の中央省庁再編では、環境庁を「環境省」に移行した。
- イ **妥当でない** 防衛庁は、2007(平成19)年1月に「防衛省」に移行した。なお、海上保安庁は、国土交通省の外局である。 675p
- ウ **妥当でない** 2001(平成13)年1月の中央省庁再編では、総理府、沖縄開発庁、経済企画庁を「内閣府」に統合した。
- エ **妥当である** そのとおり。2001(平成13)年1月の中央省庁再編では、運輸省、建設省、北海道開発庁、国土庁を「国土交通省」に統合した。
- オ **妥当でない** 2001(平成13)年1月の中央省庁再編では、自治省、総務庁、郵政省を「総務省」に統合した。なお、金融庁は、内閣府の外局である。文化庁は、文部科学省の外局である。気象庁は、国土交通省の外局である。 675p

以上より、妥当なものはア・エであり、正解は **2** である。

ワンポイント・アドバイス

【省・委員会・庁】

　行政組織のために置かれる国の行政機関は、省・委員会・庁です。「省」は、内閣の統括の下に行政事務をつかさどる機関として置かれる行政機関です。「委員会」・「庁」は、内部部局で処理される事務とは異なる特殊な事務を処理するために、内閣府および省にその外局として置かれる行政機関です。

34

●政治・経済・社会

チェック欄

政治／国内政治

重要度 C

問16 次の各時期になされた国の行政改革の取組に関する記述のうち、妥当でないものはどれか。

1 1969年に成立したいわゆる総定員法[*1]では、内閣の機関ならびに総理府および各省の所掌事務を遂行するために恒常的に置く必要がある職に充てるべき常勤職員の定員総数の上限が定められた。

2 1981年に発足したいわゆる土光臨調（第2次臨時行政調査会）を受けて、1980年代には増税なき財政再建のスローガンの下、許認可・補助金・特殊法人等の整理合理化や、3公社（国鉄・電電公社・専売公社）の民営化が進められた。

3 1990年に発足したいわゆる第3次行革審（第3次臨時行政改革推進審議会）の答申を受けて、処分、行政指導、行政上の強制執行、行政立法および計画策定を対象とした行政手続法が制定された。

4 1998年に成立した中央省庁等改革基本法では、内閣機能の強化、国の行政機関の再編成、独立行政法人制度の創設を含む国の行政組織等の減量・効率化などが規定された。

5 2006年に成立したいわゆる行政改革推進法[*2]では、民間活動の領域を拡大し簡素で効率的な政府を実現するため、政策金融改革、独立行政法人の見直し、特別会計改革、総人件費改革、政府の資産・債務改革などが規定された。

(注) *1 行政機関の職員の定員に関する法律
  *2 簡素で効率的な政府を実現するための行政改革の推進に関する法律

（本試験2019年問49）

●一般知識編

正答率 **56**%

1 妥当である そのとおり。1969（昭和44）年に成立した総定員法では，内閣の機関等の常勤職員の定員総数の上限が規定された。

2 妥当である そのとおり。1981（昭和56）年に発足した土光臨調を受けて，許認可・補助金・特殊法人等の整理合理化や，3公社の民営化が進められた。

675p

3 妥当でない 1990（平成2）年に発足した第3次行革審の公平・透明な行政手続法制の整備に関する答申を受けて，処分，行政指導，届出を対象とした行政手続法が1993（平成5）年に制定された。行政手続法は，行政上の強制執行，行政立法，計画策定（行政計画）を対象としていない。

4 妥当である そのとおり。1998（平成10）年に成立した中央省庁等改革基本法では，内閣機能の強化，国の行政機関の再編成，国の行政組織等の減量・効率化などが規定された。

5 妥当である そのとおり。2006（平成18）年に成立した行政改革推進法では，政策金融改革，独立行政法人の見直し，特別会計改革等が規定された。

ワンポイント・アドバイス

【公社等の民営化】

1985	日本電信電話公社 ⇒ ＮＴＴ		中曽根内閣
	日本専売公社 ⇒ ＪＴ		
1987	日本国有鉄道（国鉄） ⇒ ＪＲ各社		
2005	道路関係4公団 ⇒ ＮＥＸＣＯ3社ほか		小泉内閣
2007	郵政3事業 ⇒ 日本郵政グループ		

●政治・経済・社会

チェック欄

政治／国内政治

問17 女性の政治参加に関する次の文章の空欄 ア ～ オ に当てはまる語句の組合せとして，妥当なものはどれか。

日本において女性の国政参加が認められたのは， ア である。その最初の衆議院議員総選挙の結果，39人の女性議員が誕生した。それから時を経て，2017年末段階での衆議院議員の女性比率は イ である。列国議会同盟（IPU）の資料によれば，2017年末の時点では，世界193か国のうち，下院または一院制の議会における女性議員の比率の多い順では，日本はかなり下の方に位置している。

また，国政の行政府の長（首相など）について見ると，これまで，イギリス，ドイツ， ウ ，インドなどで女性の行政府の長が誕生している。しかし，日本では，女性の知事・市区町村長は誕生してきたが，女性の首相は誕生していない。

2018年には，「政治分野における エ の推進に関する法律」が公布・施行され，衆議院議員，参議院議員及び オ の議会の議員の選挙において，男女の候補者の数ができる限り均等になることを目指すことなどを基本原則とし，国・地方公共団体の責務や，政党等が所属する男女のそれぞれの公職の候補者の数について目標を定めるなど自主的に取り組むように努めることなどが，定められた。

	ア	イ	ウ	エ	オ
1	第二次世界大戦後	約3割	アメリカ	男女機会均等	都道府県
2	第二次世界大戦後	約1割	タイ	男女共同参画	地方公共団体
3	大正デモクラシー期	約3割	ロシア	男女共同参画	都道府県
4	第二次世界大戦後	約1％	中国	女性活躍	地方公共団体
5	大正デモクラシー期	約1割	北朝鮮	男女機会均等	都道府県

（本試験2019年・問48）

●一般知識編

正解 2

正答率 **87**%

　日本において女性の国政参加が認められたのは、(ア)第二次世界大戦後である。それから時を経て、2017年末段階での衆議院議員の女性比率は(イ)約1割である。

　また、国政の行政府の長（首相など）について見ると、これまで、イギリス、ドイツ、(ウ)タイ、インドなどで女性の行政府の長が誕生している。

　2018年には、「政治分野における(エ)男女共同参画の推進に関する法律」が公布・施行され、衆議院議員、参議院議員及び(オ)地方公共団体の議会の議員の選挙において、男女の候補者の数ができる限り均等になることを目指すことなどを基本原則とすることなどが定められた。

　以上より、アには「第二次世界大戦後」、イには「約1割」、ウには「タイ」、エには「男女共同参画」、オには「地方公共団体」が入り、正解は **2** である。

ワンポイント・アドバイス

　近年の衆議院の女性議員の比率は約1割、参議院の女性議員の比率は約2割です。これらは国際的には決して高くありませんが、衆議院・参議院ともに上昇傾向にあります。

●政治・経済・社会

チェック欄

政治／国内政治

問 18 日本の地方自治に関する次の記述のうち，妥当なものはどれか。

1 明治憲法のもとでは地方自治は認められておらず，市町村は国の行政区画であった。そのため，市町村長は，市町村会の推薦と府県知事の内奏をもとに，内務大臣によって任命されていた。

2 全国的な規模で市町村合併が大幅に進められたのは，明治維新以降4回ある。それぞれの時期に合わせて，「明治の大合併」「大正の大合併」「昭和の大合併」「平成の大合併」と呼ばれることがある。

3 第二次世界大戦中には，激しい空襲により市役所・町村役場は機能を喪失したため，市町村は廃止された。それに代わり，防空・配給や本土決戦のために，都市部には町内会，農村部には系統農会が組織された。

4 第二次世界大戦後の自治体は，住民から直接公選される首長・議会を有しているが，首長その他の執行機関が国の指揮監督のもとに国の機関として行う機関委任事務があった。しかし，機関委任事務制度は地方自治法の改正により廃止された。

5 1990年代後半以降，市町村合併や公共事業などについて，住民が自ら投票によって意思を表明する住民投票が，条例に基づいて行われた。こうした流れを受けて，条例なしでも住民投票が行えるように，住民投票法が制定された。

(本試験2011年問48)

●一般知識編

正解 4

正答率 **86%**

合格基本書

1　妥当でない　市町村制は，大日本帝国憲法が発布される前年の1888（明治21）年に制定され，市町村に，公共事務・委任事務を処理し，条例・規則を制定する権限が付与された。市町村は国の行政区画ではなく，地方公共団体として独立の法人格が認められ，市長は市会から推薦のあった者のうちから内務大臣が選任，町村長は町村会において選挙で選ばれた。なお，明治憲法には，地方自治に関する規定が1カ条もなかった。

2　妥当でない　明治維新以降の全国的な規模の市町村合併は，「明治の大合併」「昭和の大合併」「平成の大合併」の3回である。

684p

3　妥当でない　第二次世界大戦中において，市町村が廃止されたという事実はない。なお，系統農会とは，1899（明治32）年の農会法によって自治体ごとに系統的に設けられた公認の農業者団体である。

4　妥当である　そのとおり。機関委任事務（都道府県知事・市町村長等の地方公共団体の機関を国の機関と扱ったうえで，国の事務を執行させる仕組み）は，1999（平成11）年の地方分権一括法による地方自治法改正によって廃止され，現在，地方公共団体が処理する事務は，法定受託事務と自治事務である。

5　妥当でない　住民投票法という法律は存在しない。地方公共団体は，条例で定めることにより住民投票を実施することができる。なお，条例に基づく住民投票は，公職選挙法の準用が規定されている地方自治法上の住民投票や，目的や手順が規定されている日本国憲法95条の住民投票とは異なるため，投票対象や投票資格者の範囲を自由に制定することが可能である。

685p

40

| チェック欄 | | |

●政治・経済・社会

政治／国内政治

問 19 地方自治体の住民等に関する次のア～オの記述のうち、妥当なものの組合せはどれか。

ア 市町村内に家屋敷を有する個人であっても、当該市町村内に住所を有しない場合には、当該市町村の住民税が課されないものとされている。

イ 日本国籍を有しない外国人は、当該市町村の区域内に住所を有し、かつ、一定の要件に該当するときには、住民基本台帳制度の適用対象になる。

ウ 自宅から離れた他市の特別養護老人ホームに入居した者であっても、自宅のある市町村に住民登録を残し、住所地特例制度により当該市町村の介護保険を利用することができる。

エ 市の管理する都市公園の中で起居しているホームレスについては、当然に、当該都市公園が住民登録上の住所地となる。

オ 市町村内に住所を有する個人だけでなく、当該市町村内に事務所または事業所を有する法人も、住民税を納税する義務を負う。

1 ア・ウ
2 ア・オ
3 イ・エ
4 イ・オ
5 ウ・エ

(本試験2018年問52)

●一般知識編

正解 **4**

正答率 **55**%

合格基本書

ア **妥当でない**　市町村民税は,「市町村内に事務所, 事業所又は家屋敷を有する個人で当該市町村内に住所を有しない者」(地方税法294条1項2号) に対しても課される。

イ **妥当である**　そのとおり。日本国籍を有しない外国人も, 当該市町村の区域内に住所を有し, かつ, 一定の要件に該当するときは, 住民基本台帳制度の適用対象になる (住民基本台帳法30条の45参照)。

ウ **妥当でない**　介護保険の被保険者となるのは, 市町村の区域内に住所を有する65歳以上の者 (第1号被保険者) と, 市町村の区域内に住所を有する40歳以上65歳未満の医療保険加入者 (第2号被保険者) となる (介護保険法9条)。もっとも, 特別養護老人ホーム等に入居することによって住所を変更した場合に, 住所地特例制度により, 住所変更前の市町村の介護保険を利用することができる (介護保険法13条)。

エ **妥当でない**　都市公園内に不法に設置されたテントを起居の場所としているホームレスについて, テントの所在地に住所を有するものとはいえないとした判例 (最判平20.10.3) がある。したがって, 都市公園内に不法に設置されたテントを起居の場所としているホームレスについて, 当然に, 都市公園が住民登録上の住所地となるわけではない。

オ **妥当である**　そのとおり。市町村民税は,「市町村内に事務所又は事業所を有する法人」に対しても課される (地方税法294条1項3号)。

以上より, 妥当なものはイ・オであり, 正解は**4**である。

42

●政治・経済・社会

政治／国際政治

問20 戦後日本の外交に関する次の記述のうち、妥当なものはどれか。

1 1951年に日本は、吉田茂首相のもと、いわゆる西側諸国とポーツマス条約を締結して独立を回復した。同年に、日米間では日米安全保障条約を締結し、その後、1960年にはその改定がなされた。
2 1956年に日本は、鳩山一郎首相のソ連訪問において、日ソ不可侵平和条約を締結した。これを契機として、東欧諸国との国交が順次結ばれ、同年には国際連合への加盟を果たした。
3 1965年に日本は、大韓民国との間で日韓基本条約を締結した。また、朝鮮民主主義人民共和国との間の国交は、2002年の小泉純一郎首相の平壌訪問によって回復した。
4 1971年に日本は、アメリカとの間で沖縄返還協定を結び、翌1972年には沖縄の復帰を実現した。但し、環太平洋戦略的防衛連携協定により、日本はアメリカ軍基地の提供を続けている。
5 1972年に日本は、田中角栄首相が中華人民共和国を訪問した際に、日中共同声明によって、中華人民共和国との国交を正常化した。その後、1978年に日中平和友好条約を締結した。

(本試験2013年問48)

●一般知識編

正解 **5**

正答率 **62**%

合格基本書

1 **妥当でない** 1951（昭和 26）年に日本は，いわゆる西側諸国と「サンフランシスコ平和条約」を締結して，独立を回復した。同年に，日米間では日本の防衛のため日米安全保障条約を締結し，1960（昭和 35）年にはその改定がなされた。「ポーツマス条約」とは，1905（明治 38）年 9 月，アメリカのポーツマスで調印した日露講和条約である。

2 **妥当でない** 1956（昭和 31）年 10 月に日本は，鳩山一郎首相のソ連訪問において「日ソ共同宣言」を締結した。これにより，戦争状態が終了して，同年 12 月に国際連合への加盟を果たした。その後，東欧諸国との国交が順次結ばれた。

687p

3 **妥当でない** 1965（昭和 40）年 6 月，佐藤栄作内閣が，大韓民国との外交関係樹立，韓国併合条約などの失効確認などを定めた日韓基本条約に調印した。2002（平成 14）年 9 月，小泉純一郎首相が平壌を訪問したが，朝鮮民主主義人民共和国との国交回復には至っていない。

4 **妥当でない** 1971（昭和 46）年に日本は，アメリカとの間で沖縄返還協定を締結した。翌 1972（昭和 47）年 5 月にこれが発効したことにより，アメリカは施政権を日本に返還し，沖縄の日本への復帰が実現したが，アメリカ軍基地は存続することになった。そして，新日米安全保障条約に基づく「日米地位協定」により，日本はアメリカ軍基地の提供を続けている。「環太平洋戦略的防衛連携協定」という名の協定はない。

5 **妥当である** そのとおり。日中共同声明は，1972（昭和 47）年 9 月に田中角栄首相が中華人民共和国を訪問した際に発表したもので，日本側が過去の戦争責任を痛感，反省したうえで出され，これにより日中国交正常化が実現した。日中平和友好条約は，1978（昭和 53）年 8 月，福田赳夫内閣のときに調印された。

44

チェック欄　　　　　　　　　　　　　●政治・経済・社会

政治／国際政治

問21 核軍縮・核兵器問題への国際社会の対応に関する次のア〜オの記述のうち、妥当でないものの組合せはどれか。

ア 包括的核実験禁止条約（CTBT）は、国連総会で採択され、その後、米中やインド・パキスタンを含む多くの国連加盟国が署名・批准を済ませ発効した。

イ 東南アジア・中南米・アフリカなどの地域では、非核兵器地帯を創設する多国間条約が締結されている。

ウ 冷戦中、米ソ両国は中距離核戦力（INF）の全廃に向けて何度も交渉を行ったが難航し、条約の締結までには至らなかった。

エ 核兵器非保有国への核兵器移譲や核兵器非保有国の核兵器製造を禁止する核拡散防止条約（NPT）では、米露英仏中の5カ国が核兵器保有国と規定されている。

オ 核拡散防止条約（NPT）では、核兵器非保有国の原子力（核）の平和利用は認められているが、軍事転用を防止するために国際原子力機関（IAEA）の査察を受ける義務を負う。

1 ア・イ
2 ア・ウ
3 イ・エ
4 ウ・オ
5 エ・オ

（本試験2014年問51）

●一般知識編

正答率 **42**%

ア **妥当でない** 包括的核実験禁止条約（CTBT／1996年署名，未発効）は，核保有国，非核保有国の区別なく，核爆発を伴う一切の核実験の禁止を基本的義務とする条約である（日本は1997年に批准）。アメリカは，2001年11月の第2回CTBT発効促進会議をボイコットしている。2003年9月に開かれた第3回促進会議では，参加71カ国が「すべての国の加盟と早期発効に向けた努力の継続」をうたった最終宣言を採択したが，アメリカは再びボイコットしている。

イ **妥当である** そのとおり。これまでに発効した非核兵器地帯条約として，バンコク条約（東南アジア非核兵器地帯条約／1995年署名，1997年発効），トラテロルコ条約（ラテンアメリカ及びカリブ核兵器禁止条約／1967年署名，1968年発効），ペリンダバ条約（アフリカ非核兵器地帯条約／1996年署名，2009年発効），ラロトンガ条約（南太平洋非核地帯条約／1985年署名，1986年発効），中央アジア非核兵器地帯条約（2006年署名，2009年発効）がある。

ウ **妥当でない** アメリカ・旧ソ連両国は，1987年に，中距離核戦力（INF）全廃条約に調印した（1998年発効）。なお，2018年10月にアメリカのトランプ大統領は，ロシアが同条約を遵守していないとして同条約からの離脱を表明し，2019年8月にこの条約は失効した。

エ **妥当である** そのとおり。核拡散防止条約（核兵器不拡散条約／NPT／1970年3月発効）は，米・ソ（露）・英・仏・中以外の国が核兵器を開発し，保有するのを防ぐことを目的とする条約である。インド・パキスタン・イスラエル等は加盟していない（北朝鮮は後に脱退）。核兵器保有国には核兵器の拡散防止義務を課し，非核保有国への核兵器および核兵器生産技術の移転を禁止している。1995年に無期限延長が決定された。日本は1976年に，この条約を批准した。

●政治・経済・社会

オ **妥当である** そのとおり。国際原子力機関（IAEA）は，原子力の平和的利用を促進するとともに，原子力が平和的利用から軍事的利用に転用されることを防止することを目的としている。核拡散防止条約（核兵器不拡散条約／NPT）では，締約国である非核保有国に対して，IAEAとの間において包括的保障措置協定（平和的原子力活動に係るすべての核物質が対象）を締結するよう義務づけている（日本は1977年に包括的保障措置協定発効）。IAEA査察官は，各国の施設に立ち入り，軍事利用されていないか点検する等の核査察を行う権限をもち，NPTは，非核保有国にIAEAによる核査察を受け入れることを義務づけている。

690p

以上より，妥当でないものはア・ウであり，正解は**2**である。

ワンポイント・アドバイス

【国際原子力機関（IAEA）】

　国際原子力機関（IAEA）は，原子力の平和的利用を促進するとともに，原子力が平和的利用から軍事的利用に転用されないよう監視し，その防止を図ることを目的とする機関です。「核の番人」といわれることもあります。
　IAEAは，国際連合の専門機関ではありませんが，それに準ずる機関で，国連総会での年次報告のほか，安全保障理事会や経済社会理事会にも報告を行います。

●政治・経済・社会

政治／国際政治

問22 日本と核兵器の関係に関する次の記述のうち、妥当なものはどれか。

1　1945年8月6日にアメリカが広島に、同年8月9日にソ連が長崎に、それぞれ原爆を投下した。
2　1954年にビキニ環礁でフランスが水爆実験をし、日本漁船が被ばくし、死者が出た。
3　1971年に、核兵器を「もたず、つくらず、もちこませず」を趣旨とする非核三原則が国会で決議された。
4　第2次安倍内閣は、これまでの非核三原則を閣議決定において転換し、オーストラリアに核兵器を輸出した。
5　2016年5月に現職としては初めて、アメリカのオバマ大統領が被爆地である広島および長崎を訪問した。

(本試験2016年問47)

●一般知識編

正答率 **67**%

1 **妥当でない** 1945（昭和20）年8月6日に，アメリカ合衆国が広島に原爆を投下した。同年8月9日にも，アメリカ合衆国が長崎に原爆を投下した。

2 **妥当でない** 1954（昭和29）年にビキニ環礁でアメリカ合衆国が水爆実験をし，日本漁船が被ばくし，死者が出た。

3 **妥当である** そのとおり。1971（昭和46）年11月24日に，「政府は，核兵器を持たず，作らず，持ち込まさずの非核三原則を遵守するとともに，沖縄返還時に適切なる手段をもって，核が沖縄に存在しないこと，ならびに返還後も核を持ち込ませないことを明らかにする措置をとるべきである。」とする「非核兵器ならびに沖縄米軍基地縮小に関する衆議院決議」がなされた。

691p

4 **妥当でない** 本記述のような事実はない。安倍晋三首相は，2016（平成28）年8月の記者会見で，非核三原則を堅持し，核兵器の保有はあり得ないと表明している。

5 **妥当でない** 2016（平成28）年5月に現職としては初めて，アメリカ合衆国のオバマ大統領が被爆地である広島を訪問した。もうひとつの被爆地である長崎には訪問していない。

691p

 ワンポイント・アドバイス

　防衛装備の海外移転に関しては，1967（昭和42）年の「武器輸出三原則」に代わって，2014（平成26）年に「防衛装備移転三原則」（①移転を禁止する場合の明確化，②移転を認め得る場合の限定ならびに厳格審査および情報公開，③目的外使用および第三国移転に係る適正管理の確保）が策定されました。

●政治・経済・社会

| チェック欄 | | |

政治／国際政治

重要度 A

問23 国際連合と国際連盟に関する次の記述のうち，妥当なものはどれか。

1 国際連合では太平洋憲章が，国際連盟ではローズヴェルトの平和原則14か条が，それぞれ成立に至るまでの過程において出された。
2 国際連合ではアメリカのニューヨークに，国際連盟ではフランスのパリに，それぞれ本部が設置された。
3 国際連合では日本は原加盟国ではなく現在まで安全保障理事会の常任理事国でもないが，国際連盟では原加盟国であり理事会の常任理事国でもあった。
4 国際連合では米・英・仏・中・ソの5大国がすべて原加盟国となったが，国際連盟ではアメリカは途中から加盟しソ連は加盟しなかった。
5 国際連合では制裁手段は経済制裁に限られているが，国際連盟では制裁手段として経済制裁と並んで軍事制裁も位置づけられていた。

(本試験2015年問47)

●一般知識編

正解 **3**

正答率 **42**%

合格基本書

1 **妥当でない** 1945年に発足した国際連合では大西洋憲章 (1941年) が，1920年に発足した国際連盟ではアメリカ大統領ウィルソンの平和原則14カ条（1918年）が，それぞれ成立に至るまでの過程において出された。　687p

2 **妥当でない** 国際連合ではアメリカのニューヨークに，国際連盟ではスイスのジュネーヴに本部が設置された。　686p

3 **妥当である** そのとおり。国際連合では，日本は原加盟国ではなく（日本は1956年に加盟），現在まで安全保障理事会の常任理事国でもない。国際連盟では，日本は原加盟国であり，理事会の常任理事国でもあった。

4 **妥当でない** 国際連合では，米・英・仏・中・ソの5大国がすべて原加盟国となったが，国際連盟ではソ連が途中から加盟し（1934年加盟，1939年除名），アメリカは加盟しなかった。　686p

5 **妥当でない** 国際連盟では非軍事的な制裁措置しかとれなかったため，戦争を抑止する有効な手段を持っていなかった。これに対し，国際連合では，制裁手段として経済的制裁とならんで軍事的強制措置も位置付けられている。　686p

ワンポイント・アドバイス

　第二次世界大戦中に国際連合憲章のいずれかの署名国の敵国であった国（日本を含む旧枢軸国）に適用される旧敵国条項については，1995（平成7）年に削除決議が採択されましたが，現在も未発効です。

●政治・経済・社会

政治／国際政治

問24 次の各年に起こった日中関係に関する記述のうち、妥当なものはどれか。

1 1894年に勃発した日清戦争は、翌年のポーツマス条約で講和が成立した。それによれば、清は台湾の独立を認める、清は遼東半島・澎湖諸島などを日本に割譲する、清は日本に賠償金2億両を支払う、などが決定された。

2 1914年の第一次世界大戦の勃発を、大隈重信内閣は、日本が南満州の権益を保持し、中国に勢力を拡大する好機とみて、ロシアの根拠地であるハルビンなどを占領した。1915年には、中国の袁世凱政府に「二十一カ条要求」を突き付けた。

3 1928年に関東軍の一部は、満州軍閥の張作霖を殺害して、満州を占領しようとした。この事件の真相は国民に知らされず、「満州某重大事件」と呼ばれた。田中義一内閣や陸軍は、この事件を日本軍人が関与していないこととして、処理しようとした。

4 1937年の盧溝橋事件に対して、東条英機内閣は不拡大方針の声明を出した。しかし、現地軍が軍事行動を拡大すると、それを追認して戦線を拡大し、ついに、宣戦布告をして日中戦争が全面化していった。

5 1972年に佐藤栄作首相は中華人民共和国を訪れ、日中共同宣言を発表して、日中の国交を正常化したが、台湾の国民政府に対する外交関係をとめた。さらに、1978年に田中角栄内閣は、日中平和友好条約を締結した。

（本試験2019年問47）

●一般知識編

正解 3

正答率 **35**%

1 妥当でない 1894年に勃発した日清戦争は，翌年の下関条約（日清講和条約）で講和が成立した。それによれば，清は朝鮮の独立を認める，清は遼東半島・台湾・澎湖諸島を日本に割譲する，清は日本に賠償金2億両を支払う，などが決定された。

2 妥当でない 1914年の第一次世界大戦の勃発を，大隈重信内閣は，日本が中国におけるドイツの権益の排除等をする好機とみて，ドイツの根拠地である青島などを占領した。1915年には，中国の袁世凱政府に「二十一カ条要求」を突き付けた。

3 妥当である そのとおり。1928年に関東軍の一部は，満州軍閥の張作霖を殺害して，満州を占領しようとした。この事件の真相は国民に知らされず，「満州某重大事件」と呼ばれた。当時の田中義一内閣や陸軍は，この事件を日本軍人が関与していないこととして処理しようとした。なお，この事件をめぐり，最終的に田中義一内閣は総辞職することになった。

4 妥当でない 1937年の盧溝橋事件に対して，近衛文麿内閣は不拡大方針の声明を出した。しかし，現地軍が軍事行動を拡大すると，それを追認して戦線を拡大し，宣戦布告をしないまま，日中戦争が全面化していった。

5 妥当でない 1972年に田中角栄首相は中華人民共和国を訪れ，日中共同声明を発表して，日中の国交を正常化したが，台湾の国民政府に対する外交関係をとめた。さらに，1978年に福田赳夫内閣は，日中平和友好条約を締結した。

●政治・経済・社会

チェック欄			

政治／その他

重要度 A

問25 各国の政治指導者に関する次の記述のうち，正しいものはどれか。

1 北朝鮮の最高指導者の金正恩（キム＝ジョンウン）は，かつての最高指導者の金日成（キム＝イルソン）の孫である。

2 アメリカのG. W. ブッシュ第43代大統領は，G. H. W. ブッシュ第41代大統領の孫である。

3 韓国大統領を罷免された朴槿恵（パク＝クネ）は，かつての大統領である朴正煕（パク＝チョンヒ）の孫である。

4 日本の安倍晋三首相は，かつての首相である吉田茂の孫である。

5 インドの首相を務めたインディラ＝ガンディーは，「独立の父」マハトマ＝ガンディーの孫である。

（本試験2017年問47）

●一般知識編

正答率 **80**%

1 正 そのとおり。北朝鮮の第3代最高指導者の金正恩（キム＝ジョンウン）は，第2代最高指導者の金正日（キム＝ジョンイル）の子であり，初代最高指導者の金日成（キム＝イルソン）の孫である。

2 誤 アメリカ合衆国のG. W. ブッシュ（George Walker Bush）第43代大統領は，G. H. W. ブッシュ（George Herbert Walker Bush）第41代大統領の子である。

3 誤 韓国の朴槿恵（パク＝クネ）第18代大統領は，朴正熙（パク＝チョンヒ）第5～9代大統領の子である。

4 誤 日本の安倍晋三第90，96～98代首相は，岸信介第56，57代首相の孫である。吉田茂第45，48～51代首相の孫は，麻生太郎第92代首相である。

5 誤 インドのインディラ＝ガンディー第5，8代首相は，ジャワハルラール＝ネルー初代首相の子である。「独立の父」マハトマ＝ガンディーとの血縁関係はない。

ワンポイント・アドバイス

【インド独立の父・マハトマ＝ガンディー】

マハトマ＝ガンディーは第1次世界大戦後からインド国民会議を率いてインドの独立運動を牽引し，1947年にインドはイギリスからの独立を果たしました。ガンディーの独立運動は，「非暴力」，「不服従」をスローガンとしていたことでも有名です。なお，1947年のインドの独立ですが，実際には，インド（国民会議派（ヒンドゥー派））とパキスタン（全インド・ムスリム連盟派（イスラーム派））の2国で分離独立することになりました。この独立当初，パキスタンはインドの東側と西側に離れた2つの領土をもっていましたが，東側のパキスタンは1971年にバングラデシュとして独立しました。

●政治・経済・社会

経済／国際経済

問26 次の文章の空欄 ア ～ エ に入る語句の組合せとして正しいものはどれか。

　第二次世界大戦後の国際経済は，1944年のブレトンウッズ協定に基づいて設立された ア と イ ，1947年に締結された ウ を中心に運営された。

　 イ は大戦後の経済復興と開発のための資金提供を目的としていた。日本は イ からの融資を受け，東海道新幹線や黒部ダムなどを建設している。その後， イ は発展途上国の経済発展のための融資機関となった。

　また ウ のもとでは8回の関税引き下げ交渉がもたれたが，それは貿易拡大による国際経済発展に貢献するとともに，その後 エ の設立をもたらした。 エ では， ウ の基本精神を受け継ぎつつ，交渉を続けている。

1 ア IBRD　イ IMF　　ウ GATT　エ WTO
2 ア GATT　イ IMF　　ウ WTO　　エ IBRD
3 ア IBRD　イ IMF　　ウ WTO　　エ GATT
4 ア IBRD　イ WTO　　ウ IMF　　エ GATT
5 ア IMF　　イ IBRD　ウ GATT　エ WTO

(本試験2014年問52)

●一般知識編

正答率 **41**%

第二次世界大戦後の国際経済は，1944年のブレトンウッズ協定に基づいて設立された(ア)IMFと(イ)IBRD，1947年に締結された(ウ)GATTを中心に運営された。

(イ)IBRDは大戦後の経済復興と開発のための資金提供を目的としていた。日本は(イ)IBRDからの融資を受け，東海道新幹線や黒部ダムなどを建設している。その後，(イ)IBRDは発展途上国の経済発展のための融資機関となった。

また(ウ)GATTのもとでは8回の関税引き下げ交渉がもたれたが，それは貿易拡大による国際経済発展に貢献するとともに，その後(エ)WTOの設立をもたらした。(エ)WTOでは，(ウ)GATTの基本精神を受け継ぎつつ，交渉を続けている。

以上より，アには「IMF」，イには「IBRD」，ウには「GATT」，エには「WTO」が入り，正解は**5**である。

ワンポイント・アドバイス

【IMF・IBRD・GATT・WTO】

IMF	国際通貨基金。為替レートの安定，為替取引の自由化，国際収支赤字国への短期的な融資を通じて，自由な貿易や資本移動を促進することを目的として設立
IBRD	国際復興開発銀行。戦後の経済復興と開発援助を目的とした長期融資を行う国際金融機関として設立
GATT	関税及び貿易に関する一般協定。多国間の貿易交渉を主導し，輸入制限の撤廃等の貿易自由化を目指すもの
WTO	世界貿易機関。多国間の貿易交渉に加えて，貿易をめぐる紛争処理や，各国の貿易政策の審査の役割を担う機関。GATTを発展的に解消して，1995年に発足

| チェック欄 | | | | ●政治・経済・社会 |

経済／国際経済

問27 貿易自由化に関する次のア〜オの記述のうち，誤っているものの組合せはどれか。

ア　EU（欧州連合）域内では，シェンゲン条約により域内での国境通過にかかる手続などが大幅に簡素化され，また，共通通貨ユーロがすべての加盟国に導入されており，加盟国が EU 域内で自国産業の保護を行う手段は，関税と補助金に限定されている。

イ　GATT（関税と貿易に関する一般協定）は，自由，無差別，互恵・多角を原則とし，多国間での貿易交渉を基準としつつ，輸入数量制限の撤廃や，関税引き下げなどの貿易自由化を推進してきた。

ウ　TPP（環太平洋戦略的経済連携協定）では，サービス，人の移動，基準認証などについて，加盟国間での整合性を図るとともに，例外品目を認めない形で，貿易における関税撤廃が目標とされていた。

エ　UNCTAD（国際連合貿易開発会議）は，途上国の経済開発促進と自由貿易推進のために国際連合が設けた会議で，国際連合の補助機関として，4年に一度開催されている。

オ　WTO（世界貿易機関）は，サービス貿易や知的財産権に関する国際ルールを定めており，ドーハ・ラウンドでは，農業分野での自由化について，関税の上限設定とミニマム・アクセス（最低輸入義務）の設定が打ち出された。

1　ア・イ
2　ア・エ
3　イ・オ
4　ウ・エ
5　ウ・オ

（本試験2011年問50改題）

●一般知識編

正答率 **63%**

ア **誤** シェンゲン条約とは,加盟国間の国民が加盟国間の国境を出入国検査なしに越えることを定めた条約である。EU加盟国のうち,例えば,アイルランドは,協力を表明するものの,シェンゲン条約に加盟していない。EU非加盟国であっても,スイスやノルウェーなどは,シェンゲン条約に加盟している。ユーロも,すべてのEU加盟国で導入されているわけではなく,スウェーデンなどはこれを導入していない。なお,産業保護政策は基本的に加盟国に委ねられており,EUはそれらの調整機能しか持たない(EUの機能に関する条約153条)が,EU加盟国間では関税は課されない。

イ **正** そのとおり。GATTは,自由貿易の推進を目的として締結された国際条約である。GATTの基本原則は,無差別(最恵国待遇原則／1条,内国民待遇原則／3条),関税以外の輸入制限の原則禁止(11条),相互主義による関税引下げ(2条)等である。ラウンドと呼ばれる多角的貿易交渉により,関税の引下げ等の貿易の自由化が図られてきた。 699p

ウ **正** そのとおり。TPPは,加盟国間においてサービス,人の移動,基準認証などの経済制度の整合性を図り,全品目の関税を撤廃することを目的としていた。 700p

エ **誤** UNCTADは,発展途上国の経済開発の促進と先進国との間の経済格差の是正を目的とする国際連合の補助機関である。会議は4年に1回開催される。UNCTADは,自由貿易を抑制する活動を行っている。第1回会議(1964年)では,初代事務局長であるプレビッシュから「開発のための新しい貿易政策を求めて」という報告書が提出された。この報告書では,GATTの進める自由貿易は開発途上国には不利であり,一次産品の価格安定のための国際商品協定の締結や先進国の開発途上国に対する特恵関税の付与などが必要であるという,自由貿易の修正を求める提言がなされた。

●政治・経済・社会

オ **正** そのとおり。WTOは，GATTが発展的に解消して設立された国際組織である。GATTは物品貿易のみを規制対象としていたが，WTOは，物品貿易だけでなく，サービス貿易や知的財産権も規制対象としている。2001年から開始されたドーハ・ラウンドでは，農業分野での自由貿易の推進などについての交渉がなされている。農業分野では，関税削減や低関税輸入枠の拡大（ミニマム・アクセス：低関税輸入枠までは低関税を課し，それを超えた分については高関税を課してよいとするもの）による市場アクセスの改善や，生産補助金の削減，輸出補助金の撤廃などについての交渉がなされている。

以上より，誤っているものはア・エであり，正解は **2** である。

第1編 政治・経済・社会

ワンポイント・アドバイス

【GATTとWTO】

	GATT	WTO
対象範囲	基本的に「モノ」の貿易	サービス・知的財産権を含む
紛争解決	・紛争委員会の裁定 ・コンセンサス方式 ※ 1カ国でも反対すると対抗措置をとることは不可	・紛争処理機関が処理 ・ネガティブコンセンサス方式 ※ 全会一致の反対がなければ対抗措置をとることが可能

| チェック欄 | | | | ●政治・経済・社会 |

経済／国際経済

問28 2016年2月に署名されたTPP（Trans-Pacific Partnership）協定に関する次のア～オの記述のうち、妥当なものの組合せはどれか。

ア　TPP協定は、日本、アメリカ、韓国などの環太平洋経済圏12か国によって自由貿易圏を構築することを目指すものである。

イ　TPP協定により、音楽や小説などの著作権の保護期間が統一されることとなり、日本では著作権の保護期間が、これまでよりも延長されることとなる。

ウ　TPP協定に参加する国々のGDPを合計した値は、世界各国のGDP合計値の5割を超えており、TPP協定によって世界最大の自由貿易圏が誕生することとなる。

エ　TPP協定により、日本が輸入する全品目の9割以上で、最終的に関税が撤廃されることとなる。

オ　TPP協定交渉について日本では農産品の重要5項目とされる米、麦、大豆、牛肉・豚肉、乳製品の関税維持が主張され、それらの関税は撤廃を免れることとなった。

1　ア・ウ
2　ア・オ
3　イ・ウ
4　イ・エ
5　エ・オ

（本試験2016年問50）

●一般知識編

正答率 **37**%

合格基本書 700p

ア **妥当でない** 環太平洋パートナーシップ（ＴＰＰ）協定は，日本，アメリカ合衆国のほか，オーストラリア，カナダ，ブルネイ，チリ，マレーシア，メキシコ，ニュージーランド，ペルー，シンガポール，ベトナムの12カ国によって自由貿易圏を構築するものを目指すものとして，2016（平成28）年２月に署名された。韓国は，参加していなかった。なお，その後，2017年１月のアメリカの離脱表明を受けて，アメリカ以外の11カ国の間で協定の早期発効を目指して協議が行われ，2018年３月にＴＰＰ11協定（環太平洋パートナーシップに関する包括的及び先進的な協定／ＣＰＴＰＰ）が署名された（同年12月30日発効）。

イ **妥当である** そのとおり。ＴＰＰ協定が発効した場合には，音楽や小説などの著作権の保護期間が統一されることとなり，日本では著作権の保護期間が「著作者の死後50年」から「著作者の死後70年」へ延長されることとされていた。

ウ **妥当でない** ＴＰＰ協定に参加する国々のＧＤＰを合計した値は，世界各国のＧＤＰ合計値（2014年）の約４割を占める。ＴＰＰ協定が発効した場合には，世界最大の自由貿易圏が誕生することが見込まれていた。

エ **妥当である** そのとおり。ＴＰＰ協定が発効した場合には，日本の関税撤廃率（全品目ベース）は，９割以上（品目数ベースで95％，貿易額ベースで95％）となることになっていた。

オ **妥当でない** ＴＰＰ協定交渉について日本では農産品の重要５項目とされる米，麦，牛肉・豚肉，乳製品および甘味資源作物（砂糖の原料）の関税維持が主張された。しかし，重要５項目の594品目のうち170品目で関税が撤廃されることとされていた。

以上より，妥当なものはイ・エであり，正解は**4**である。

●政治・経済・社会

経済／国際経済

問29 近年の日本の貿易および対外直接投資に関する次の記述のうち，妥当なものはどれか。

1 2010年代の日本の貿易において，輸出と輸入を合わせた貿易総額が最大である相手国は中国である。

2 日本の貿易収支は，東日本大震災の発生した2011年頃を境に黒字から赤字となり，その状況が続いている。

3 日本の対外直接投資を見ると，今後更なる成長が期待されるアジアやアフリカ諸国への投資規模が大きいのに対し，北米や欧州への投資規模は小さい。

4 日本の製造業における国内法人および海外現地法人の設備投資額のうち，海外現地法人の設備投資が占める割合は一貫して上昇している。

5 日本との間に国交が成立していない国・地域との貿易取引は，日本では全面的に禁止されている。

(本試験2018年問50)

●一般知識編

正解 **1**

正答率 **29**%

合格基本書

1 妥当である そのとおり。2010年代の日本の貿易において，輸出と輸入を合わせた貿易総額が最大である相手国は，中国である。

2 妥当でない 日本の貿易収支は，東日本大震災の発生した2011（平成23）年から5年連続で貿易赤字となったが，2016（平成28）年に黒字となり（約4兆円の黒字），2017（平成29）年も黒字（約3兆円の黒字）となっている。したがって，2011年頃を境に赤字の状況が続いているわけではない。なお，2019（平成31・令和元）年は約1.7兆円の赤字となっている（「財務省　令和元年貿易統計（確定）」）。

3 妥当でない 2019（平成31・令和元）年の日本の対外直接投資では，アジアやアフリカ諸国への投資規模よりも，北米や欧州への投資規模のほうが大きい（2020年版「ジェトロ世界貿易投資報告」）。

4 妥当でない 2016（平成28）年度の製造業における現地法人の設備投資額は約3.8兆円，海外設備投資比率は20.7％となるが，これは前年度と比べてマイナス4.8ポイントの低下となっている。したがって，海外現地法人の設備投資の占める割合が一貫して上昇しているわけではない。なお，2018（平成30）年の上記設備投資額は約4.4兆円，上記比率は21.5％となっている（「経済産業省　海外事業活動基本調査」）。

5 妥当でない 国交が成立していないからといって，当然に民間の貿易取引まで禁止されるわけではない。たとえば，日本と台湾の間には国交が成立していないが，日本と台湾の間での民間の貿易取引は認められている。また，経済制裁がなされる前の北朝鮮との貿易についても，中古バスやトラック，織物用糸・繊維製品，電気機器などが輸出され，かにやあさりなどの魚介類，石炭・コークス・れん炭，まつたけなどが輸入されていた。

66

| チェック欄 | | | |

●政治・経済・社会

経済／国内経済

問30 日本の産業に関する次の記述のうち，妥当なものはどれか。

1 天然ガスや鉄鉱石など，国内の豊富な天然資源を活かした工業生産が盛んであり，さらなる資源の獲得に向けて，東シナ海などで埋蔵資源の発掘が進められている。

2 1970年代以後，政府による景気対策の一環として，公共事業が安定的に実施されてきたことから，建設業の事業所数や就業者数は，増加傾向にある。

3 サービス産業の労働生産性は，業種によって大きなばらつきがみられ，中小企業や個人事業主が多い卸売・小売業，飲食店，宿泊業では相対的に低い水準となっている。

4 高度成長期以降，工業製品とともに，農業生産物の輸出が伸びており，特に米については，ブランド米を中心に，その多くを海外へ輸出している。

5 漁業生産量では，沿岸漁業による水揚げの低迷を背景に，その5割を養殖に依存している。

(本試験2013年問53)

●一般知識編

正解 3

正答率 **65%**

合格基本書

1 **妥当でない** わが国では，天然ガスや鉄鉱石といった天然資源は豊富ではなく，海外からの輸入に依存している。石油に替わる新しいエネルギーとして，自然エネルギーの開発が進められている。

2 **妥当でない** 1970年代から1990年代後半にかけて，建設業の事業者数（許可業者数）や就業者数は増加し，いずれも1990年代後半にピークを迎えたが，その後は，経済成長の鈍化，建設投資額の減少等を背景に，わが国の建設業の事業所数および就業者数は，年によって増減はあるものの減少傾向にある。

3 **妥当である** そのとおり。労働生産性とは，単位あたりの労働に対する生産物の量，労働能率のことである。わが国では近年，小売業，飲食業，宿泊業のほか，対消費者向けサービスの割合が高い産業の労働生産性が低い傾向がみられる。

4 **妥当でない** 農業生産物の輸出は，工業製品のように「高度成長期以降」伸びているわけではない。また，米については，2019（平成31・令和元）年の国内生産量が7,764,000トンであるのに対し，輸出量は17,381トンであり，多くを海外へ輸出しているといえる状況ではない。

5 **妥当でない** 2019（平成31・令和元）年の漁業生産量（概数値）は，海面漁業が320万トン，海面養殖業が91万トン，内水面漁業が2万トン，内水面養殖業が3万トンであり，漁業生産量合計416万トンのうち，約2割強を「養殖」に依存している。

| チェック欄 | | | | ●政治・経済・社会

経済／国内経済

問31 日本銀行に関する次のア〜オの記述のうち，誤っているものはいくつあるか。

ア　日本銀行は「銀行の銀行」として市中銀行から預託を受け入れ，市中銀行に貸し出しを行う。日本銀行が市中銀行に貸し出す金利を法定利息と呼ぶ。

イ　日本銀行は「政府の銀行」として，国（中央政府）や自治体（地方政府）の税金などの公金の管理をする等，出納経理にかかわる事務をしている。

ウ　日本銀行は「発券銀行」として，日本銀行券を発行する。日本銀行券は法定通貨であり，金と交換できない不換銀行券である。

エ　1990年代後半からの金融自由化により，日本銀行は「唯一の発券銀行」としての地位を2000年代には失った。そのため，各地で地域通貨が発行されるようになった。

オ　日本銀行は「国内政策の銀行」として，公開市場操作などの金融政策を行う。しかし，「円売りドル買い」などの外国為替市場への介入は行わない。

1 一つ
2 二つ
3 三つ
4 四つ
5 五つ

（本試験2011年問49改題）

●一般知識編

正解 **4**

正答率 **45**%

合格基本書

ア　**誤**　日本銀行は,「銀行の銀行」として市中銀行から預託を受け入れ,また,市中銀行に対し資金を貸し出す業務も行っている。日本銀行が市中銀行に貸し出しをする際の金利のことを「基準割引率および基準貸付利率」という。これは,2006(平成18)年まで「公定歩合」と呼ばれていたものである。

704p

イ　**誤**　日本銀行は,「政府の銀行」として,国(政府)の資金である国庫金に関する事務(税金や社会保険料の受入れなど)などの国の出納事務を取り扱っている。しかし,地方自治体の出納経理にかかわる事務は対象外としている。

704p

ウ　**正**　そのとおり。日本銀行は,「唯一の発券銀行」として日本銀行券の発行を行う。日本銀行券は,法定通貨として強制通用力を有し,金と交換できない不換銀行券である。

704p

エ　**誤**　1990年代からは,外国為替公認銀行制度の廃止や,外国為替取引が自由化されるなど金融制度改革が行われ金融自由化が進んだ(金融ビッグバン)。しかし,日本銀行は,現在でも「唯一の発券銀行」として日本銀行券を発行している。また,各自治体や地域で,地域振興のために独自の地域通貨を発行することがあるが,これは法定通貨ではない。

704p

オ　**誤**　日本銀行は,公開市場操作などの金融政策を行う。また,日本銀行は,財務大臣の代理人として,財務大臣の指示に基づいて外国為替市場への介入を行うことがある。

705p

　　以上より,誤っているものはア,イ,エ,オの4つであり,正解は**4**である。

70

●政治・経済・社会

経済／国内経済

問32 近現代の日本の不況に関する次の記述のうち，妥当なものはどれか。

1 第一次世界大戦と第二次世界大戦の戦間期にロンドンのシティで始まった世界恐慌のなかで，政府は旧平価での金輸出解禁を断行したところ，日本経済は金融恐慌と呼ばれる深刻な恐慌状態に陥った。

2 第二次世界大戦後の激しいインフレに対して，徹底した引き締め政策を実行するシャウプ勧告が強行された。これによりインフレは収束したが，不況が深刻化した。しかし，その後のベトナム特需により，日本経済は息を吹き返した。

3 第一次石油危機による原油価格の暴騰などにより，狂乱物価と呼ばれる激しいインフレが発生した。政府は円の切り下げのために変動為替相場制から固定為替相場制へ移行させ，輸出の拡大で不況を乗り切ることを目指した。

4 先進5カ国財務相・中央銀行総裁会議での協調介入に関するプラザ合意を受けて円高が加速し，輸出産業を中心に不況が一時深刻化した。しかし，その後には内需拡大に支えられた大型景気が訪れた。

5 消費税が5％に引き上げられた後，その年の夏以降にはリーマン・ショックと呼ばれる世界経済危機が発生し，日本経済は深刻な不況となった。大手金融機関の経営破綻が生じ，公的資金投入による金融機関救済が進められた。

（本試験2012年問50）

●一般知識編

正答率 **65%**

1 妥当でない 世界恐慌は，1929（昭和4）年にアメリカの「ウォール街」で始まった。日本では，1930（昭和5）年1月に政府が旧平価での金輸出解禁を実施した後，金が流出し，発券の収縮が起こり，金融が逼迫したが，政府は高金利政策をとってドル買いを封じ込めようとした。その後，アメリカの大恐慌の影響が日本にも伝播し，アメリカの繁栄に依存して拡大していた日本の貿易に強い収縮圧力が加わった。輸出の削減，財政支出の削減，高金利という条件のもとで「金融恐慌」が発生し，その結果，株価は暴落し，物価も低下し，企業利潤が低下した。

694p

2 妥当でない 第二次世界大戦後の激しいインフレは，ＧＨＱの財政顧問として来日したＪ・ドッジによる「ドッジライン」により収束したが，「安定恐慌」と呼ばれるデフレ不況に陥った。その後，「朝鮮特需」により，日本経済は息を吹き返した。なお，シャウプ勧告とは，1949（昭和24）年に日本税制使節団長のシャウプが提出した税制に関する報告書である。

3 妥当でない 1973（昭和48）年10月に起きた第一次石油危機に対し，政府は需要抑制政策をとり，大型の公共事業は延期・縮小したが，日本経済の脆弱性と「物不足」が誇大に宣伝され，消費者のインフレ・マインドを刺激してすでに進行しつつあったインフレを加速し，「狂乱物価」をつくりだした。日本は1973（昭和48）年に変動相場制へ移行している。

698p

4 妥当である そのとおり。プラザ合意とは，1985（昭和60）年に過度なドル高の修正を望んでいたアメリカのレーガン政権が，国際金融市場に対して一定の支配力を持つ5カ国に呼びかけ，各国の財務省，中央銀行総裁がニューヨークのプラザホテルでドル安誘導協調介入についてした合意のことである。

702p

5 妥当でない 1990年代後半に，バブル経済崩壊後の不良債権問題が表面化して，大手金融機関の経営破綻が生じ，公的資金投入による金融機関救済が進められた。消費税率は，1997（平成9）年に5％に引き上げられた。リーマン・ショックは，2008（平成20）年秋に発生した。

702, 703p

●政治・経済・社会

チェック欄

経済／国内経済

問33 戦後日本の物価の動きに関する次の記述のうち、妥当でないものはどれか。

1 日本では第二次世界大戦直後に年率100％を超えるハイパー・インフレーションが起こり、その後も、「復金インフレ」と呼ばれた激しいインフレーションが続いた。

2 日本の高度成長期には、消費者物価は年率で平均5～6％の上昇が続いた。これは、主に中小企業製品や農産物、サービスの価格が上昇したためである。

3 第一次石油危機による原油価格の上昇は、列島改造ブームによる地価高騰と相俟って、「狂乱物価」と呼ばれる急激な物価上昇を招いた。

4 1980年代後半から、低金利によって余った資金が土地や株式などに投資され、地価や株価などの資産価格を高騰させて、いわゆる「リフレ経済」を招いた。

5 円高によるアジアNIESからの安価な製品の流入、大型小売店やディスカウントストアの出現などにより、1990年代以降は、「価格破壊」が起こることもあった。

(本試験2013年問49)

●一般知識編

正解 **4**

正答率 **66**%

合格基本書

1 **妥当である** そのとおり。第二次世界大戦直後，極度の物不足に加えて，敗戦処理等で通貨が増発されたため，猛烈なインフレーション（ハイパー・インフレーション）が発生した。第1次吉田内閣は，1946（昭和21）年に，限られた労働力と資金を石炭，鉄鋼等の基幹産業部門に重点的に投入する傾斜生産方式を採用し，復興金融金庫（復金）を創設して電力，海運等を含む基幹産業への資金供給を開始して，激しいインフレーションが続いた（復金インフレ）。

2 **妥当である** そのとおり。高度経済成長期には，卸売物価（企業物価）は安定していたが，中小企業製品や農業物，サービスの価格上昇が起こったため，消費者物価は年率で平均5〜6％の上昇が続いた。これは，生産性格差インフレといわれる。なお，消費者物価とは，消費者と小売店の間で売買される商品，サービスの物価を平均化したものであり，消費者物価指数は，毎月，総務省が作成し発表する。

3 **妥当である** そのとおり。1973（昭和48）年に起こった第一次石油危機による原油価格の上昇は，日本にも狂乱物価を招いた。当時の列島改造ブームによる地価高騰とあいまって，急激に物価が上昇した。

4 **妥当でない** 円高不況に対応するため公定歩合が引き下げられ，余った資金が土地や株式などに投機的に投資され（財テク），地価や株価などの資産価格が高騰したため，1980年代後半から1990年代初めまで日本で発生したのは，「バブル経済」である。なお，リフレ（リフレーション）とは，デフレを脱したがインフレに至らない状態をいい，これを起こそうとする政策を「リフレ政策」という。

702p

5 **妥当である** そのとおり。1993（平成5）年頃から，円高によるアジアNIESからの安価な製品の流入，規制緩和によるディスカウントストアの出現により，価格破壊と呼ばれる価格引下げ競争が起こった。

●政治・経済・社会

経済／国内経済

問34 日本の戦後復興期の経済に関する次の記述のうち，妥当なものはどれか。

1 石炭・石油・鉄鋼・造船に対する傾斜生産方式が導入され，これにより生産の回復が図られた。
2 ドッジラインにより，景気回復に向けて国債発行を通じた積極的な公共事業が各地で実施されるとともに，賃金・物価統制を通じて，インフレの収束が図られた。
3 輸出拡大を目指して，日本銀行による円安方向への為替介入が行われ，為替レートは1ドル＝360円の水準維持が図られた。
4 シャウプ勧告を受けて，企業の資本蓄積を促進するために，法人税率の引下げが行われた。
5 朝鮮戦争により，衣料調達や武器補修などの特需が起こったことから，繊維産業や金属工業を中心に生産水準が回復した。

(本試験2016年問51)

● 一般知識編

正解 5

正答率 **59%**

合格基本書

1 **妥当でない**　1946（昭和21）年12月から，石炭・鉄鋼などの基幹産業に対して重点的に資金・資材や労働力を投入する傾斜生産方式が導入され，これにより生産の回復が図られた。石油・造船に対しては傾斜生産方式は導入されていない。

2 **妥当でない**　傾斜生産方式によるインフレーション（復金インフレ）を収束させるために，ＧＨＱ（連合国軍最高司令官総司令部）によって1948（昭和23）年12月に賃金安定・物価統制などの「経済安定9原則」が示された。1949（昭和24）年2月からのＧＨＱの財政顧問ジョゼフ＝ドッジによる金融引き締め政策（ドッジライン）により，国債の発行停止，政府による補助金の廃止，1ドル＝360円の単一為替レートの導入などが実施された。

3 **妥当でない**　日本銀行による為替介入は行われていない。ＧＨＱの財政顧問ジョゼフ＝ドッジによる勧告を受けて，1949（昭和24）年4月に，1ドル＝360円の単一為替レートが導入された。

4 **妥当でない**　カール・シャウプを団長とする日本税制使節団による1949（昭和24）年8月の「日本税制の改革に関する報告書」（シャウプ勧告）を受けて，1950（昭和25）年に，所得税や法人税などの直接税中心の税制への改革が実施された。公平な租税制度を確立するため，法人税においては，所得の多寡や企業の規模に関係なく一律35％の単一税率が導入された。

5 **妥当である**　そのとおり。ドッジラインによってインフレは収束したが，「安定恐慌」と呼ばれる不況を招いた。しかし，1950（昭和25）年6月に始まった朝鮮戦争により，アメリカ軍に対する衣料調達や武器補修などの特需（朝鮮特需）が起こったことから，繊維産業や金属工業を中心に生産水準が回復した。その後，1955（昭和30）年頃から高度経済成長期に入り，実質経済成長率が年平均で9.7％（1955年〜1964年）に達して「神武景気」や「岩戸景気」と呼ばれる好況になった。

76

●政治・経済・社会

経済／国内経済

問35 日本のバブル経済とその崩壊に関する次の文章の空欄 Ⅰ ～ Ⅴ に当てはまる語句の組合せとして，妥当なものはどれか。

1985年のプラザ合意の後に Ⅰ が急速に進むと， Ⅱ に依存した日本経済は大きな打撃を受けた。 Ⅰ の影響を回避するために，多くの工場が海外に移され，産業の空洞化に対する懸念が生じた。

G7諸国の合意によって，為替相場が安定を取り戻した1987年半ばから景気は好転し，日本経済は1990年代初頭まで，平成景気と呼ばれる好景気を持続させた。 Ⅲ の下で調達された資金は，新製品開発や合理化のための投資に充てられる一方で，株式や土地の購入にも向けられ，株価や地価が経済の実態をはるかに超えて上昇した。こうした資産効果を通じて消費熱があおられ，高級品が飛ぶように売れるとともに，さらなる投資を誘発することとなった。

その後，日本銀行が Ⅳ に転じ，また Ⅴ が導入された。そして，株価や地価は低落し始め，バブル経済は崩壊，平成不況に突入することとなった。

	Ⅰ	Ⅱ	Ⅲ	Ⅳ	Ⅴ
1	円安	外需	低金利政策	金融引締め	売上税
2	円安	輸入	財政政策	金融緩和	売上税
3	円高	輸出	低金利政策	金融引締め	地価税
4	円高	外需	財政政策	金融緩和	売上税
5	円高	輸入	高金利政策	金融引締め	地価税

（本試験2020年問49）

●一般知識編

正答率 **77**%

合格基本書
702p

「1985年のプラザ合意の後に_I円高が急速に進むと，_{II}輸出に依存した日本経済は大きな打撃を受けた。_I円高の影響を回避するために，多くの工場が海外に移され，産業の空洞化に対する懸念が生じた。

G7諸国の合意によって，為替相場が安定を取り戻した1987年半ばから景気は好転し，日本経済は1990年代初頭まで，平成景気と呼ばれる好景気を持続させた。_{III}低金利政策の下で調達された資金は，新製品開発や合理化のための投資に充てられる一方で，株式や土地の購入にも向けられ，株価や地価が経済の実態をはるかに超えて上昇した。こうした資産効果を通じて消費熱があおられ，高級品が飛ぶように売れるとともに，さらなる投資を誘発することとなった。

その後，日本銀行が_{IV}金融引締めに転じ，また_V地価税が導入された。そして，株価や地価は低落し始め，バブル経済は崩壊，平成不況に突入することとなった。」

以上より，Iには「円高」，IIには「輸出」，IIIには「低金利政策」，IVには「金融引締め」，Vには「地価税」が入り，正解は**3**である。

  ワンポイント・アドバイス

【平成バブル崩壊後の日本経済】
　平成バブル崩壊後は，消費不況のほか，不良債権問題，さらに1ドル＝100円台～90円台という円高もあり，日本経済は長期の不況に陥りました。その間，不良債権処理のための金融再生および金融改革プログラムやゼロ金利政策などが実施され，それらの効果もあり2002年頃から日本経済は持ち直し，戦後最長の「いざなみ景気」がもたらされました。

●政治・経済・社会

経済／財政

問36 日本の公債発行に関する次のア～オの記述のうち、妥当なものはいくつあるか。

ア　財政法の規定では赤字国債の発行は認められていないが、特例法の制定により、政府は赤字国債の発行をしている。

イ　東日本大震災以降、政府一般会計当初予算では、歳入の3割から4割程度が国債発行により調達されている。

ウ　東日本大震災以降の新規国債発行額をみると、建設国債のほうが赤字国債よりも発行額が多い。

エ　都道府県や市区町村が地方債発行により財源を調達する際には、当該地方議会の議決に加えて、国の許可を受けることが義務づけられている。

オ　地方自治体が発行する地方債は建設事業の財源調達に限られており、歳入を補填するための地方債は発行されていない。

1　一つ
2　二つ
3　三つ
4　四つ
5　五つ

(本試験2014年問50改題)

●一般知識編

正解 2

正答率 **57**%

合格基本書

ア **妥当である** そのとおり。赤字国債（特例国債）とは，建 715p
設国債を発行してもなお歳入が不足すると見込まれる場合
に，公共事業費以外の歳出に充てる資金を調達することを目
的として，特例法に基づいて発行される国債である。公共事
業費等に充てる目的以外で国債を発行することは，財政法4
条1項本文により禁止されているため，その年度限り通用す
る特例法に基づいて赤字国債（特例国債）が発行される。

イ **妥当である** そのとおり。東日本大震災以降の「一般会計 715p
当初予算」における公債依存度は，例えば，① 2012（平成
24）年度が47.6%，② 2015年（平成27）年度が38.3%，
③ 2020（令和2）年度が31.7%となっており，歳入の3割
から4割程度を公債に依存している。なお，2020（令和2）
年度「第2次補正後予算」では，新型コロナ感染症対策等の
ための国債発行により，公債依存度は56.3%となっている。

ウ **妥当でない** 東日本大震災以降の国債発行額は，例えば， 715p
① 2012（平成24）年度（決算）では<u>建設国債11.4兆円，
赤字国債36.0兆円</u>，② 2015（平成27）年度（決算）では
<u>建設国債6.5兆円，赤字国債28.4兆円</u>，③ 2020（令和2）
年度（一般会計当初予算）では<u>建設国債7.1兆円，赤字国債
25.4兆円</u>となっており，赤字国債のほうが建設国債よりも
発行額が多くなっている。

エ **妥当でない** 従来，地方公共団体は，地方債を起こす場 717p
合，都道府県・指定都市にあっては総務大臣，市町村・特別
区等にあっては都道府県知事の「許可」を受けなければなら
なかった（起債許可制度）。しかし，地方公共団体の自主性
をより高めるため，2006（平成18）年度より原則として起
債許可制度が廃止され，<u>総務大臣と都道府県知事の「同意」
を要する「事前協議制」</u>となり，発行条件が緩和された。

●政治・経済・社会

オ **妥当でない** 地方債の発行の目的は，原則として，①公営企業に要する経費，②出資金・貸付金，③地方債の借換え，④災害復旧事業等，⑤公共施設・公用施設の建設事業等などに制限されている（地方財政法5条）。もっとも，例外的に，<u>地方財政計画上の通常収支の不足を補填するための「臨時財政対策債」という地方債が発行されている。</u>

以上より，妥当なものはア，イの2つであり，正解は**2**である。

ワンポイント・アドバイス

【建設国債・特例国債】

　国の借金である国債の発行は，財政法により原則として禁止されています。その例外として，公共事業費，出資金，貸付金に充てるためにのみ発行される国債が「建設国債」（4条国債）です。さらに，建設国債を発行してもなお歳入が不足すると見込まれる場合に，公共事業費以外の歳出に充てる資金を調達することを目的として，特別の法律（「財政運営に必要な財源の確保を図るための公債の発行の特例に関する法律」）によって発行される国債が「特例国債」（赤字国債）です。特例国債は，1975（昭和50）年度以降，バブル期を除いて，ほぼ継続的に発行されています。2020（令和2）年度一般会計当初予算における公債金は32兆5,562億円（建設国債7兆1,100億円，特例国債（赤字国債）25兆4,462億円）です。なお，2020（令和2）年度一般会計第2次補正後予算では，新型コロナ感染症対策等のための国債発行により，公債金は90兆1,589億円（建設国債18兆7,380億円，特例国債（赤字国債）71兆4,209億円）となっています。

第1編 政治・経済・社会

81

| チェック欄 | | | ●政治・経済・社会

経済／財政

問37 日本の国債制度とその運用に関する次のア〜オの記述のうち，妥当なものの組合せはどれか。

ア 東京オリンピックの1964年の開催に向けたインフラ整備にかかる財源調達を目的として，1950年代末から建設国債の発行が始まった。

イ いわゆる第二次臨時行政調査会の増税なき財政再建の方針のもと，落ち込んだ税収を補填する目的で，1980年代に，初めて特例国債が発行された。

ウ 1990年代初頭のバブル期には，税収が大幅に増大したことから，国債発行が行われなかった年がある。

エ 東日本大震災からの復旧・復興事業に必要な財源を調達する目的で，2011年度から，復興債が発行された。

オ 増大する社会保障給付費等を賄う必要があることから，2014年度の消費税率の引上げ後も，毎年度の新規国債発行額は30兆円を超えている。

1 ア・イ
2 ア・ウ
3 イ・エ
4 ウ・オ
5 エ・オ

(本試験2020年問50)

●一般知識編

正解 **5**

正答率 **62**%

合格基本書

ア **妥当でない** 建設国債は，1960年代半ば（1966（昭和41）年度）から発行されるようになった。東京オリンピックの開催に向けた財源調達として建設国債の発行が始まったわけではない。

イ **妥当でない** 特例国債は，オリンピック景気後の「40年不況」に対処するため，1960年代半ば（1965（昭和40）年度）に初めて発行された。

ウ **妥当でない** 1990年代初頭のバブル期には，特例国債が発行されない年（1990（平成2）年度～1993（平成5）年度）はあったが，建設国債は発行されていた。

エ **妥当である** そのとおり。復興債は，東日本大震災からの復旧・復興事業に必要な財源を調達する目的で，2011（平成23）年度から発行されている。

オ **妥当である** そのとおり。例えば，2020（令和2）年度の新規国債発行額は32兆5,562億円（一般会計当初予算）となっているなど，近年の新規国債発行額は30兆円を超えている。

713p

以上より，妥当なものはエ・オであり，正解は**5**である。

ワンポイント・アドバイス

【プライマリーバランス】

　公債費を除く歳出と，公債発行収入を除く歳入との財政収支の差を，「プライマリーバランス」といいます。プライマリーバランスが均衡している場合，公債費を除く経費を公債等の借入に依存せずに調達していることになります。過度の国債発行はプライマリーバランスを悪化させ，将来の国民に負担を先送りすることになりかねません。

●政治・経済・社会

経済／財政

問38 今日の日本経済に関する次の記述のうち、妥当なものはどれか。

1 国内総生産（GDP）とは、一定期間に一国で産み出された付加価値の合計額をいうが、日本の名目GDPの水準は、おおよそ年間550兆円である。

2 生産要素とは、財・サービスの生産に用いられる資源をいい、具体的には土地・資本・情報の三つを指すが、日本の経済成長に最も寄与しているのは情報である。

3 日本の国内総生産を産業別にみると、自動車産業をはじめとした製造業の占める割合が最も高く、現在も4割を超えている。

4 日本の産業別就業者割合をみると、機械化・IT化により、製造業就業者割合は減少しており、他方で、サービス業への就業者割合は8割を超えている。

5 日本では、総支出のうち、国内での消費、投資、政府支出の割合は6割程度であり、4割が海外への輸出となっている。

（本試験2015年問50改題）

●一般知識編

正解 1

正答率 **39**%

合格基本書
703p

1 **妥当である**　そのとおり。国内総生産（GDP）とは，一定期間に一国で産み出された付加価値の合計額をいう。日本の名目GDPは，おおよそ年間550兆円である（2019年度）。

2 **妥当でない**　生産要素とは，財・サービスの生産に用いられる資源をいい，一般的に資本・労働・土地の三つを指す。

3 **妥当でない**　近年の産業別のGDP構成比（名目）をみると，製造業の占める割合は2割前後で推移している（平成30年度国民経済計算年次推計によれば，2018（平成30）年暦年で20.8％）。

4 **妥当でない**　2015（平成27）年国勢調査による日本の産業別就業者割合をみると，製造業（第二次産業）就業者割合は減少傾向にあり，他方で，サービス業（第三次産業）への就業者割合は7割に達している。

5 **妥当でない**　近年の名目国内総生産（支出側）の構成比をみると，財貨・サービスの輸出の割合は2割弱である（平成30年度国民経済計算年次推計によれば，2018年度で約18.3％）。

ワンポイント・アドバイス

【三面等価の原則】

　国内総生産は（GDP）は，付加価値の発生という「生産面」からみても，賃金や報酬等として分配された後の「分配面（所得面）」からみても，さらには，生産物の需要（支出）という「支出面」からみても，すべて等しくなります。これを三面等価の原則といいます。

| チェック欄 | | | |

●政治・経済・社会

経済／その他

問 39 企業の独占・寡占に関する次のア～オの記述のうち、妥当なものの組合せはどれか。

ア　ビール、乗用車、携帯電話サービスなどは、少数の大企業に生産が集中する寡占化が進んでおり、国内の市場占有率は、近年上位3社で6割を超えている。

イ　コンツェルンとは、同業種の企業が合併し、さらなる規模の利益を追求する行為をいい、独占禁止法では原則として禁止されている。

ウ　カルテルとは、生産量や価格などについて、同一産業内の各企業が協定を結んで利潤率の低下を防ぐ行為をいい、独占禁止法では原則として禁止されていたが、企業の経営環境の悪化を背景として、近年認められることとなった。

エ　独占禁止法により、持ち株会社の設立は当初禁止されていたが、その後の法改正により、その設立は解禁された。

オ　公正取引委員会は、独占禁止法に違反する行為について調査する役割を担うが、行政処分をなす権限は与えられていない。

1　ア・エ
2　ア・オ
3　イ・ウ
4　ウ・オ
5　エ・オ

（本試験2012年問51）

●一般知識編

正解 1

正答率 **79**%

合格基本書

ア **妥当である** そのとおり。ビールは上位3社で8割以上（大手4社による寡占状態），乗用車は上位3社で6割以上，携帯電話サービス（契約数）は3社（MVNOへの提供を除く）で8割以上を占める。

イ **妥当でない** これは「トラスト」に関する記述である。コンツェルンとは，持株会社が親会社となって同種・異種を問わずあらゆる産業部門の企業を株式保有を目的として資本的に支配することである。

ウ **妥当でない** カルテルとは，複数以上の法的経済的に独立した企業が，その独立性を維持したまま自己の事業活動の一部について取り決めによって競争を回避する内容を持つ合意・協調的行動である。現在でも，カルテルは禁止されている（独占禁止法3条）。

エ **妥当である** そのとおり。持株会社は，戦後長らく禁止されてきたが，1997（平成9）年にその設立が解禁された。

697p

オ **妥当でない** 公正取引委員会は，独占禁止法の規定に違反する行為を排除するために必要な措置を命ずることができる（独占禁止法7条等）。措置命令は，行政処分である。

以上より，妥当なものはア・エであり，正解は**1**である。

ワンポイント・アドバイス

【コングロマリットとコンツェルン】

　様々な企業を吸収・合併し，複数の産業・業種にまたがり多角的に活動する巨大企業を，コングロマリット（複合企業）といいます。コンツェルンは，1つの親会社が複数の企業を支配下に置くものであるのに対し，コングロマリットは，巨大化した1つの企業です。

88

チェック欄

●政治・経済・社会

経済／その他

重要度 B

問40 経済用語に関する次の記述のうち，妥当なものはどれか。

1 信用乗数（貨幣乗数）とは，マネーストックがベースマネーの何倍かを示す比率であり，その値は，預金準備率が上昇すると大きくなる。

2 消費者物価指数とは，全国の世帯が購入する各種の財・サービスの価格の平均的な変動を測定するものであり，基準となる年の物価を 100 として指数値で表わす。

3 完全失業率とは，就労を希望しているにもかかわらず働くことができない人の割合であり，その値は，失業者数を総人口で除して求められる。

4 労働分配率とは，労働者間で所得がどのように分配されたのかを示した値であり，その値が高いほど，労働者間の所得格差が大きいことを示す。

5 国内総支出とは，一国全体で見た支出の総計であり，民間最終消費支出，国内総資本形成，政府最終消費支出および輸入を合計したものである。

(本試験2019年問51)

●一般知識編

正解 2

正答率 **63%**

1 **妥当でない**　信用乗数（貨幣乗数）とは，マネーストックがベースマネー（マネタリーベース，ハイパワードマネー）の何倍かを示す比率であり，マネーストックをベースマネーで除して求められる。その値は，預金準備率が上昇すると小さくなる。

2 **妥当である**　そのとおり。消費者物価指数とは，全国の世帯が購入する財やサービスの価格の平均的な変動を測定するものであり，基準年の物価を100として指数値で表わされる。

3 **妥当でない**　完全失業率は，完全失業者数を労働力人口（就業者数＋完全失業者数）で除して求められる。

4 **妥当でない**　労働分配率とは，生産された付加価値がどれだけ労働者に還元されたのかを示した値であり，人件費を付加価値額で除して求められる。これは，労働者間の所得格差を示すものではない。

5 **妥当でない**　国内総支出（GDE）は，民間最終消費支出，国内総資本形成，政府最終消費支出および純輸出（輸出－輸入）を合計したものである。

ワンポイント・アドバイス

【完全失業者】
　完全失業者とは，単に職に就いていない者をいうのではなく，①仕事がなくて調査週間中に少しも仕事をしなかったこと，②仕事があればすぐ就くことができること，③調査週間中に仕事を探す活動や事業を始める準備をしていたこと（過去の求職活動の結果を待っている場合を含む）の条件をみたす者をいいます。

●政治・経済・社会

社会／社会保障

問41 日本の公的年金制度に関する次の記述のうち、妥当なものはどれか。

1 国民皆年金の考え方に基づき、満18歳以上の国民は公的年金に加入することが、法律で義務付けられている。
2 私的年金には確定拠出型と確定給付型があるが、日本の公的年金では、これまで確定拠出型が採用されてきた。
3 老齢基礎年金の受給資格を得ることができるのは、年金保険料を5年以上納付した場合だけである。
4 地方分権改革を通じて、年金保険料の徴収事務は、国から市町村へと移管され、今日では市町村がその事務を担っている。
5 老齢年金の給付により受け取った所得は、所得税の課税対象とされている。

(本試験2017年問48)

●一般知識編

正答率 **42%**

1 **妥当でない** 国民年金の被保険者となるのは、原則として日本国内に住所を有する20歳以上60歳未満の者である（国民年金法7条1項）。

2 **妥当でない** 私的年金は、公的年金に上乗せの給付を保障する制度である。私的年金には、確定給付型（加入した期間などに基づいてあらかじめ給付額が定められている年金制度）と、確定拠出型（拠出した掛金額とその運用収益との合計額をもとに給付額を決定する年金制度／2001（平成13）年から導入）がある。これに対し、日本の公的年金では、加入期間等に応じて、支給される年金額が決定されることになるので、制度的には確定給付型に分類することができる。

3 **妥当でない** 老齢基礎年金・老齢厚生年金を受けるために必要な資格期間（保険料納付済期間と国民年金の保険料免除期間などを合算した期間）は10年以上である（国民年金法26条）。なお、2017（平成29）年8月に25年以上から10年以上に短縮されている。

4 **妥当でない** 2002（平成14）年4月から、地方分権一括法の施行に伴い、国民年金事務に係る国と市町村の役割分担の明確化の観点から、年金保険料の徴収事務は、市町村から国へと移管された。

5 **妥当である** そのとおり。所得税法では、所得を10種類（①利子所得、②配当所得、③不動産所得、④事業所得、⑤給与所得、⑥退職所得、⑦山林所得、⑧譲渡所得、⑨一時所得、⑩雑所得）に区分している（所得税法2条1項21号）。老齢年金は、雑所得（⑩）として所得税の課税対象となる。

合格基本書
721p

●政治・経済・社会

チェック欄			

社会／社会保障

問42 租税および社会保障制度に関する次の記述のうち，妥当なものはどれか。

1 生活保護法では，保護の認定や程度については，あくまでも個人を単位として判断されることとなっており，仮に同一世帯のなかに所得が高額な親族がいる場合であっても，特定の個人が生活困窮状態にある場合には，保護の対象となる。

2 個人が受け取ることのできる国民年金給付額は，保険料の納付期間等によって決められるが，さらに，受給者が世帯主として家族の扶養義務を負う場合には，扶養家族の人数に応じて，給付が上乗せされる。

3 個人住民税の均等割は，世帯主のみならず，当該自治体内に住所を有し，一定水準以上の所得がある個人に対して賦課されることとなっている。

4 子育て支援策の一環として，子どものいる世帯に対し養育費用を給付する子ども手当制度が導入されていたが，そこでは子どもを監護していることではなく，子どもと同居していることが給付を受ける要件とされていた。

5 介護保険制度のもとでは，65歳以上のいわゆる第1号保険料負担は，本人の所得を基準として決めることとされ，同一世帯のなかに所得が高額な者がいたとしても，保険料率には一切関係がない。

(本試験2011年問51改題)

●一般知識編

正答率 **56%**

合格基本書 718p

1 妥当でない 生活保護法では，保護は，原則として「世帯」を単位としてその要否および程度を定めるものとしている（10条本文）。世帯全体の収入の合計が最低生活費を上回る場合，生活保護は与えられない。

2 妥当でない 国民年金の老齢基礎年金の支給額は，保険料の納付済み期間によって計算される。扶養家族がいても，支給額は増額されない。

3 妥当である そのとおり。個人住民税には，前年の所得に応じて課される「所得割」，所得金額にかかわらず定額で課される「均等割」などがある。均等割は，地方公共団体に住んでいる者，あるいは住んでいなくても事務所や家を持つ者に対して課されるものであり，所得金額にかかわらず個人に対して定額で課されるのが原則である。ただし，生活保護を受け取っている者など，前年の所得金額が一定額を下回る者に対しては，課税されない。

4 妥当でない かつての「子ども手当」制度では，父母が子ども手当の支給を受けるためには，子どもを監護し，かつ，生計を同じくしていることなどが必要であった（旧子ども手当法4条）。なお，2012年度からは新しい「児童手当」制度が採用されている。

5 妥当でない 介護保険は，原則として満40歳以上の者が被保険者となる。このうち，市町村の区域内に住所を有する65歳以上の者を第1号被保険者，市町村の区域内に住所を有する40歳以上65歳未満の医療保険加入者を第2号被保険者という（介護保険法9条）。第1号被保険者の保険料は，本人の所得金額と本人以外の世帯員の所得金額によって定まる。そのため，本人以外の世帯員の中に高額所得者がいる場合といない場合とでは，保険料が異なることがある。

●政治・経済・社会

チェック欄

社会／社会保障

問43 日本の貧困ならびに生活困窮に関する次の記述のうち、妥当なものはどれか。

1 生活保護世帯のうち、単身高齢者世帯の割合は高く、現在、保護世帯全体のおおよそ5割を占めている。

2 政府が、貧困問題解消に向けて最低賃金の基準引上げを行った結果、近年、年間200万円未満の給与所得者数は大幅な減少傾向にある。

3 一国における相対的貧困率とは、上位1割の高額所得者の所得に対する、下位1割の低所得者の所得の比率をいい、日本ではおおよそ10％とされる。

4 絶対的貧困とは、ある人の所得が、その国の国民平均所得の1割に満たない状態をいい、日本では国民の6人に1人が、この状態にある。

5 社会との繋がりを持てず、生活を成り立たせることが難しい人々への支援に向けて、生活困窮者自立支援法案が国会に提出されたが、財政難を理由に成立は見送られた。

（本試験2015年問49改題）

●一般知識編

正答率 **68**%

1 **妥当である** そのとおり。生活保護世帯（保護停止中を含まない）のうち、単身高齢者世帯は830,695世帯であり、全保護世帯（1,627,341世帯）のおおよそ51.0%を占めている（令和2年4月分概数）。

2 **妥当でない** 給与階級別に給与所得者数の推移をみると、給与所得が200万円以下の者は、近年、1,100万人程度で推移している。年によって増減はあるものの、ほぼ横ばいである（2013（平成25）年は1,119万人、2018（平成30）年は1,098万人（国税庁「平成30年分民間給与実態統計調査」））。

3 **妥当でない** 相対的貧困率とは、所得中央値の半分（いわゆる「貧困線」）を下回る所得しか得ていない者の比率のことである。日本の相対的貧困率は、厚生労働省「国民生活基礎調査」（2015（平成27）年）では15.7%である。

4 **妥当でない** 絶対的貧困とは、2015（平成27）年10月の世界銀行による定義では、2011（平成23）年時点での購買力平価に換算して一日あたりの生活費が1.90ドル未満の状態を意味する。

5 **妥当でない** 生活困窮者自立支援法は、2013（平成25）年に成立している。同法に基づき、生活困窮者に対して、自立相談支援事業をはじめ、住居確保給付金の支給などが進められている。

ワンポイント・アドバイス

【貧困の連鎖】

生活保護世帯の子供が、大人になって再び生活保護を受給するケースが多数存在し、これを「貧困の連鎖」と呼ぶことがあります。「貧困の連鎖」を断つためには、自立の支援、生活習慣改善、職業訓練などが重要です。

●政治・経済・社会

社会／社会福祉

重要度 B

問44 日本における高齢者（65歳以上）に関する次のア〜エの記述のうち，誤っているものの組合せはどれか。

ア　平成30（2018）年10月1日現在の高齢者人口は，人口全体の4分の1を超えている。

イ　平成30（2018）年の国別高齢化率で，日本はドイツ，イタリアに次いで世界第3位，アジア圏では第1位である。

ウ　平成31・令和元（2019）年の都道府県別の高齢者人口統計によれば，高齢者人口が最も多いのは東京都である。

エ　平成31・令和元（2019）年の刑法犯検挙人員中，年齢別分布で見ると20歳代のグループに次いで65歳以上のグループが第2位を占めている。

1　ア・ウ
2　ア・エ
3　イ・ウ
4　イ・エ
5　ウ・エ

（本試験2015年問53改題）

●一般知識編

正解 4

正答率 **37**%

ア **正** そのとおり。2018（平成30）年10月1日現在の高齢者人口は3,558万人で，人口全体（1億2,644万人）の28.1％である。なお，2019（令和元）年9月15日現在の高齢化率は28.4％である（出典：「人口推計」（総務省統計局））。

イ **誤** 2018（平成30）年当時の国別高齢化率は，世界第1位が日本（28.1％）で（出典：「人口推計」（総務省統計局）），第2位がイタリア（23.3％），第3位がポルトガル（21.9％），第4位がドイツ（21.7％）である。

ウ **正** そのとおり。2019（平成31・令和元）年の都道府県別で高齢者人口が最も多いのは東京都（約320万人）である。なお，高齢化率が最も高いのは秋田県（37.2％）である。

エ **誤** 2019（平成31・令和元）年の刑法犯検挙人員の年齢層別構成においては，65歳以上のグループ（44,767人）が第1位を占める。20歳代のグループは36,670人，30歳代のグループは30,882人，40歳代のグループは33,706人，50歳～64歳のグループは36,099人である（「令和元年版犯罪白書」）。

以上より，誤っているものはイ・エであり，正解は**4**である。

ワンポイント・アドバイス

【高齢化率】
　高齢化率とは，65歳以上の高齢者人口が総人口に占める割合をいいます。

●政治・経済・社会

社会／社会福祉

重要度 B

問 45 日本の子ども・子育て政策に関する次のア～オの記述のうち、妥当なものの組合せはどれか。

ア 児童手当とは、次代の社会を担う児童の健やかな成長に資することを目的とし、家庭等における生活の安定に寄与するために、12歳までの子ども本人に毎月一定額の給付を行う制度である。

イ 児童扶養手当とは、母子世帯・父子世帯を問わず、ひとり親家庭などにおける生活の安定と自立の促進に寄与し、子どもの福祉の増進を図ることを目的として給付を行う制度である。

ウ 就学援助とは、経済的理由によって、就学困難と認められる学齢児童生徒の保護者に対し、市町村が学用品費や学校給食費などの必要な援助を与える制度であり、生活保護世帯以外も対象となるが、支援の基準や対象は市町村により異なっている。

エ 小学生以下の子どもが病気やけがにより医療機関を受診した場合、医療費の自己負担分は国費によって賄われることとされ、保護者の所得水準に関係なく、すべての子どもが無償で医療を受けることができる。

オ 幼稚園、保育所、認定こども園の利用料を国費で賄う制度が創設され、0歳から小学校就学前の子どもは、保護者の所得水準に関係なくサービスを無償で利用できることとされた。

1 ア・エ
2 ア・オ
3 イ・ウ
4 イ・エ
5 ウ・オ

（本試験2020年問51）

●一般知識編

正解 **3**

正答率 **74**%

合格基本書

ア **妥当でない** 児童手当は，中学校卒業（15歳の誕生日後の最初の3月31日まで）までの児童について，その児童を養育している父母などに毎月一定額の給付を行う制度である。

723p

イ **妥当である** そのとおり。児童扶養手当とは，母子世帯・父子世帯を問わず，児童の父または母，およびそれに代わってその児童を養育している者に支給する制度である。

723p

ウ **妥当である** そのとおり。就学援助の対象には，生活保護法上の要保護者のほか，市町村教育委員会が要保護者に準ずる程度に困窮していると認める者（準要保護）も含まれる。そして，例えば，準要保護の認定に当たっての適用方法が各市町村により異なるなど，支援の基準や対象は各市町村で異なる。

エ **妥当でない** 国レベルで，子ども医療費を国費で賄うとする制度（子どもの医療費無償化の制度）はない。もっとも，地方レベルでは，子どもの医療費の助成制度が設けられている。ただし，その場合でも所得制限があるかなど，その要件については各地方公共団体で異なる。

オ **妥当でない** 2019（令和元）年10月1日から開始されたいわゆる幼保無償化により，3歳から5歳の子どもたちの幼稚園などの利用料はすべて無償化されたが，0歳から2歳児の子どもたちについては，住民税非課税世帯に限り無償化された。

以上より，妥当なものはイ・ウであり，正解は**3**である。

●政治・経済・社会

社会／社会福祉

問46 日本の雇用・労働に関する次の記述のうち，妥当なものはどれか。

1 労働契約は期間を定めないものが原則とされているが，嘱託，臨時，パートなどの非正規雇用に限り，上限1年の期間雇用が法律で認められている。

2 賃金の支払いは通貨で行うのが原則であるが，通貨に類似する商品券等での支払いも通貨に類するものとして，法律で認められている。

3 民間部門における雇用契約の締結にあたり，年少者の場合とは異なり，高齢者の雇用を制限する法律はない。

4 最低賃金法では支払うべき賃金の最低水準が定められているが，この水準は物価等を考慮して，市町村ごとに規定されている。

5 警察職員は，労働三権のうち，団結権のみ認められているが，団体交渉権や団体行動権は認められていない。

(本試験2012年問53)

●一般知識編

正解 3　　　　　　正答率 **59**%

1 妥当でない　労働契約は，期間の定めのないものを除き，原則として3年を超える期間について締結してはならない（労働基準法14条1項）。すなわち，上限3年の期間雇用が法律で認められている。

2 妥当でない　商品券等による賃金の支払いは認められていない。賃金は，原則として，「通貨」で「直接」労働者に，その「全額」を「毎月1回以上・一定期日」に支払わなければならない（労働基準法24条）。

3 妥当である　そのとおり。年少者の雇用については規制があるが（労働基準法第6章），高齢者の雇用を制限する法律はない。

4 妥当でない　最低賃金には「地域別最低賃金」（最低賃金法9条以下）と「特定最低賃金」（産業別の最低賃金／最低賃金法15条以下）があり，地域別最低賃金は都道府県ごとに定められている。

5 妥当でない　警察職員には，団結権も認められていない（国家公務員法108条の2第5項，地方公務員法52条5項）。

ワンポイント・アドバイス

【最低賃金】

　最低賃金とは，雇用者側が支払わなければならない賃金の下限額のことをいいます。最低賃金法では，地域別最低賃金と産業別最低賃金が定められています。最低賃金より低い賃金で合意したとしても，法律上無効となります。地域別最低賃金は，通常，中央最低賃金審議会から地方最低賃金審議会に対し引上げ額の目安が提示され，地方最低賃金審議会での審議等を経て，都道府県労働局長により決定されます。2020（令和2）年度の全国加重平均額は902円です（前年は901円）。

●政治・経済・社会

| チェック欄 | | |

社会／社会福祉

問47 就労に関する次のア〜オの記述のうち，妥当なものはいくつあるか。

ア　失業とは，就業の機会が得られていない状態のことを指し，統計的に失業者数は，労働力人口から就業者・就学者を差し引いた数として定義される。

イ　有効求人倍率とは，職業安定所に登録された有効求人数を有効求職数で割った値をいい，この値が 0.5 を上回れば労働供給のほうが多く，反対に 0.5 を下回れば，労働需要のほうが多いことを意味する。

ウ　ワークシェアリングとは，労働者 1 人当りの労働時間を減らし，その分で他の労働者の雇用を維持したり，雇用を増やしたりすることをいう。

エ　ニートとは，若年無気力症候群のことをいい，通勤も通学も家事もしていない者として定義される。

オ　雇止めとは，期間の定めのある雇用契約において，使用者もしくは労働者の希望により契約が更新されないことをいう。

1 一つ
2 二つ
3 三つ
4 四つ
5 五つ

(本試験2013年問51)

●一般知識編

正解 **1**

正答率 **24**%

合格基本書

ア **妥当でない** 失業者数は，労働力人口から「就業者」を差し引いた数として定義される。労働力人口は，15歳以上の人口のうち「就業者」と「完全失業者」を合わせたものであり，「就学者」は，労働力人口には含まれない。

イ **妥当でない** 有効求人倍率とは，有効求職者一人あたりの有効求人数の割合をいう。公共職業安定所（ハローワーク）における，有効求人数を有効求職者数で割ったものであり，労働市場の需給関係を示す数値である。有効求人倍率が「1.0倍」を上回れば労働「需要」のほうが多く（売り手市場），「1.0倍」を下回れば労働「供給」のほうが多い（買い手市場）。

ウ **妥当である** そのとおり。ワークシェアリングとは，労働の分かち合いという意味であり，一人ひとりの労働時間を短縮し，多くの労働者が働けるようにする就労形態である。

726p

エ **妥当でない** わが国では，ニートとは「若年無業者」のことをいい，15歳～34歳の非労働力人口のうち，通学，家事を行っていない者をいう。

オ **妥当でない** 「雇止め」とは，使用者が，有期労働契約（期間を定めて締結された労働契約）で雇用している労働者を，契約更新の繰り返しにより一定期間雇用を継続したにもかかわらず，突然，契約更新をせずに期間満了をもって退職させる等の場合をいう。

以上より，妥当なものはウのみであり，正解は**1**である。

104

●政治・経済・社会

社会／社会福祉

問48 日本の雇用・労働に関する次のア〜オの記述のうち，妥当なものの組合せはどれか。

ア 日本型雇用慣行として，終身雇用，年功序列，職能別労働組合が挙げられていたが，働き方の多様化が進み，これらの慣行は変化している。

イ 近年，非正規雇用労働者数は増加する傾向にあり，最近では，役員を除く雇用者全体のおおよそ4割程度を占めるようになった。

ウ 兼業・副業について，許可なく他の企業の業務に従事しないよう法律で規定されていたが，近年，人口減少と人手不足の中で，この規定が廃止された。

エ いわゆる働き方改革関連法*により，医師のほか，金融商品開発者やアナリスト，コンサルタント，研究者に対して高度プロフェッショナル制度が導入され，残業や休日・深夜の割増賃金などに関する規制対象から外されることとなった。

オ いわゆる働き方改革関連法*により，年次有給休暇が年10日以上付与される労働者に対して年5日の年次有給休暇を取得させることが，使用者に義務付けられた。

(注) ＊ 働き方改革を推進するための関係法律の整備に関する法律

1 ア・ウ
2 ア・エ
3 イ・ウ
4 イ・オ
5 エ・オ

(本試験2019年問50)

● 一般知識編

正解 **4**

正答率 **36**%

合格基本書

ア **妥当でない** 日本型雇用慣行として，終身雇用，年功序列，企業別労働組合が挙げられていた。なお，働き方の多様化が進み，これらの慣行は変化しつつある。

726p

イ **妥当である** そのとおり。2019（令和元）年の非正規の職員・従業員数は 2,165 万人（速報値）で前年比 45 万人の増加（増加は 6 年連続），役員を除く雇用者に占める非正規の職員・従業員の割合は 38.2％（4 割程度）となっている（総務省「労働力調査」（2019 年））。

ウ **妥当でない** 兼業・副業について，「許可なく他の企業の業務に従事しないこと」を定めた法律の規定はない。

エ **妥当でない** 「高度プロフェッショナル制度」は，金融商品開発者，アナリスト，コンサルタント，研究者等を対象としているが（労働基準法施行規則 34 条の 2 第 3 項），医師は対象としていない。

727p

オ **妥当である** そのとおり。働き方改革関連法により，年次有給休暇が年 10 日以上付与される労働者に対して年 5 日の年次有給休暇を取得させることが使用者に義務付けられた（労働基準法 39 条 7 項）。

以上より，妥当なものはイ・オであり，正解は **4** である。

ワンポイント・アドバイス

働き方改革関連法は，「残業時間の上限規制」も定めています。以前は，法律上，残業時間の上限を定めた規定はありませんでしたが，今回の改正ではじめて残業時間の上限が法律（労働基準法）に規定されました。その残業時間の上限は，原則として月 45 時間，年 360 時間です（労働基準法 36 条 4 項）。

106

| チェック欄 | | | |

●政治・経済・社会

社会／環境問題等

重要度 B

問 49 公害・環境対策に関する次のア～オの記述のうち、妥当でないものの組合せはどれか。

ア 公害を発生させた事業者が公害防止や被害者救済のための費用を負担すべきであるという原則を「汚染者負担の原則」（PPP）といい、経済協力開発機構（OECD）が採用し、日本もこれに従うことになった。

イ 公害を発生させた事業者に過失がなくても被害者の損害を賠償する責任を負わせる仕組みを「無過失責任制度」というが、日本の法律では導入された例はない。

ウ 生活環境の保全について、経済の健全な発展との調和が図られなければならないという条項を「経済調和条項」といい、かつての公害対策基本法に盛り込まれ、現在の環境基本法でも継承されている。

エ 公害対策で当初から採用されていた「濃度規制」のみでは、排出量が増えれば低濃度の排出であっても汚染物質の総排出量を抑制することはできない。このため、日本では1970年代半ばから、汚染物質の総排出量を一定地域ごとに規制する「総量規制」の方式を併用するようになった。

オ 一定の開発事業を行う前に、環境に与える影響を事前に調査・予測・評価する仕組みが「環境影響評価」であり、1970年代以降、いくつかの自治体が環境影響評価条例を制定し、1990年代に国が環境影響評価法を制定した。

1 ア・イ
2 ア・エ
3 イ・ウ
4 ウ・オ
5 エ・オ

（本試験2011年問53）

●一般知識編

正解**3**

正答率 **50**%

合格基本書

ア **妥当である** そのとおり。「汚染者負担の原則（Polluter Pays Principle）」は，公害防止のための費用負担のあり方についての考え方であり，1972（昭和47）年にOECD環境指針原則勧告の中で示されたものである。わが国では，OECD案にある企業の汚染防止費用の負担だけではなく，汚染環境の修復費用や公害被害者の補償費用についても汚染者負担を基本とする考え方が一般的であり，この拡張したPPP解釈である「汚染者負担の原則」に立って，1973（昭和48）年に「公害健康被害補償法」が制定された。

イ **妥当でない** わが国の法律では，「大気汚染防止法及び水質汚濁防止法の一部を改正する法律」により無過失責任制度が導入された例（大気汚染防止法25条以下，水質汚濁防止法19条以下）がある。

ウ **妥当でない** 「経済調和条項」は，国際競争に直面する産業界の負担が過重にならないよう産業の成長のもとで生活環境の保全の調和を図るというものである。これは，公害対策基本法の制定当初において盛り込まれていたが，1970（昭和45）年のいわゆる「公害国会」において削除された。また，1992（平成4）年に制定された環境基本法は「持続的発展が可能な社会の構築」を基本理念としており（環境基本法4条），産業重視の経済調和条項は定められていない。

728p

エ **妥当である** そのとおり。国は，工場密集地域における硫黄酸化物による汚染を改善するためには「総量規制」が極めて有効であるとの認識に立ち，1972年（昭和47）以降，国内数カ所にモデル地域を設けるなどして総量規制の調査研究を推進してきた。そして，1974（昭和49）年に「大気汚染防止法」が改正され，硫黄酸化物について国の統一的な制度に基づく総量規制が諸外国に先がけて実施されることとなった。

オ **妥当である** そのとおり。自治体では1976（昭和51）年の川崎市をはじめとして環境影響評価条例の制定が進められた。国は1997（平成9）年に環境影響評価法を制定した。

728p

以上より，妥当でないものはイ・ウであり，正解は**3**である。

108

●政治・経済・社会

社会／環境問題等

問 50 日本の廃棄物処理に関する次のア〜オの記述のうち，妥当でないものの組合せはどれか。

ア　廃棄物処理法*では，廃棄物を，産業廃棄物とそれ以外の一般廃棄物とに大きく区分している。

イ　家庭から排出される一般廃棄物の処理は市区町村の責務とされており，排出量を抑制するなどの方策の一つとして，ごみ処理の有料化を実施している市区町村がある。

ウ　産業廃棄物の処理は，排出した事業者ではなく，都道府県が行うこととされており，排出量を抑制するために，産業廃棄物税を課す都道府県がある。

エ　産業廃棄物の排出量増大に加えて，再生利用や減量化が進まないことから，最終処分場の残余容量と残余年数はともに，ここ数年で急減している。

オ　一定の有害廃棄物の国境を越える移動およびその処分の規制について，国際的な枠組みおよび手続等を規定したバーゼル条約があり，日本はこれに加入している。

(注)　＊　廃棄物の処理及び清掃に関する法律

1　ア・イ
2　ア・オ
3　イ・ウ
4　ウ・エ
5　エ・オ

(本試験2019年問53)

●一般知識編

正解 **4**

正答率 **57**%

合格基本書

ア **妥当である** そのとおり。廃棄物処理法は，一般廃棄物を産業廃棄物以外の廃棄物と定義し（同法2条2項），廃棄物を，産業廃棄物とそれ以外の一般廃棄物とに大きく区分して規制等をしている（同法6条以下，11条以下）。

733p

イ **妥当である** そのとおり。廃棄物処理法は，家庭から排出される一般廃棄物の処理は市区町村の責務としている（同法6条，6条の2）。そして，排出量を抑制するため，ごみ処理を有料化している市区町村がある。

ウ **妥当でない** 廃棄物処理法は，事業者は，その産業廃棄物を自ら処理しなければならないとしている（同法11条1項）。

エ **妥当でない** 近年の全国の産業廃棄物の総排出量は4億トン弱（2017（平成29）年度は約3億8,354万トン），再生利用は5割強，減量化率は4割強であり，いずれもほぼ横ばいで推移している（環境省 産業廃棄物の排出及び処理状況等（平成29年度実績）について）。また，近年の最終処分場の残余容量は約1億6,000万㎥，残余年数は16～17年程度であり，ほぼ横ばいで推移している（環境省 産業廃棄物処理施設の設置，産業廃棄物処理業の許可等に関する状況（平成29年度実績）について）。

オ **妥当である** そのとおり。一定の有害廃棄物の国境を越える移動およびその処分の規制について，国際的な枠組みおよび手続等を規定したバーゼル条約がある。日本は，1993年にこれに加入している。

731p

以上より，妥当でないものはウ・エであり，正解は**4**である。

| チェック欄 | | | |

●政治・経済・社会

社会／その他

問51 最近の日本の農業政策に関する次のア～オの記述のうち，妥当なものの組合せはどれか。

ア 外国人の農業現場での就労は技能実習生に限って認められていたが，農業の担い手確保に向けて，専門技術を持つ外国人の就農が全国的に認められることとなった。

イ 耕作する自然人以外の主体が農地を所有・借用することは認められていなかったが，法人が農業を行う場合には，農地の借用のみはできることとなった。

ウ 農業協同組合の組織の見直しが進められており，全国の農業協同組合を取りまとめる全国農業協同組合中央会は廃止され，農業協同組合は株式会社化されることとなった。

エ 国の独立行政法人や都道府県が有する種苗の生産に関する知見については，農業の競争力強化に向けて積極的に民間事業者に提供していくこととなった。

オ 農地に関する業務を担う農業委員会は市区町村に設置されているが，農業委員の選挙制は廃止され，市区町村長の任命制に改められた。

1 ア・イ
2 ア・オ
3 イ・ウ
4 ウ・エ
5 エ・オ

（本試験2017年問49）

●一般知識編

正解 5

正答率 **51**%

ア　**妥当でない**　2017（平成29）年6月に，国家戦略特別区域における外国人の就農を認める「農業支援外国人受入事業」の制度を創設するための法律が制定されたが，外国人の就農が全国的に認められることとはなっていない。

イ　**妥当でない**　1962（昭和37）年の農地法の改正により，農地を所有できる法人（農業生産法人）の制度が創設された。2000（平成12）年の農地法の改正により，株式会社（非公開会社に限る。）も農業生産法人の要件を満たせば農地を所有できるようになった。2009（平成21）年の農地法の改正により，一般企業も農地を借用できるようになった。なお，2016（平成28）年の農地法の改正により，農業生産法人の呼称が「農地所有適格法人」へ変更された。

ウ　**妥当でない**　2015（平成27）年の農業協同組合法の改正により従来の中央会制度は廃止され，全国農業協同組合中央会は2019（令和元）年9月に一般社団法人化された。また，農業協同組合は，株式会社や一般社団法人等への組織変更ができるものとされた。

エ　**妥当である**　そのとおり。2017（平成29）年5月に成立した農業競争力強化支援法において，国は「種子その他の種苗について，民間事業者が行う技術開発及び新品種の育成その他の種苗の生産及び供給を促進するとともに，独立行政法人の試験研究機関及び都道府県が有する種苗の生産に関する知見の民間事業者への提供を促進すること」とされた（農業競争力強化支援法8条4号）。

オ　**妥当である**　そのとおり。2015（平成27）年の農業委員会法の改正により，農業委員会委員の選挙および市区町村長による選任の併用制が廃止されて，市区町村長による任命制へ改められた（農業委員会法8条1項，41条1項）。

　以上より，妥当なものはエ・オであり，正解は**5**である。

112

| チェック欄 | | | ●政治・経済・社会

社会／その他

問52 消費者問題・消費者保護に関する次のア～オの記述のうち，妥当なものの組合せはどれか。

ア　不当な表示による顧客の誘引を防止するため，不当な表示を行った事業者に対する課徴金制度が導入され，被害回復を促進するため，顧客への返金による課徴金額の減額等の措置も講じられている。

イ　クレジットカードの国内発行枚数は，10億枚を超えており，無計画なクレジット利用から自己破産に陥る人数は，今世紀に入り毎年増加し続け，年100万人を超えている。

ウ　自動車のリコールとは，欠陥車が発見された場合，消費者庁が回収し自動車メーカーが無料で修理する制度のことをいう。

エ　全国規模のNPO法人である国民生活センターは，国民生活に関する情報の提供および調査研究を行うことはできるが，個別の消費者紛争の解決に直接的に関与することはできない。

オ　地方公共団体の消費生活センターは，消費生活全般に関する苦情や問合せなど，消費者からの相談を受け付け，専門の相談員が対応している。

1　ア・イ
2　ア・オ
3　イ・ウ
4　ウ・エ
5　エ・オ

（本試験2017年問52）

●一般知識編

正解 **2**

正答率 **53**%

合格基本書

ア **妥当である**　そのとおり。2014（平成26）年11月の景品表示法（不当景品類及び不当表示防止法）の改正により，不当な表示による顧客の誘引を防止するため，不当な表示を行った事業者に対する課徴金制度が導入されるとともに，被害回復を促進する観点から，顧客への自主返金による課徴金額の減額等の措置が講じられた。

イ **妥当でない**　クレジットカードの国内発行枚数は，2億9,296万枚（2020（令和2）年3月末）である（一般社団法人日本クレジット協会「クレジット関連統計」）。また，個人の自己破産申立件数は，2003（平成15）年の約24万件をピークに減少し，近年は約6～7万件程度で推移している（裁判所司法統計）。個人の自己破産者は年100万人には達してしない。

ウ **妥当でない**　自動車のリコールとは，自動車の設計・製造過程に問題があった場合に，メーカーがみずからの判断により，国土交通大臣に事前届出を行ったうえで回収・修理を行い，事故・トラブルを未然に防止する制度である。

エ **妥当でない**　消費者庁が所管する独立行政法人である「国民生活センター」は，消費生活に関する情報を全国の消費生活センター等から収集し，消費者被害の未然防止・拡大防止に役立てている。また，国民生活センターは，消費生活センター等が行う相談業務を支援するとともに，裁判外紛争解決手続（ADR）を実施して個別の消費者紛争の解決に直接的に関与している。

オ **妥当である**　そのとおり。地方公共団体の行政機関である消費生活センターでは，専門の相談員による消費者からの相談の受付や，消費者への啓発活動などを行っている。

734p

以上より，妥当なものはア・オであり，正解は**2**である。

114

| チェック欄 | | | |

●政治・経済・社会

社会／その他

問53 新しい消費の形態に関する次のア〜エの記述のうち，妥当なものの組合せはどれか。

ア 定額の代金を支払うことで，一定の期間内に映画やドラマなどを制限なく視聴できるサービスは，ギグエコノミーの一つの形態である。

イ シェアリングエコノミーと呼ばれる，服や車など個人の資産を相互利用する消費形態が広がりつつある。

ウ 戸建住宅やマンションの部屋を旅行者等に提供する宿泊サービスを民泊と呼び，ホテルや旅館よりも安く泊まることや，現地の生活体験をすることを目的に利用する人々もいる。

エ 詰替え用のシャンプーや洗剤などの購入は，自然環境を破壊しないことに配慮したサブスクリプションの一つである。

1 ア・イ
2 ア・エ
3 イ・ウ
4 イ・エ
5 ウ・エ

（本試験2020年問52）

●一般知識編

正答率 **91**%

ア **妥当でない** ギグエコノミーとは, 雇用されることなく, インターネットを通じて一時的な仕事を受注する働き方や経済の形態のことをいう。本問の記述は, サブスクリプションの説明である。

イ **妥当である** そのとおり。シェアリングエコノミーとは, 個人が保有するモノや場所, スキルなどを多くの人と共有・交換して利用する社会的な仕組みのことをいい, 民泊やライドシェアなど, 近年急速に広がりつつある。 761p

ウ **妥当である** そのとおり。民泊とは, 戸建住宅やマンションの部屋などの住宅の全部または一部を活用して, 旅行者等に宿泊サービスを提供するものである。

エ **妥当でない** サブスクリプションとは, ある商品やサービスを一定期間に一定金額で利用するような仕組みのことをいう。本問の記述のような自然環境を破壊しないことに配慮する取組みを評して, サステナブルな（持続可能な）取組みなどということがある。

以上より, 妥当なものはイ・ウであり, 正解は**3**である。

ワンポイント・アドバイス

【持続可能な（サステナブル）開発目標（SDGs）】

「サステナブル」とは,「持続可能な」,「継続可能な」という意味です。「SDGs (Sustainable Development Goals／持続可能な開発目標)」とは, 2015年に国連サミットで採択された国際目標のことです。これは, 貧困, 飢餓, 保健, 教育, 不平等, 経済成長と雇用, 持続可能な消費と生産, 平和などの17のゴール・169のターゲットから構成されています。

●政治・経済・社会

社会／その他

問54 戦後日本の消費生活協同組合（以下「生協」という。）に関する次の記述のうち、妥当なものはどれか。

1 生協は一定の地域による人と人との結合であるため、職域による人と人の結合である生協は認められていない。
2 生協には、加入・脱退の自由がなく、一定の地域に住所を有する者は当然に組合員となる。
3 生協の組合員の議決権・選挙権は、出資口数に比例して認められている。
4 生協は、その主たる事務所の所在地に住所が在るものとされている。
5 生協は法人であり、特定の政党のために、これを利用することが認められている。

(本試験2018年問49)

● 一般知識編

正答率 **60%**

1 **妥当でない** 消費生活協同組合は,「一定の地域又は職域による人と人との結合であること」を要する(消費生活協同組合法2条1項1号)。

2 **妥当でない** 消費生活協同組合は,「組合員が任意に加入し,又は脱退することができること」を要する(消費生活協同組合法2条1項3号)。

3 **妥当でない** 消費生活協同組合は,「組合員の議決権及び選挙権は,出資口数にかかわらず,平等であること」を要する(消費生活協同組合法2条1項4号)。

4 **妥当である** そのとおり。消費生活協同組合の住所は,その主たる事務所の所在地に在るものとする(消費生活協同組合法6条)。

5 **妥当でない** 消費生活協同組合は,法人とする(消費生活協同組合法4条)。消費生活協同組合は,これを特定の政党のために利用してはならない(同法2条2項)。

ワンポイント・アドバイス

消費生活協同組合は,消費生活協同組合法に別段の定めのある場合のほか,次に掲げる要件を備えなければならない(消費生活協同組合法2条1項)とされています。

① 「一定の地域又は職域による人と人との結合であること」
② 「組合員の生活の文化的経済的改善向上を図ることのみを目的とすること」
③ 「組合員が任意に加入し,又は脱退することができること」
④ 「組合員の議決権及び選挙権は,出資口数にかかわらず,平等であること」
⑤ 「組合の剰余金を割り戻すときは,主として事業の利用分量により,これを行うこと」
⑥ 「組合の剰余金を出資額に応じて割り戻す場合には,その限度が定められていること」

●政治・経済・社会

| チェック欄 | | | |

社会／その他

問55 世界の都市に関する次の記述のうち，妥当なものはどれか。

1 19世紀にル・コルビュジェは田園都市構想を提唱し，20世紀のロンドンのニュータウン建設に影響を与えた。

2 住宅地域が中心都市から郊外に拡大し，農地などが無秩序に宅地化される現象をストロー現象という。

3 大都市の旧市街地で，住宅の老朽化や貧困層の集中などにより問題が起きることを，イントラシティ問題という。

4 ある国で，特定の都市に人口が集中し，2位以下の都市との人口差が極端に大きい場合，前者の都市をプライメイトシティという。

5 グローバル経済化の進展により，農村部から人口が流入して形成されたアフリカの巨大なスラム街を含む都市をグローバルシティという。

(本試験2014年問49)

●一般知識編

正答率 **41**%

1 **妥当でない** 田園都市構想を提唱したのは，E.ハワード（イギリス）である。
2 **妥当でない** これは，「スプロール現象」に関する記述である。なお，ストロー現象とは，大都市と地方都市の交通網が整備されると，その交通網が利用され地方の人口や資本が大都市側に吸い寄せられていく現象をいう。
3 **妥当でない** これは，「インナーシティ問題」に関する記述である。なお，「イントラシティ問題」という問題は存在しない。
4 **妥当である** そのとおり。プライメイトシティとは，国内で2位以下の都市との人口差が極端に大きい都市をいう。
5 **妥当でない** グローバルシティとは，世界都市ともいい，政治や経済などの機能が集積している都市（日本では東京など）のことである。

ワンポイント・アドバイス

【都市に関する用語】

メトロポリス	人口が数百万人にも及ぶ巨大都市のこと
メガロポリス	広い地域にわたって隣接する大都市が機能的に連なり，大都市群を形成している地域のこと
エキュメノポリス	世界中の情報が集中し，国際機関が存在するなど国際的に動きが注目される都市のこと
衛星都市	大都市の周辺にあり，大都市と密接な関係にある都市のこと（工業衛星都市，住宅衛星都市）
ドーナツ化現象	都心部を取り囲む輪状の地域で人口が増加し，都心部の人口が減少し空洞化する現象のこと

●政治・経済・社会

社会／その他

問56 日本の墓地および死体の取扱い等に関する次の記述のうち，妥当なものはどれか。

1 墓地の経営には，都道府県知事の許可が必要であるが，納骨堂の経営は届出のみでよい。

2 死体を火葬する際には，生前に住民登録があった市町村の長の許可証を得ることが法律で義務付けられている。

3 死体の火葬を死亡又は死産の当日に行うことは法律で禁止されておらず，感染症などによる死亡の場合には，むしろ死亡当日の火葬が法律で義務付けられている。

4 死体は火葬されることが多いが，土葬も法律で認められている。

5 墓地使用者が所在不明となって10年経過した墓については，経営者の裁量で撤去することが，法律で認められている。

(本試験2018年問51)

●一般知識編

正解 4

正答率 **22**%

合格基本書

1 **妥当でない** 墓地，納骨堂または火葬場を経営しようと
する者は，都道府県知事の許可を受けなければならない（墓
地，埋葬等に関する法律10条1項）。

2 **妥当でない** 火葬を行おうとする者は，死亡の届出を受
理した市町村長（特別区の区長を含む。）の許可を受けなけ
ればならない（墓地，埋葬等に関する法律5条1項2項）。

3 **妥当でない** 火葬は，原則として，死亡または死産後24
時間を経過した後でなければ，これを行ってはならない（墓
地，埋葬等に関する法律3条）。もっとも，一定の感染症の
病原体に汚染され，または汚染された疑いがある死体は，
24時間以内に火葬することができる（感染症の予防及び感
染症の患者に対する医療に関する法律30条3項）。

4 **妥当である** そのとおり。「墓地，埋葬等に関する法律」
では，死体を土中に葬ること（「埋葬」）も認められている
（同法2条1項，3条参照）。

5 **妥当でない** 本記述のような法律上の定めはない。また，
改葬を行おうとする者は，市町村長（特別区の区長を含む。）
の許可を受けなければならない（墓地，埋葬等に関する法律
5条1項）。したがって，墓地使用者が所在不明となって10
年経過した墓について，経営者の裁量で撤去することは認め
られていない。

ワンポイント・アドバイス

「墓地，埋葬等に関する法律」は，墓地，納骨堂または火葬場の管理およ
び埋葬等が，国民の宗教的感情に適合し，かつ公衆衛生その他公共の福祉の
見地から，支障なく行われることを目的としています（1条）。

122

| チェック欄 | | | |

●政治・経済・社会

社会／その他

問 57 次に掲げるア～オの営業形態のうち，風適法*による許可または届出の対象となっていないものの組合せはどれか。

ア 近隣の風俗営業に関する情報を提供する，いわゆる風俗案内所
イ 店舗を構えて性的好奇心に応えるサービスを提供する，いわゆるファッションヘルス
ウ 射幸心をそそるような遊興用のマシンを備えた，いわゆるゲームセンター
エ 性的好奇心を煽るような，いわゆるピンクチラシ類を印刷することを業とする事業所
オ 店舗を構えずに，異性との性的好奇心を満たすための会話の機会を提供し異性を紹介する営業である，いわゆる無店舗型テレクラ

1 ア・イ
2 ア・エ
3 イ・ウ
4 ウ・オ
5 エ・オ

(注) ＊ 風俗営業等の規制及び業務の適正化等に関する法律

(本試験2018年問53)

●一般知識編

正解 2

正答率 **58**%

合格基本書

ア **対象となっていない**　いわゆる風俗案内所は，風適法による許可または届出の対象となっていない。なお，愛知県の「愛知県風俗案内所規制条例」のように，都道府県の条例によって公安委員会への届出の対象とされている場合がある。

イ **対象となっている**　いわゆるファッションヘルスは，「店舗型性風俗特殊営業」として，風適法による届出の対象となっている（同法 2 条 6 項 2 号，27 条 1 項）。

ウ **対象となっている**　いわゆるゲームセンターは，「風俗営業」として，風適法による許可の対象となっている（同法 2 条 1 項 5 号，3 条 1 項）。

エ **対象となっていない**　いわゆるピンクチラシ類を印刷することを業とする事務所は，風適法による許可または届出の対象となっていない。

オ **対象となっている**　いわゆる無店舗型のテレクラは，「無店舗型電話異性紹介営業」として，風適法による届出の対象となっている（同法 2 条 10 項，31 条の 17 第 1 項）。

以上より，風適法による許可または届出の対象となっていないものはア・エであり，正解は**2**である。

ワンポイント・アドバイス

　「風俗営業等の規制及び業務の適正化等に関する法律」は，善良の風俗と清浄な風俗環境を保持し，および少年の健全な育成に障害を及ぼす行為を防止するため，風俗営業および性風俗関連特殊営業等について，営業時間，営業区域等を制限し，および年少者をこれらの営業所に立ち入らせること等を規制するとともに，風俗営業の健全化に資するため，その業務の適正化を促進する等の措置を講ずることを目的としています（1 条）。

| チェック欄 | | | |

●政治・経済・社会

社会／その他

問58 ペットに関する次のア〜オの記述のうち，正しいものの組合せはどれか。

ア 犬を新たに飼い始める場合，飼い主は住所地の市区町村に登録をしなくてはならず，同一の市区町村に住む知人からすでに登録済みの犬を譲り受けたときにも新規登録が必要である。

イ 1950年代には多くの市区町村で犬税が導入されていたが，犬税を課す市区町村の数は次第に減少し，現在では，犬税を課している市区町村は一つもない。

ウ 飼い犬が死亡した場合，人間が死亡した場合と同様の手順を踏むこととなる。飼い主は，市区町村に死亡届を提出し，埋葬許可証を受け取ったうえで，火葬することとされている。

エ ペットショップの営業時間に関する規制はないが，深夜に犬や猫を展示したり，顧客に引き渡すことは，認められていない。

オ 業として，ペットの販売などを行う場合，動物取扱事業者としての登録が必要となるが，飼育施設を持たず，インターネットなどで通信販売を行う場合には，登録は義務付けられていない。

1 ア・イ
2 ア・ウ
3 イ・エ
4 ウ・オ
5 エ・オ

（本試験2013年問50）

● 一般知識編

正解3

正答率 **24**%

ア **誤** 狂犬病予防法によれば，犬の所有者は，その犬が登録済みである場合を除き，犬を取得した日（生後90日以内の犬を取得した場合にあっては，生後90日を経過した日）から30日以内に，厚生労働省令の定めるところにより，その犬の所在地を管轄する市町村長（特別区にあっては区長）に犬の登録を申請しなければならない（同法4条1項）。登録を受けた犬について所有者の変更があったときは，新所有者は，30日以内に，厚生労働省令の定めるところにより，その犬の所在地を管轄する市町村長に届け出なければならない（同条5項）。すなわち，登録済みの犬を譲り受けたときは「届出」で足りる。

イ **正** そのとおり。1982（昭和57）年まで地方税として「犬税」が課されていたが，長野県旧四賀村（現松本市）を最後に，現在では「犬税」を課している市区町村はない（2014（平成26）年には大阪府泉佐野市が「犬税」の導入を検討したが，断念している）。

ウ **誤** 狂犬病予防法によれば，登録を受けた犬の所有者は，犬が死亡したときは，30日以内に，厚生労働省令の定めるところにより，その犬の所在地を管轄する市町村長（特別区にあっては区長）に届け出なければならない（同法4条4項）。しかし，埋葬許可証の発行や「火葬」が定められているわけではない。

エ **正** そのとおり。販売業者，展示業者，貸出業者が犬および猫の展示を行う場合には，原則として午前8時から午後8時までの間において行うこととされている（動物愛護管理法施行規則8条4号）。また，夜間（午後8時から午前8時までの間）に犬および猫を顧客に引き渡すことも，原則として禁止されている（第一種動物取扱業者が遵守すべき動物の管理の方法等の細目5条5号イ本文）。

126

●政治・経済・社会

オ **誤** 2005（平成17）年の動物愛護管理法改正により，動物の販売などを行う場合は，動物取扱業の登録が必要となった（2013（平成25）年9月1日からは「第一種動物取扱業」の登録（同条10条））。インターネット等を利用した代理販売業者やペットシッター等の動物またはその飼育施設を保有していない場合も，登録の対象となる。

以上より，正しいものはイ・エであり，正解は**3**である。

 ワンポイント・アドバイス

【動物愛護管理法（動物の愛護及び管理に関する法律）】

　動物愛護管理法は，動物の飼い主等の責任，動物の飼育および保管等に関するガイドライン，動物取扱業者の規制，危険な動物の飼育規制等を定めています。

　動物取扱業者の規制に関しては，第一種動物取扱業者（動物の販売，保管，貸出し，訓練，展示，競りあっせん，譲受飼養を営利目的で行う者）は，都道府県知事または政令指定都市の長の登録を受けなければならないものとされています（同法10条，同法施行令1条）。また，飼養施設を設置して営利を目的とせず一定数以上の動物の取扱いを行う場合については，第二種動物取扱業者として，都道府県知事または政令指定都市の長に届け出なければなりません（動物愛護管理法24条の2）。

　さらに，愛護動物（牛，馬，犬，猫，いえうさぎ，いえばと等）をみだりに殺しまたは傷つけた場合には，5年以下の懲役または500万円以下の罰金に処されます（同法44条1項）。また，愛護動物の虐待や遺棄等をした者は，1年以下の懲役または100万円以下の罰金に処されます（同条2項，3項）。

| チェック欄 | | | |

●政治・経済・社会

社会／その他

問59 2017年11月から始まった新しい外国人技能実習制度に関する次のア〜オの記述のうち，妥当でないものの組合せはどれか。

ア　新しい制度が導入されるまでは，外国人の技能実習制度は，専ら外国人登録法による在留資格として定められていた。

イ　技能実習の適正な実施や技能実習生の保護の観点から，監理団体の許可制や技能実習計画の認定制が新たに導入された。

ウ　優良な監理団体・実習実施者に対しては，実習期間の延長や受入れ人数枠の拡大などの制度の拡充が図られた。

エ　外国人技能実習制度の円滑な運営および適正な拡大に寄与する業務を，国際協力機構（JICA）が新たに担うことが定められた。

オ　外国人技能実習制度の適正な実施および外国人技能実習生の保護に関する業務を行うため，外国人技能実習機構（OTIT）が新設された。

1　ア・エ
2　ア・オ
3　イ・ウ
4　イ・エ
5　ウ・オ

（本試験2018年問47）

●一般知識編

正答率 **56**%

　2016（平成28）年11月に公布された「外国人の技能実習の適正な実施及び技能実習生の保護に関する法律」（技能実習法）が2017（平成29）年11月に施行され，新しい外国人技能実習制度が始まった。

ア　**妥当でない**　従来の外国人技能実習制度は，「出入国管理及び難民認定法」（入管法）とその省令を根拠法令として実施されていた。

イ　**妥当である**　そのとおり。新しい外国人技能実習制度では，技能実習の適正な実施や技能実習生の保護の観点から，外国人技能実習機構（OTIT）による監理団体の許可制や技能実習計画の認定制が新たに導入された。

ウ　**妥当である**　そのとおり。新しい外国人技能実習制度では，優良な監理団体・実習実施者に対しては実習期間の延長や受入れ人数枠の拡大などの制度の拡充が図られた。

エ　**妥当でない**　外国人技能実習制度の円滑な運営および適正な拡大に関する業務は，従来どおり，国際人材協力機構（JITCO／旧称：国際研修協力機構）が担う。なお，国際協力機構（JICA）は，独立行政法人国際協力機構法に基づいて，2003（平成15）年10月1日に設立された外務省所管の独立行政法人で，日本の政府開発援助を一元的に行う実施機関として開発途上国への国際協力を行っている。

オ　**妥当である**　そのとおり。外国人技能実習制度の適正な実施および外国人技能実習生の保護に関する業務を行うため，外国人技能実習機構（OTIT）が新設された。

　以上より，妥当でないものはア・エであり，正解は**1**である。

●政治・経済・社会

チェック欄

社会／その他

重要度 B

問60 難民に関する次の記述のうち，明らかに誤っているものはどれか。

1 国際連合難民高等弁務官事務所は，国際連合の難民問題に関する機関であり，かつて，緒方貞子が高等弁務官を務めたことがある。

2 難民の地位に関する条約は，難民の人権保障と難民問題解決のための国際協力を効果的にするためのものであり，日本も加入している。

3 2011年に勃発したシリアの内戦により，大量の難民がレバノンなどの周辺国へと避難する事態が発生した。

4 難民には，政治難民，災害難民，経済難民など多くの種類があるといわれているが，日本では，積極的な国際貢献のため，その種類を問わず広く難民を受け入れている。

5 日本では，かつて，1975年のベトナム戦争終結期に生じた「インドシナ難民」といわれる人々を受け入れる措置をとった。

（本試験2014年問54改題）

●一般知識編

正解 **4**

正答率 **87**%

合格基本書

1 **明らかに誤っているとはいえない**　そのとおり。緒方貞子は 1991（平成 3）年 2 月〜2000（平成 12）年 12 月の 10年間，国連難民高等弁務官事務所（ＵＮＨＣＲ）の第 8 代国連難民高等弁務官を務めた。

2 **明らかに誤っているとはいえない**　そのとおり。日本では 1975（昭和 50）年以降の「インドシナ難民」の大量流出を契機として難民問題に関する議論が高まり，1981（昭和56）年に難民条約（難民の地位に関する条約）を批准した。

692p

3 **明らかに誤っているとはいえない**　そのとおり。シリアの内戦は長期化，泥沼化し，2016（平成 28）年 6 月時点で，シリア周辺国へ逃れたシリア難民の総数は約 480 万人となり，また，シリア国内には約 650 万人の国内避難民がいると考えられていた。

4 **明らかに誤っている**　2019（平成 31・令和元）年の日本の難民認定申請者数は 10,375 人（前年から 118 人の減少）であったが，難民として認定された者は 44 人にとどまり，広く難民を受け入れているとはいえない。

692p

5 **明らかに誤っているとはいえない**　そのとおり。1975（昭和 50）年のベトナム戦争終結により，インドシナ 3 国（ベトナム・ラオス・カンボジア）では新しい政治体制が発足した。それらの政治体制になじめない人々が国外へ脱出して難民となり，ベトナム難民・ラオス難民・カンボジア難民の総称として「インドシナ難民」と呼ばれた。日本での「インドシナ難民」の受け入れは 1978（昭和 53）年〜2005（平成 17）年で 11,319 人となっている。

| チェック欄 | | | |

●政治・経済・社会

社会／その他

問61 日本の土地に関する次の記述のうち，妥当なものはどれか。

1 第二次世界大戦後の宅地改革により，都市部の住宅地においては大量の小土地所有者が生み出されることとなった。しかし，農村部の農地改革は行われず，戦前以来の地主と小作人の関係が維持された。

2 土地の価値を金銭評価したものとして，路線価，公示地価，不動産鑑定評価額などがある。これに対し，固定資産評価額は，建物および償却資産の評価額であり，土地の評価額を含むものではない。

3 海などの公有水面を埋め立てることによって土地を拡げることができるが，埋め立ての事業主体となることができるのは，国，特殊法人など国が指定した法人，または地方公共団体に限られている。

4 1980年代後半からのバブル経済において地価が高騰したことを受けて，土地基本法が制定された。さらに，国土利用計画法に基づく監視区域の活用や，地価税の導入などが行われて，対策が進められた。

5 土地利用の計画的コントロールのために都市計画制度が導入されている。都市化の進行により，1990年代初めには国土の全域が都市計画区域として指定された。

(本試験2011年問52)

●一般知識編

正解 4

正答率 **58**%

合格基本書

1 **妥当でない** 第二次世界大戦後の「農地改革」は，全国的に実施された。これにより，多くの地主は土地を失い，多数の小作人が自作農家になった。これに対し，都市の宅地についての改革は行われなかった。

2 **妥当でない** 固定資産評価額には，建物だけでなく土地の評価額も含まれる。

3 **妥当でない** 公有水面の埋立ては，都道府県知事の免許を受ければ，誰でも行うことができる（公有水面埋立法2条1項）。

4 **妥当である** そのとおり。1989（平成元）年に制定された土地基本法は，土地についての基本理念を掲げた法律である（同法1条）。その基本理念として，①土地についての公共の福祉の優先（同法2条），②適正な利用および計画に従った利用（同法3条），③投機的取引の抑制（同法4条）などが掲げられている。また，同年の国土利用計画法の改正により，都道府県知事により指定された監視区域内において一定面積以上の土地取引を行う場合には都道府県知事への事前届出が必要となる（同法27条の6，27条の7）などの土地取引の規制制度が設けられた。さらに，1991（平成3）年に制定された地価税法により，地価税が導入された（1998（平成10）年分以降は課税が停止されている）。

5 **妥当でない** 土地の利用を計画的に行うため，都市計画が制定されることがある。都市計画が定められた区域である都市計画区域の面積の合計は，国土全体のおおよそ4分の1（2019（平成31）年3月31日時点で国土全体の約27%）にすぎない（国土交通省「平成31年都市計画現況調査」）。

134

●政治・経済・社会

社会／その他

問62 いわゆる空き家に関する次の記述のうち、妥当なものはどれか。

1 空家特措法*では、「空家」とは居住その他の使用が10年以上なされていない家屋のことであると規定されている。

2 小規模宅地は、更地と比べて、固定資産税が最大で4分の1にまで優遇されるが、これは、住宅が空き家となっている宅地についても適用される。

3 都道府県は、「空家」に関するデータベースを整備し、「空家」の状況を把握、管理することが、空家特措法で義務づけられている。

4 自治体のなかには、空家特措法が制定される以前から、空き家に関する条例を制定し、その管理や活用を図る取組みを行っている例がある。

5 人口減少とともに空き家は年々増加しており、その割合は全国の住宅の3割を超えている。

(注) ＊ 空家等対策の推進に関する特別措置法

(本試験2015年問51)

●一般知識編

正解 **4**　　正答率 **79**%

合格基本書

1 **妥当でない**　空家特措法では，「空家」とは，<u>建築物またはこれに附属する工作物であって居住その他の使用がなされていないことが常態であるものおよびその敷地</u>をいう（同法2条1項）。

719p

2 **妥当でない**　固定資産税の住宅用地特例は，小規模宅地（200㎡以下）について，固定資産税の課税標準額を本来の<u>6分の1</u>とするものであるが，空家特措法に基づき，「特定空家等」（同法2条2項）に指定され是正勧告を受けた場合，その特例の対象外となる（地方税法349条の3の2）。

3 **妥当でない**　空き家に関するデータベースを整備し，空き家の状況を把握，管理することが法律上義務づけられているのは，<u>市町村である</u>（空家特措法11条）。

719p

4 **妥当である**　そのとおり。例えば，2010（平成22）年に埼玉県所沢市が空き家対策に関する条例を制定している。なお，空家特措法は，2014（平成26）年11月27日に公布され，2015（平成27）年2月26日に施行された。

719p

5 **妥当でない**　2018（平成30）年10月1日時点における空き家数は846万戸で，<u>総住宅に占める空き家率は増加しており，13.6%</u>（過去最高）となった（「平成30年住宅・土地統計調査結果（総務省統計局）」より）。

ワンポイント・アドバイス

【所有者不明土地法】

　所有者が不明な土地が全国的に増加しているため，2018（平成30）年に所有者不明土地法（所有者不明土地の利用の円滑化等に関する特別措置法）が制定されました。これは，「所有者不明土地」について，財産管理に関する民法の特例や土地収用法の特例，地域福利増進事業などを定めています。

チェック欄　　　　　　　　　　　　　　　　　●政治・経済・社会

社会／その他

重要度 C

問63 現在の日本における地域再生，地域活性化などの政策や事業に関する次のア～オの記述のうち，妥当でないものの組合せはどれか。

ア　まち・ひと・しごと創生基本方針は，地方への新しい人の流れをつくるとともに，地方に仕事をつくり，人々が安心して働けるようにすることなどを目的としている。

イ　高齢化，過疎化が進む中山間地域や離島の一部では，アート（芸術）のイベントの開催など，アートを活用した地域再生の取組みが行われている。

ウ　地域おこし協力隊は，ドーナツ化や高齢化が進む大都市の都心部に地方の若者を呼び込み，衰退している町内会の活性化や都市・地方の交流を図ることを目的としている。

エ　シャッター街の増加など中心市街地の商店街の衰退が進むなかで，商店街の一部では空き店舗を活用して新たな起業の拠点とする取組みが行われている。

オ　エリアマネジメントは，複数の市町村を束ねた圏域において，中心都市の自治体が主体となって，民間の力を借りずに地域活性化を図ることを目的としている。

1 ア・イ
2 ア・エ
3 イ・ウ
4 ウ・オ
5 エ・オ

(本試験2020年問53)

●一般知識編

正解 4

正答率 **89**%

合格基本書

ア **妥当である** そのとおり。「まち・ひと・しごと創生基本方針2020」では，稼ぐ地域をつくるとともに安心して働けるようにすること，地方とのつながりを築き地方への新しいひとの流れをつくること，結婚・出産・子育ての希望をかなえること，ひとが集う安心して暮らすことができる魅力的な地域をつくることが目標・目的として掲げられている。

イ **妥当である** そのとおり。例えば，茨城県久慈郡大子町や瀬戸内海の豊島などでは，アートを活用した地域再生の取組みが行われている。

ウ **妥当でない** 地域おこし協力隊は，<u>地方の過疎化や高齢化が進む地域（過疎地域等の条件不利地域）に都市から若者を呼び込み</u>，地域協力活動を行いながら，その地域への定住・定着を図る取組みであり，地方の再生などを目的としている。

エ **妥当である** そのとおり。例えば，宮崎県日南市の油津商店街などでは，シャッター街となった商店街の空き店舗などを活用した商店街再生の取組みが行われている。

オ **妥当でない** エリアマネジメントは，<u>民間が主体となって</u>，賑わいの創出，公共空間の活用等を通じてエリアの価値を向上させ，地域の活性化を図ることを目的としている。

以上より，妥当でないものはウ・オであり，正解は**4**である。

138

●政治・経済・社会

社会／その他

重要度 B

問64 人口構造に関する次のア〜オの記述のうち，誤っているものの組合せはどれか。

ア 現在の世界の人口は70億人に達しており，今後も更に増加を続け，2050年には90億人に達する見込みである。

イ 発展途上国では人口爆発の状態にあるが，これは出生率が高いことに加え，医療・衛生面の改善により，多産少死構造になっているためである。

ウ アメリカでは，産業の高度化とともに，女性の社会進出が起こり，晩婚化，少子化が進んだ結果，人口減少が起こっている。

エ 日本は人口減少局面にあるが，人口が減少しているのは地方圏ばかりではなく，東京都・神奈川県・千葉県・埼玉県の1都3県全体においても深刻な少子化を背景に，近年，人口が減少に転じた。

オ 中国では人口を抑制するために一人っ子政策が打ち出されていたが，高齢化の進展などを理由として，一人っ子政策の見直しが行われた。

1 ア・イ
2 ア・オ
3 イ・ウ
4 ウ・エ
5 エ・オ

（本試験2014年問53）

●一般知識編

正解 **4**　　　正答率 **39**%

ア **正**　そのとおり。2019年における世界の人口は約77億人であり，2050年には97億人に達する見込みである（国連「世界人口推計2019年版：要旨」）。

イ **正**　そのとおり。発展途上国では，医療・衛生面の改善により，多産多死構造から多産少死構造へ移行しており，これが人口増加の要因にもなっている。

ウ **誤**　アメリカは人口増加の局面にあり，2010年には約3.1億人であったが，2019年には約3.3億人（国連「世界人口推計2019年版」）となっている。

エ **誤**　東京都・神奈川県・千葉県・埼玉県は，他県からの転入超過などにより，近年，人口が増加傾向にある（出典：「人口推計」（総務省統計局））。

オ **正**　そのとおり。中国では，2014（平成26）年に，高齢化の進展，生産年齢人口の減少を理由として，一人っ子政策の見直しが行われた。

以上より，誤っているものはウ・エであり，正解は**4**である。

ワンポイント・アドバイス

【世界人口予測】
　現在77億人の世界人口は，2030年には85億人，2050年には97億人，2100年には109億人に達すると予測されています（国連「世界人口推計2019年版：要旨」）。

| チェック欄 | | | |

●政治・経済・社会

社会／その他

問65
日本の人口動態に関する次のア〜オの記述のうち，妥当なものの組合せはどれか。

ア　死因の中で，近年最も多いのは心疾患で，次に悪性新生物（腫瘍），脳血管疾患，老衰，肺炎が続く。

イ　婚姻については平均初婚年齢が上昇してきたが，ここ10年では男女共30歳前後で変わらない。

ウ　戦後，ベビーブーム期を二度経験しているが，ベビーブーム期に生まれた世代はいずれも次のベビーブーム期をもたらした。

エ　出生数と死亡数の差である自然増減数を見ると，ここ10年では自然減の程度が拡大している。

オ　出産した母の年齢層別統計を見ると，ここ30年間は一貫して20代が最多を占めている。

1　ア・イ
2　ア・ウ
3　イ・エ
4　ウ・オ
5　エ・オ

（本試験2020年問54）

●一般知識編

正解 **3**

正答率 **57**%

合格基本書

ア **妥当でない** 死因の中で，近年最も多いのは悪性新生物（腫瘍）で，次に心疾患，老衰，脳血管疾患，肺炎が続く（厚生労働省「令和元年（2019）人口動態統計月報年計（概数）の概況」）。

イ **妥当である** そのとおり。例えば，2019（平成31・令和元）年では夫31.2歳，妻29.6歳であり，近年の平均初婚年齢は男女共30歳前後で推移している（厚生労働省「令和元年（2019）人口動態統計月報年計（概数）の概況」）。

ウ **妥当でない** 戦後，1947（昭和22）年〜1949（昭和24）年の第1次ベビーブーム，第1次ベビーブーム世代による1971（昭和46）年〜1974（昭和49）年の第2次ベビーブームがもたらされたが，第2次ベビーブーム世代によって第3次ベビーブームはもたらされなかった。

エ **妥当である** そのとおり。例えば，2019（平成31・令和元）年の出生数と死亡数の差である自然増減数はマイナス51万5,864人であり，ここ10年，自然減の程度が拡大している（厚生労働省「令和元年（2019）人口動態統計月報年計（概数）の概況」）。

オ **妥当でない** 出産した母の年齢層で最多年齢は，例えば，2019（平成31・令和元）年では30歳から34歳であり，ここ30年間一貫して20代が最多を占めているわけではない（厚生労働省「令和元年（2019）人口動態統計月報年計（概数）の概況」）。

以上より，妥当なものはイ・エであり，正解は**3**である。

142

●政治・経済・社会

社会／その他

問66 防災政策に関する次のア〜オの記述のうち、妥当でないものの組合せはどれか。

ア 災害対策は、1960年代初頭に制定された災害対策基本法に基づくもので、災害予防、災害応急対応、災害復旧・復興の各段階において総合的な対策を講ずることが重要とされ、国が防災基本計画、都道府県・市町村が地域防災計画を、それぞれ策定することが義務付けられている。

イ 近年では、発生の頻度は低いが、発生すると大規模な被害をもたらす「低頻度巨大災害」への対応が課題となっており、被害をゼロにするという意味での「防災」ではなく、被害を少なくする「減災」の発想が重要であると指摘されている。

ウ 被災者救済に関しては、個人資産への補償は行わないとの方針がとられているため、被災者生活再建支援法では、被災者の生活再建に対する公的補助は行われているが、住宅の建設、補修等の再建方法に応じた公的補助は制度化されていない。

エ 東日本大震災からの復興を図るため、国では東日本大震災復興特別区域法を制定し、被災自治体が各種の計画を策定することによって、規制・手続等の特例、土地利用再編の特例、税制上の特例、財政・金融上の特例などの適用を受けられる仕組みをつくった。

オ 東日本大震災の被災地の復興を図るため、総務省に復興庁が設置され、復興に関する行政事務は、本来は他省庁の所管に属する事務を含めて、原則として一元的に処理することとされ、復興交付金も復興庁が決定・交付するものとなっている。

1 ア・イ
2 ア・ウ
3 イ・エ
4 ウ・オ
5 エ・オ

(本試験2012年問52)

●一般知識編

正解 **4**

正答率 **70**%

合格基本書

ア **妥当である** そのとおり。災害対策基本法は，防災計画の作成，災害予防，災害応急対策，災害復旧および防災に関する財政金融措置その他必要な災害対策の基本を定めることにより，総合的かつ計画的な防災行政の整備および推進を図るとし（同法1条），内閣府に置かれた中央防災会議が防災基本計画を作成すること（同法11条1項2項1号），都道府県に置かれた都道府県防災会議が都道府県地域防災計画を作成すること（同法14条1項2項1号），市町村に置かれた市町村防災会議が当該市町村の地域に係る地域防災計画を作成すること（同法16条1項）を規定している。

イ **妥当である** そのとおり。国土交通省の審議会で出された「災害に強い国土づくりへの提言～減災という発想にたった巨大災害への備え～」にも，発生頻度は低いが被害規模が極めて甚大になるおそれがある巨大災害に対して減災対策の重要性が指摘されている。

ウ **妥当でない** 被災者生活再建支援法では，住宅の再建方法に応じた公的補助が制度化されている（同法3条2項）。

エ **妥当である** そのとおり。東日本大震災復興特別区域法は，地域における創意工夫を生かした復興の取組みを推進する趣旨から（東日本大震災復興基本法10条参照），被災自治体が復興計画を策定し，これに対して規制・手続等の特例，土地利用再編の特例，税制上の特例，財政・金融上の特例を適用することにより，各自治体の取組みにワンストップで総合的な支援を行う仕組み（復興特区制度）を設けている。

オ **妥当でない** 復興庁は，内閣総理大臣を長とし，「内閣」に設置される（復興庁設置法2条，6条1項）。

以上より，妥当でないものはウ・オであり，正解は**4**である。

144

●政治・経済・社会

社会／その他

問67 終戦（1945年8月15日）後の日本で発生した自然災害に関する次の記述のうち，妥当でないものはどれか。

1 終戦から1950年代にかけて福井地震や洞爺丸台風などの大きな自然災害が発生した。

2 終戦から1950年代にかけて発生した自然災害による死者・行方不明者の合計は，1960年代から1980年代までに発生した自然災害による死者・行方不明者の合計を上回る。

3 終戦から1980年代までに発生した自然災害で死者・行方不明者が最も多かったのは，伊勢湾台風であった。

4 1995年に発生した阪神・淡路大震災では，都市部における大規模な火災や建物の倒壊などにより，100人を超える行方不明者が依然存在している。

5 2011年に発生した東日本大震災は，終戦後に発生した自然災害の中で最大の死者・行方不明者をもたらした。

（本試験2016年問53）

●一般知識編

正解 **4**

正答率 **28**%

1 **妥当である** そのとおり。1948（昭和23）年6月の福井地震は，福井平野を震源とするマグニチュード7.1の地震で，死者・行方不明者は3,769人に及んだ。1954（昭和29）年9月に鹿児島湾から大隅半島北部に上陸した台風15号（洞爺丸台風）は，九州を縦断した後，中国地方を横断し，日本海に進んで，さらに発達しながら北海道に接近し，北海道寿都町沖を通過して，稚内市付近に達した。洞爺丸台風による被害は九州から北海道まで全国に及び，特に北海道と四国に甚大な被害を与え，死者・行方不明者は1,761人に及んだ。

2 **妥当である** そのとおり。終戦（1945（昭和20）年）から1950年代にかけて発生した自然災害による死者・行方不明者の合計（35,471人）は，1960年代から1980年代までに発生した自然災害による死者・行方不明者の合計（9,226人）を上回る（令和2年版防災白書）。

3 **妥当である** そのとおり。1959（昭和34）年9月に紀伊半島先端に上陸した台風15号（伊勢湾台風）は，本州を縦断して，富山市の東から日本海に進み，北陸，東北地方の日本海沿いを北上し，東北地方北部を通って太平洋側に出た。死者・行方不明者は5,098人に及び，終戦から1980年代までに発生した自然災害で死者・行方不明者が最も多かった。

4 **妥当でない** 阪神・淡路大震災は，1995（平成7）年1月に発生した淡路島北部を震源とするマグニチュード7.3の大地震である。死者は6,434人，行方不明者は3人である。

5 **妥当である** そのとおり。2011（平成23）年3月に発生した東日本大震災は，12都道県にわたって死者19,729人，行方不明者2,559人という，終戦後に発生した自然災害の中で最大の死者・行方不明者をもたらした（令和2年3月1日時点）。

146

●政治・経済・社会

社会／その他

問68 日本の島に関する次の記述のうち，正しいものはどれか。

1 日本の最東端の島は，沖ノ鳥島である。
2 日本の最西端の島は，与那国島である。
3 日本の最南端の島は，南鳥島である。
4 日本の最北端の島は，利尻島である。
5 日本の最南端の有人島は，父島である。

(本試験2015年問52)

●一般知識編

正答率 **40**%

1 誤 日本の最東端の島は，南鳥島である。
2 正 そのとおり。日本の最西端の島は，与那国島である。
3 誤 日本の最南端の島は，沖ノ鳥島である。
4 誤 日本の最北端の島は，択捉島である。
5 誤 日本の最南端の有人島は，波照間島である。

ワンポイント・アドバイス

【日本の領海・排他的経済水域の面積】
　日本の領海・排他的経済水域の面積は約447万平方キロメートルもあり，世界で6番目の大きさです。日本の国土面積は約38万平方キロメートルですから，およそ12倍の大きさになります。このように日本が広大な領海・排他的経済水域を有することができるのは，最東端に南鳥島，最南端に沖ノ鳥島が存在するためです。

●政治・経済・社会

社会／その他

問69 日本社会の多様化に関する次のア〜オの記述のうち、妥当なものの組合せはどれか。

ア 特定の民族出身者を誹謗中傷し、社会から排除することをあおるような差別的発言を投げかけるヘイトスピーチは法律で禁止され、内閣府にこれを監視する委員会が設置された。

イ 障害のある人への不当な差別的取扱いを禁止する法律が施行されたが、行政・事業者ともに、障害者に対して合理的配慮の提供を行うことは、努力義務にとどめられた。

ウ 同性による婚姻は法律で認められていないが、結婚に相当する同性の関係について、定めを置く自治体の条例がある。

エ 内戦がつづくシリアからの難民について、日本では、難民認定を申請した者の入国・在留が認められた例はない。

オ 途上国から人材を受け入れ、技術を学んでもらうことを目的とした外国人技能実習制度があるが、実習生を低賃金労働者として扱うなどの問題が生じている。

1 ア・エ
2 ア・オ
3 イ・ウ
4 イ・エ
5 ウ・オ

（本試験2016年問52）

●一般知識編

正解 **5**

正答率 **82**%

合格基本書

ア　妥当でない　「本邦外出身者に対する不当な差別的言動の
解消に向けた取組の推進に関する法律」（いわゆるヘイトス
ピーチ解消法）が 2016（平成 28）年 5 月 24 日に成立し，
同年 6 月 3 日に公布・施行された。同法は，国および地方公
共団体の責務や，相談体制の整備・教育の充実等などの基本
的施策を定めるにとどまる。内閣府にヘイトスピーチを監視
する委員会は設置されていない。

725p

イ　妥当でない　「障害を理由とする差別の解消の推進に関す
る法律」（いわゆる障害者差別解消法）が 2013（平成 25）
年 6 月 19 日に成立し，同年 6 月 26 日に公布され，2016（平
成 28）年 4 月 1 日に施行された。行政が障害者に対して合
理的配慮の提供を行うことは法的義務である（同法 7 条 2
項）のに対し，事業者が障害者に対して合理的配慮の提供を
行うことは努力義務にとどまる（同法 8 条 2 項）。なお，不
当な差別的取扱いの禁止は，行政・事業者ともに法的義務で
ある（同法 7 条 1 項，8 条 1 項）。

725p

ウ　妥当である　そのとおり。同姓による婚姻は法律で認めら
れていない。しかし，東京都渋谷区において，男女の婚姻関
係と異ならない程度の実質を備える戸籍上の性別が同一であ
る二者間の社会生活関係を「パートナーシップ」と定義し，
一定の条件を満たした場合にパートナーの関係であることを
証明する「渋谷区男女平等及び多様性を尊重する社会を推進
する条例」が 2015（平成 27）年 3 月 31 日に成立し，同年
4 月 1 日から施行された。パートナーシップ証明書の交付申
請の受付は 2015（平成 27）年 10 月 28 日から，証明書の交
付は同年 11 月 5 日から開始された。なお，東京区世田谷区
では，「世田谷区パートナーシップの宣誓の取扱いに関する
要綱」に基づき，同性カップルである区民がその自由な意思
によるパートナーシップの宣誓を行う制度が，2015（平成
27）年 11 月 5 日から開始された。

150

●政治・経済・社会

エ **妥当でない** シリアからの難民について，日本でも，難民認定を申請した者の入国・在留が認められた例がある。例えば，2019（平成31・令和元）年に，わが国において難民として認定された者（44人）のうち，シリア人は3人であった。また，難民とは認定されなかったものの，人道的な配慮が必要なものとして在留を認められた者（37人）のうち，シリア人は7人であった。

オ **妥当である** そのとおり。外国人技能実習制度は，わが国の技能・技術・知識の開発途上国等への移転を図り，経済発展を担う「人づくり」に協力することを目的とした制度である。しかし，「人づくり」という本来の目的から逸脱し，技能実習生を低賃金労働者として扱うなどの問題も生じている。

以上より，妥当なものはウ・オであり，正解は**5**である。

ワンポイント・アドバイス

① 高度外国人材の受入れ促進のため，「高度人材ポイント制」（活動内容を3つに分類し，その特性に応じて，学歴，職歴，年収等の項目ごとにポイントを設け，その合計によって出入国管理上の優遇措置を与える制度）が活用されています。また，2014（平成26）年の入管法改正により，高度人材に特化した在留資格「高度専門職」が新設されました。

② 2018（平成30）年の入管法改正により，出入国および在留管理を行う機関として出入国在留管理庁（法務省の外局）が設置されました。また，新しい在留資格「特定技能1号・2号」も新設されました。「特定技能1号」は，特定産業分野（介護，建設，農業等の14の分野）に属する相当程度の知識または経験を必要とする技能を要する業務に従事する外国人向けの在留資格です。「特定技能2号」は，特定産業分野に属する熟練した技能を要する業務に従事する外国人向けの在留資格です。

●政治・経済・社会

社会／その他

問 70 度量衡に関する次の記述のうち，Aの方がBよりも大きな値となるものはどれか。

	A	B
1	1坪	1平方メートル
2	1間	2メートル
3	1町歩	1平方キロメートル
4	1升	2リットル
5	1里	10キロメートル

（本試験2017年問51）

●一般知識編

正答率 **68**%

1 **Aの方が大きな値となる**　1坪＝3.30579㎡であるから、1坪の方が1平方メートル（1㎡）より大きな値となる。

2 **Bの方が大きな値となる**　1間（けん）＝1.81818mであるから、1間より2メートル（2m）の方が大きな値となる。

3 **Bの方が大きな値となる**　1町歩（ちょうぶ）＝9917.36㎡であるから、1町歩より1平方キロメートル（1㎢＝1000000㎡）の方が大きな値となる。

4 **Bの方が大きな値となる**　1升（しょう）＝1.80391リットルであるから、1升より2リットルの方が大きな値となる。

5 **Bの方が大きな値となる**　1里＝3.92727kmであるから、1里より10キロメートル（10km）の方が大きな値となる。

ワンポイント・アドバイス

　尺貫法とは、長さの単位を「尺」、体積の単位を「升」、重さの単位を「貫」で表すこと等を基本とする日本古来の度量衡法です。
　ただし、現在はメートル法が採用されており、長さ、質量、面積、体積などについて、尺貫法を取引または証明に用いてはならないとされています（計量法8条1項）。例えば、尺貫法において面積を表す単位として「坪」がありますが、計量法において面積を表す単位は「平方メートル」等です。そのため、「坪」を取引または証明に使用することはできません（なお、取引または証明に用いる「平方メートル」等と併せて、取引または証明に用いない参考値であることを明確にして併記することはできます）。

●政治・経済・社会

社会／その他

問71 次の記述のうち、社会の様々な問題を題材に取り上げた小説家・山崎豊子の著作として、妥当なものはどれか。

1 『官僚たちの夏』では、政権交代によって政治主導の政策形成が強まるなかで、筋を通した大蔵省官僚が、官邸の政治力の前に挫折する姿を描いた。

2 『苦海浄土』では、原子力発電所事故による放射能汚染によって故郷を追われた避難者の姿を通して、原子力安全神話の問題性を告発した。

3 『白い巨塔』では、国立大学医学部における教授選挙を巡る闘争や、外科手術に関連する医療過誤訴訟を描いた。

4 『蟹工船』では、日本とソ連崩壊後のロシアとの間の北方領土と北洋の「共同開発」を巡る利権争いを、労働者の視点から描き出した。

5 『複合汚染』では、全国各地の湾岸の埋立地が、様々な物質によって汚染されている実態を明らかにした。

(本試験2017年問53)

● 一般知識編

正解 **3**

正答率 **77** %

合格基本書

1 妥当でない 1975（昭和50）年に刊行された『官僚たちの夏』は，城山三郎の小説である。高度経済成長期の通商産業省を舞台にしている。

2 妥当でない 1969（昭和44）年に刊行された『苦海浄土』は，石牟礼道子の小説である。原発事故ではなく，水俣病の被害者やその家族などを描いた小説である。

3 妥当である そのとおり。1965（昭和40）年に刊行された『白い巨塔』は，山崎豊子の小説である。架空の大学（国立浪速大学）における教授選挙を巡る闘争や，外科手術に関連する医療過誤訴訟を描いた。

4 妥当でない 1929（昭和4）年に発表された『蟹工船』は，小林多喜二の小説である。過酷な労働環境に苦しむ蟹工船の労働者と資本家との闘争を描いている。

5 妥当でない 1975（昭和50）年に刊行された『複合汚染』は，有吉佐和子の小説である。河川の汚濁や土壌汚染などをもたらす毒性物質が複合化され被害が増大していくという公害の問題をテーマとしている。

ワンポイント・アドバイス

　山崎豊子は，1957（昭和32）年に船場商人を描いた「暖簾」でデビューし，翌年，吉本興業の創業者をモデルとした「花のれん」を発表し直木賞を受賞しました。代表作である「白い巨塔」をはじめとして多くの作品が映画化やテレビドラマ化されました。銀行を舞台とした経済小説「華麗なる一族」，中国残留日本人孤児を描いた「大地の子」なども山崎豊子の著作です。

●政治・経済・社会

社会／その他

問72 日本の著作権に関する次のア～オの記述のうち，妥当なものの組合せはどれか。

ア 裁判所の出す判決は，裁判官らによって書かれているが，その公共性の高さから著作権が認められていない。

イ 著作権法の目的は，権利者の保護，著作物の普及推進，国民経済の発展の三つとされている。

ウ 著作物に該当するかどうかは，創作性，表現性，財産性の三つから判断することとされている。

エ データベースは著作物ではないので著作権法の保護の対象とならない。

オ 原作を映画化したり脚色した作品も，原作とは別に著作権法上保護の対象となる。

1 ア・ウ
2 ア・オ
3 イ・ウ
4 イ・エ
5 エ・オ

（本試験2017年問55）

●一般知識編

正解 2

正答率 **74**%

合格基本書

ア **妥当である** そのとおり。「裁判所の判決，決定，命令及び審判並びに行政庁の裁決及び決定で裁判に準ずる手続により行われるもの」については，著作権が認められていない（著作権法13条3号）。

イ **妥当でない** 著作権法は，「著作物並びに実演，レコード，放送及び有線放送に関し著作者の権利及びこれに隣接する権利を定め，これらの文化的所産の公正な利用に留意しつつ，著作者等の権利の保護を図り，もつて文化の発展に寄与すること」を目的とする（同法1条）。よって，著作物の普及推進や，国民経済の発展については，著作権法の目的とはされていない。

ウ **妥当でない** 著作権法において「著作物」とは，「思想又は感情を創作的に表現したものであつて，文芸，学術，美術又は音楽の範囲に属するもの」をいう（同法2条1項1号）。すなわち，著作物に該当するかどうかは，財産性の点からは判断されない。

エ **妥当でない** 著作権法において「データベース」とは，「論文，数値，図形その他の情報の集合物であつて，それらの情報を電子計算機を用いて検索することができるように体系的に構成したもの」をいう（同法2条1項10号の3）。「データベースでその情報の選択又は体系的な構成によつて創作性を有するもの」は，著作物として保護する（同法12条の2第1項）。よって，データベースは，著作権法の保護の対象となる。

オ **妥当である** そのとおり。著作権法において「二次的著作物」とは，「著作物を翻訳し，編曲し，若しくは変形し，又は脚色し，映画化し，その他翻案することにより創作した著作物」をいう（同法2条1項11号）。原作を映画化した作品や脚色した作品も，「二次的著作物」として，原作とは別に著作権法上保護の対象となる（同法11条参照）。

以上より，妥当なものはア・オであり，正解は**2**である。

158

第2編

情報通信・個人情報保護

●一般知識編

専任講師が教える
合格テクニック

情報通信・個人情報保護

二藤部渉 LEC専任講師

出題のウェイト
*2020年本試験実績。多肢選択式・記述式を含む。

憲法	民法	行政法	商法会社法	基礎法学	一般知識
9.3%	25.3%	37.3%	6.7%	2.7%	18.7%

❶「情報通信・個人情報保護」とは

　行政で求められる押印が原則廃止の方向で検討されるなど社会のICT化が急速に進んで利便性が向上する中で、行政書士の業務においても、電子申請ができる案件は増加していくでしょう。最近でも、外国人の在留手続に関して、一部電子申請が認められるようになりました。こうした社会の変革期の中、これからの行政書士にとって、この分野の知識は必要不可欠といえます。電子申請、お客様の個人情報の取扱い、事務所のホームページ作成等、「情報通信・個人情報保護」の分野は合格後の実務においても役立つ知識です。

●情報通信・個人情報保護

❷出題範囲

　行政書士試験で出題される一般知識科目14問のうち「情報通信・個人情報保護」は，例年3問〜4問出題されており，2020年の本試験では，3問の出題でした。

　「情報通信」では，インターネット等の情報・通信技術に関する基本的な知識などが出題されています。また，「個人情報保護」では，個人情報保護法，行政機関個人情報保護法など，条文の理解が問われています。

❸学習のポイント

　「情報通信」の分野は，用語の意味を知っているだけで正解に達する問題もあります。深い知識というよりは，一定の知識を幅広く身につけることが大切です。また，この分野に属する法令が出題されることもありますが，条文を理解しておけば正解に達することができる問題が多いので，ぜひ得点源としたいところです。

　「個人情報保護」の分野は，法令科目同様に個人情報保護法の重要条文をしっかりおさえることに尽きます。一般知識の中では，最も学習の的が絞りやすく，短期間で得点に結びつけることができます。近年，個人情報保護法は大きな改正がなされて，頻出の「定義」に関しても改正がなされています。この改正による変更点もしっかりおさえておきましょう。出題された問題は必ず正解するという意気込みで学習に取り組んでください。

161

●情報通信・個人情報保護

チェック欄

情報通信／情報通信の諸問題

重要度 B

問73 現行の選挙制度において、インターネットによる選挙運動が可能となっているものもあるが、次の記述のうち、妥当なものはどれか。

1 候補者が、当選又は落選に関し、選挙人に挨拶する目的をもって、ホームページや電子メールを利用した選挙期日後の挨拶行為をすることは、可能である。

2 候補者が、選挙運動用のホームページに掲載された文書を選挙期日当日に更新することは、可能である。

3 一般の有権者が、電子メールを送信することによる選挙運動を行うことは、可能である。

4 未成年者が、ホームページや電子メールを用いた選挙運動を行うことは、可能である。

5 候補者が、屋内での演説会開催中に選挙運動用のウェブサイトをスクリーンに映写しながら政策を語ることは、可能ではない。

（本試験2014年問55）

●一般知識編

正答率 **48**%

合格基本書

1 妥当である そのとおり。選挙の期日後において、当選または落選に関し、選挙人に挨拶する目的をもって「インターネット等を利用する方法により頒布される文書図画」を頒布し、または掲示することはできる（公職選挙法178条2号）。

2 妥当でない 選挙運動は、当該選挙の期日の前日まででなければ、することができない（公職選挙法129条）。

3 妥当でない 候補者・政党等が、電子メールを利用する方法により、選挙運動のために使用する文書図画を頒布することはできる（公職選挙法142条の4第1項）。候補者・政党等以外の一般有権者がこれをすることは禁止されている。 683p

4 妥当でない 年齢満18歳未満の者は、選挙運動をすることができない（公職選挙法137条の2第1項）。 683p

5 妥当でない 選挙運動のために「屋内の演説会場内においてその演説会の開催中掲示する映写等の類」を掲示することはできる（公職選挙法143条1項4号の2）。よって、候補者が、屋内での演説会開催中に選挙運動用のウェブサイトをスクリーンに映写しながら政策を語ることも認められる。

ワンポイント・アドバイス

【選挙権年齢・選挙運動年齢の引き下げ】
　2015（平成27）年6月に公職選挙法が改正され、選挙権の年齢が20歳以上から18歳以上に引き下げられました。これに伴い、選挙運動の禁止も20歳未満から18歳未満に引き下げられました（いずれも2016（平成28）年6月19日施行）。

●情報通信・個人情報保護

情報通信／情報通信の諸問題

重要度 B

問74 住民基本台帳ネットワークシステム及び住民基本台帳カード*に関する次の記述のうち、妥当なものはどれか。

1 住民基本台帳カードの発行手数料は無料であり、発行にかかる費用は、市区町村、都道府県、国で負担していた。

2 住民基本台帳ネットワークシステムは、市区町村、都道府県、国の各省庁を専用のネットワーク回線により接続し、住民の基本5情報（氏名、住所、生年月日、性別、本籍）を参照し合うシステムである。

3 銀行口座開設を行う際には、写真付き住民基本台帳カードを公的な身分証明書として利用することができる。

4 住民基本台帳ネットワークシステムに対しては、2008年に最高裁判所によって合憲判決が下されているにもかかわらず、同システムから脱退する市区町村が増加している。

5 外国人住民は、住民基本台帳制度の適用対象者でないため、数年にわたり日本に在住していたとしても、住民基本台帳カードの交付を申請することはできなかった。

(注) ＊ 住民基本台帳カードの発行は2015（平成27）年12月で終了した。

（本試験2014年問56改題）

●一般知識編

正解 3

正答率 **71**%

1 **妥当でない** 住民基本台帳カードの発行手数料は，<u>有料（500円程度）であること</u>が一般的であった。なお，マイナンバー制度の導入に伴い，住民基本台帳カードの発行は2015（平成27）年12月までとなった。

2 **妥当でない** 住民基本台帳ネットワークシステムは，住民の基本4情報（氏名，住所，生年月日，性別），個人番号と住民票コード，これらの変更情報を参照し合うシステムである。「本籍」は，含まれていない。

746p

3 **妥当である** そのとおり。住民基本台帳カードは，犯罪収益移転防止法により，<u>金融機関等における本人確認書類として位置づけられている</u>。

4 **妥当でない** 2015（平成27）年3月に福島県矢祭町が接続したことにより，<u>すべての自治体が住民基本台帳ネットワークシステムに接続する</u>ことになった。

5 **妥当でない** 2012（平成24）年7月9日から<u>外国人住民も住民基本台帳制度の適用対象者</u>となり，2013（平成25）年7月8日から<u>外国人住民に対しても住民基本台帳カードの交付がなされていた</u>。なお，マイナンバー制度の導入に伴い，住民基本台帳カードの発行は2015（平成27）年12月までとなった。

727p

ワンポイント・アドバイス

　社会保障・税番号制度（マイナンバー制度）の導入に伴い，2016（平成28）年1月以降，「住民基本台帳カード」から，全国共通仕様の「個人番号カード」へ移行しました。「個人番号カード」への移行に伴い，「住民基本台帳カード」は廃止されました（発行は2015（平成27）年12月まで）。なお，有効期限が2016（平成28）年1月以降の「住民基本台帳カード」は，有効期限まで使用することができます。

| チェック欄 | | | |

●情報通信・個人情報保護

情報通信／情報通信の諸問題

重要度 B

問 75 位置情報に関する次の記述のうち，明らかに妥当でないものはどれか。

1 位置情報とは，空間上の特定の地点または区域の位置を示す情報をいい，当該情報に係る時点に関する情報を含む。

2 電気通信事業者は，利用者の位置情報を第三者に提供するには原則として利用者の同意が必要だが，生命身体切迫時には人命救助の見地から同意なく提供できる。

3 電気通信事業者は，通信サービスの契約者が端末を所持する者の同意を得ることなく，他者位置検索サービスを用いて端末のGPS*位置情報を第三者に取得させることが自由にできる。

4 移動体の位置情報には，大きく基地局にかかる位置情報とGPS位置情報の二種があるが，GPS位置情報は通信の秘密には該当しないと解されている。

5 個人にかかる位置情報は，精度が詳細で，連続して集積されればされるほどプライバシー性が高まるという特徴を持っている。

（注） ＊ ＧＰＳ＝ Global Positioning System の略。全地球測位システムともいう。

（本試験2015年問57）

●一般知識編

正解 3

正答率 **87**%

合格基本書

1　妥当である　そのとおり。位置情報とは，空間上の特定
の地点または区域の位置を示す情報（当該情報に係る時点に
関する情報を含む。）をいう（地理空間情報活用推進基本法
2条1項1号）。

760p

2　妥当である　そのとおり。人命救助等を行う警察等によ
る位置情報取得の要請があった場合，電気通信事業者は，生
命または身体に関する重大な危険が切迫しており，かつ，そ
の者を早期に発見するために当該位置情報を取得することが
不可欠であると認められる場合に限り，当該位置情報を取得
することができる（電気通信事業における個人情報保護に関
するガイドライン35条5項）。また，位置情報も，特定の
個人を識別することができれば，個人情報保護法の「個人情
報」（同法2条1項）に該当するが，同法23条1項2号の
第三者提供の制限に関する例外規定に該当すれば，本人の同
意なく第三者に提供することができる。

3　明らかに妥当でない　電気通信事業者は，<u>利用者の同意
がある場合，裁判官の発した令状に従う場合その他の違法性
阻却事由がある場合に限り，位置情報を他人に提供等をする
ことができる</u>（電気通信事業における個人情報保護に関する
ガイドライン35条2項）。

4　妥当である　そのとおり。基地局に係る位置情報とは，
携帯電話事業者等の電気通信事業者が通話やメール等の通信
を成立させる前提として取得している情報のことをいう。G
PS位置情報とは，複数のGPS衛星から発信されている電
波を携帯電話等の移動端末が受信して，衛星と移動端末との
距離等から当該移動端末の詳細な位置を示す情報をいう。G
PS位置情報は，個々の通信の際に利用される情報ではな
く，通信の秘密には該当しないと解されている。

760p

5　妥当である　そのとおり。位置情報は，ある人がいつど
こに所在するかを示す情報であるので，高いプライバシー性
を有し，精度が詳細であるほど，また，一定期間連続するほ
ど，そのプライバシー性が高まるという特徴を有している。

168

MEMO

第2編 情報通信・個人情報保護

チェック欄

情報通信／情報通信の諸問題

問76 ビットコインに関する次の文章の空欄 Ⅰ ～ Ⅳ に入る適切な語の組合せとして，妥当なものはどれか。

仮想通貨とは「国家の裏付けがなくネットワークなどを介して流通する決済手段」のことを指す。仮想通貨にはこれまで様々な種類の仕組みが開発されてきたが，その1つがビットコインである。ビットコインは分散型仮想通貨と呼ばれるが，実際の貨幣と同様，当事者間で直接譲渡が可能な流通性を備えることから Ⅰ と異なる。 Ⅱ 型で，通常の通貨とは異なり国家の裏付けがなくネットワークのみを通じて流通する決済手段である。ビットコインを送金するためには，電子財布に格納されている秘密鍵で作成する電子署名と，これを検証するための公開鍵が必要となる。

Ⅱ 型ネットワークをベースにするため，中心となるサーバもないし，取引所で取引を一括して把握するようなメカニズムも存在しない。取引データは利用者それぞれの端末に記録され，そうした記録がブロックチェーンに蓄積される。

ブロックチェーンとは，ブロックと呼ばれる順序付けられたレコードが連続的に増加していくリストを持った Ⅲ 型データベースをいい，それぞれのブロックには Ⅳ と前のブロックへのリンクが含まれている。一度生成記録されたデータは遡及的に変更できない。この仕組みがビットコインの参加者に過去の取引に対する検証と監査を可能としている。

	ア	イ
Ⅰ	電子マネー	クレジットカード
Ⅱ	P2P	解放
Ⅲ	分散	集約
Ⅳ	所有者名	タイムスタンプ

●情報通信・個人情報保護

	I	II	III	IV
1	ア	ア	ア	ア
2	ア	ア	ア	イ
3	ア	イ	ア	イ
4	イ	ア	イ	ア
5	イ	イ	イ	ア

（本試験2017年問50）

第2編 情報通信・個人情報保護

● 一般知識編

正解 2

正答率 **36**%

合格基本書

Ⅰ **電子マネー** ビットコイン（分散型仮想通貨）は，個人間 760p
で譲渡できるインターネット上の仮想通貨である。電子マネ
ーは，電子情報をやりとりすることを通じて代価の支払いを
する方法であり，個人間で譲渡することはできない。

Ⅱ **Ｐ２Ｐ** ビットコインは，Ｐ２Ｐ（Peer to Peer）型ネッ 757, 760p
トワークをベースにしている。Ｐ２Ｐ（Peer to Peer）と
は，パソコン等のあらゆる端末に保存されたデータを直接や
りとりするシステムおよびサービスである。

Ⅲ **分散** ブロックチェーン（分散型台帳技術）とは，ブロッ 761p
クと呼ばれる順序付けられたレコードが連続的に増加してい
くリストを持った分散型データベースをいう。

Ⅳ **タイムスタンプ** ブロックにはタイムスタンプと前のブロ
ックへのリンクが含まれている。タイムスタンプは，ある時
刻にその電子データが存在していたことと，それ以降改ざん
されていないことを証明する技術である。

以上より，Ⅰには「ア＝電子マネー」，Ⅱには「ア＝Ｐ２
Ｐ」，Ⅲには「ア＝分散」，Ⅳには「イ＝タイムスタンプ」が入
り，正解は**2**である。

ワンポイント・アドバイス

【ブロックチェーン】

　ブロックチェーンの分散型台帳技術には，①各ブロックが１つ前のブロッ
ク由来の暗号を含みつつ順に連なっているため，過去のデータを改ざんする
ことは非常に困難であること，②取引等の情報のやりとりのデータは複数の
利用者のコンピュータで重複して記録されているため，いくつかのコンピュ
ータに障害が生じても情報を維持できるという特徴があります。

172

●情報通信・個人情報保護

情報通信／情報通信の諸問題

重要度 B

問77 人工知能に関する次の文章の空欄 Ⅰ 〜 Ⅳ に当てはまる語句の組合せとして，妥当なものはどれか。

　コンピュータの処理速度や記憶容量が向上しさえすれば，人間と同じように思考するコンピュータを開発することができると考えられた時期もあった。最近，将棋や囲碁の対局でコンピュータがトップレベルの棋士に勝利するようになったと報道された。その発展は，コンピュータに過去の大量の対局データをインプットし，更にそのデータに基づいて最適の解を導けるようコンピュータ自身で学習し実力を高める仕方を覚えられるようになったからといわれている。

　このようなコンピュータの発展動向は，従来コンピュータが得意な能力は検索や Ⅰ であって人が得意な能力としては工夫や Ⅱ が代表的なものと考えられてきたが，今ではコンピュータもこれまで人間が得意としてきた Ⅲ や Ⅳ に類する能力を持ち始めたことを意味している。

ア 感情　イ 認知　ウ 想像　エ 論証　オ ひらめき
カ 創造　キ 差別　ク 記憶　ケ 計算　コ 推論

	Ⅰ	Ⅱ	Ⅲ	Ⅳ
1	ク	ア	エ	コ
2	ク	キ	エ	ウ
3	ケ	ウ	オ	ク
4	ケ	カ	オ	コ
5	コ	カ	ク	イ

（本試験2016年問54）

●一般知識編

正答率 **93%**

合格基本書 761p

　コンピュータの処理速度や記憶容量が向上しさえすれば，人間と同じように思考するコンピュータを開発することができると考えられた時期もあった。最近，将棋や囲碁の対局でコンピュータがトップレベルの棋士に勝利するようになったと報道された。その発展は，コンピュータに過去の大量の対局データをインプットし，更にそのデータに基づいて最適の解を導けるようコンピュータ自身で学習し実力を高める仕方を覚えられるようになったからといわれている。

　このようなコンピュータの発展動向は，従来コンピュータが得意な能力は検索や(I)計算であって人が得意な能力としては工夫や(II)創造が代表的なものと考えられてきたが，今ではコンピュータもこれまで人間が得意としてきた(III)ひらめきや(IV)推論に類する能力を持ち始めたことを意味している。

　Ⅰには，「コンピュータが得意な能力」と従来考えられてきたものが入るから，コの「推論」は入らない。したがって，5は誤りである。

　Ⅱには，「人が得意な能力」と考えられてきたものが入る。差別を得意な能力とは通常言わないので，Ⅱにはキの「差別」は入らない。したがって，2は誤りである。

　Ⅲ・Ⅳには，「人間が得意としてきた」もので，「今ではコンピュータが持ち始めた」能力が入る。エの「論証」，クの「記憶」はむしろ従来コンピュータが得意とするものであるから，1と3は誤りである。

　以上より，Ⅰには「ケ＝計算」，Ⅱには「カ＝創造」，Ⅲには「オ＝ひらめき」，Ⅳには「コ＝推論」が入り，正解は**4**である。

●情報通信・個人情報保護

チェック欄

情報通信／情報通信技術・用語

重要度 B

問78 情報技術に関する次のア～オの記述のうち、妥当なものの組合せはどれか。

ア ワームとはアプリケーションの開発時に発生したプログラムのミスが原因で起きる不具合のことをいう。

イ DNSとは Digital Network Solution の略であり、コンピュータ・ネットワークにおいてセキュリティを確保するための国際的に標準化された仕組みである。

ウ クッキー（cookie）とは、ブラウザにデータとして蓄積されている閲覧先リストを指す。ウェブ・サーバーとブラウザ間でやり取りされる通信プロトコルの一種でもあるが、一般的には、利用者がどのようなサイトを訪れたかに関する情報をいう。

エ トロイの木馬とは、トロイ戦争で木馬の中に兵を潜ませた逸話に模した手法である。ウイルスをユーザーに気付かれずにメールに添付したりソフトウェアに潜ませたりして感染させる。

オ ホストとは、コンピュータOSにおいて管理者権限を持つ者を指す用語である。システムを中心的に操作する者という意味で名付けられた。

1 ア・イ
2 ア・オ
3 イ・エ
4 ウ・エ
5 ウ・オ

（本試験2017年問56）

●一般知識編

正解 **4**

正答率 **63**%

合格基本書

ア **妥当でない** アプリケーションの開発時に発生したプログラムのミスが原因で起きる不具合のことを，バグ（bug）という。ワーム（worm）とは，自己増殖する性質を持つ不正プログラムのことである。

イ **妥当でない** DNSとは，Domain Name System（ドメイン・ネーム・システム）の略であり，インターネットに接続されたコンピュータのドメイン名をIPアドレスに変換する仕組みである。

ウ **妥当である** そのとおり。クッキー（cookie）とは，ウェブ・ブラウザ（ホームページを閲覧するためのソフトウェア）にデータとして蓄積されている閲覧先リストを指す。 757p

エ **妥当である** そのとおり。トロイの木馬とは，ギリシャ神話におけるトロイ戦争でギリシャ軍が木馬の中に兵を潜ませてトロイの街に招き入れさせたように，ユーザーに気付かれずにコンピュータの内部に潜伏して，システムの破壊，外部からの不正侵入の補助，そのコンピュータの情報の外部発信を行う不正プログラムのことをいう。 759p

オ **妥当でない** コンピュータOSにおいて管理者権限を持つ者を，アドミニストレータという。ホストとは，コンピュータ・ネットワークにおいてサービスを提供する側を指す用語である。

以上より，妥当なものはウ・エであり，正解は**4**である。

●情報通信・個人情報保護

情報通信／情報通信技術・用語

問79 情報セキュリティの用語に関する次の説明のうち、妥当でないものはどれか。

1 ウィキリークス

政治、行政、ビジネス、宗教などに関する機密情報を匿名で公開するウェブサイトの一つであり、アメリカ政府の外交機密文書が公開されるなど話題となった。

2 IPアドレス

通信する相手（コンピュータ）を一意に特定するため、インターネットに直接接続されるコンピュータに割り振られる固有の数値をいう。

3 フィッシング

電子メールやWWWを利用した詐欺の一種で、悪意の第三者が企業等を装い、偽のサイトに誘導し、クレジットカード等の情報を入力させて盗み取る手法をいう。

4 公開鍵暗号

暗号化と復号のプロセスにそれぞれ別個の鍵（手順）を使って、片方の鍵を公開できるようにした暗号方式である。

5 ファイアウォール

火事の際の延焼を防ぐ「防火壁」から取られた用語で、企業などが管理するサーバ・マシンを物理的に取り囲んで保護する装置をいう。

（本試験2015年問55）

●一般知識編

正解 5

正答率 **91%**

合格基本書

1 妥当である そのとおり。ウィキリークスとは、各国の政治や企業活動などに関する機密情報を公開しているウェブサイトの1つである。 756p

2 妥当である そのとおり。IPアドレスとは、ネットワークに接続されたコンピュータや通信機器1台1台に割り振られた端末ごとの識別番号をいう。現在では、IPv4の次期バージョンであるIPv6の普及が進んでいる。 756p

3 妥当である そのとおり。フィッシングとは、識別符号の入力を不正に要求する行為をいう。 759p

4 妥当である そのとおり。公開鍵暗号方式とは、暗号化と復号に異なる鍵を用いる暗号化方式をいう。 751p

5 妥当でない ファイアウォールとは、企業などが管理するサーバ・マシンを物理的に取り囲んで保護する装置ではなく、ネットワーク外部からのアクセスを技術的に制御するシステムをいう。 759p

ワンポイント・アドバイス

【フィッシング行為の禁止・処罰】

　フィッシング行為は、不正アクセスを利用した詐欺につながる悪質かつ危険な行為です。これを踏まえて、不正アクセス禁止法は、①アクセス管理者になりすましてフィッシングサイトを公開する行為、②フィッシングメールを送信し、利用権者にIDやパスワードを入力させて騙し取る行為を禁止し、処罰の対象としています。

178

●情報通信・個人情報保護

情報通信／情報通信技術・用語

重要度 B

問80 次の文章の ア ～ オ に当てはまる用語の組合せとして，妥当なものはどれか。

「クラウド」は， ア の意味である場合と， イ の意味である場合がある。ネットワークを通じて，多くの人からアイデアを募ったり，サービスを提供してもらう ウ ではクラウドは ア の意味であり，多くの人から資金を募る エ も同じく ア の意味である。これに対し，端末ではなく，ネットワーク上でアプリケーションやデータを操作する オ においては，クラウドは イ の意味で用いられている。

	ア	イ	ウ	エ	オ
1	Cloud	Crowd	クラウドソーシング	クラウドファンディング	クラウドコンピューティング
2	Crowd	Cloud	クラウドファンディング	クラウドコンピューティング	クラウドソーシング
3	Cloud	Crowd	グラウドコンピューティング	クラウドファンディング	クラウドソーシング
4	Cloud	Crowd	クラウドソーシング	クラウドコンピューティング	クラウドファンディング
5	Crowd	Cloud	クラウドソーシング	クラウドファンディング	クラウドコンピューティング

（本試験2017年問54）

●一般知識編

正解 5

正答率 **68%**

合格基本書

- ア **Crowd** クラウドソーシング,クラウドファンディングにおけるクラウドとは,「Crowd(群衆)」のことである。
- イ **Cloud** クラウドコンピューティングにおけるクラウドとは,「Cloud(雲)」のことである。 757p
- ウ **クラウドソーシング** クラウドソーシング(Crowd sourcing)は,ネットワークを通じて,不特定の人=「Crowd(群衆)」に業務委託(Sourcing)する仕組みである。
- エ **クラウドファンディング** クラウドファンディング(Crowd funding)は,不特定の人=「Crowd(群衆)」から資金調達(Funding)する仕組みである。
- オ **クラウドコンピューティング** クラウドコンピューティング(Cloud computing)は,データ等がネットワーク上のあるサーバ群=「Cloud(雲)」に存在し,ユーザーは「どこからでも,必要な時に,必要な機能」を利用することができるコンピュータ・ネットワークの利用形態である。 757p

以上より,アには「Crowd」,イには「Cloud」,ウには「クラウドソーシング」,エには「クラウドファンディング」,オには「クラウドコンピューティング」が入り,正解は **5** である。

ワンポイント・アドバイス

【テレワークとクラウドソーシング】

「テレワーク」のうち,企業に属さない小規模事業者や個人が個人事業主として仕事を受注する働き方を「自営型テレワーク」といいます。多くの「クラウドソーシング」は専用のWebサイトを通じて仕事の発注・受注を行う仕組みとなっており,その活用と普及に欠かせないものとなっています。

●情報通信・個人情報保護

チェック欄

情報通信／情報通信技術・用語

重要度 B

問81 IoT (Internet of Things) の定義に関する次の記述のうち、妥当なものはどれか。

1 様々な「モノ」をインターネット上でデザイン・印刷するという意味
2 様々な「モノ」をインターネット上で理解したり学習したりする環境という意味
3 様々な「モノ」の価値についてインターネットの世界でのみ評価されるという意味
4 様々な「モノ」がビッグデータとして扱われるようになり、インターネットが「モノ」のようになるという意味
5 様々な「モノ」がセンサーと無線通信を通してインターネットにつながりインターネットの一部を構成するようになるという意味

(本試験2016年問55)

●一般知識編

正解 **5**

正答率 **66**%

合格基本書 757p

　IoTは，「モノのインターネット」と呼ばれ，様々な「モノ」がセンサーと無線通信を通してインターネットにつながりインターネットの一部を構成する仕組みのことをいう。

1 **妥当でない**　IoTは，インターネット上のデザイン・印刷に限定されるものではない。

2 **妥当でない**　インターネット上で理解したり学習したりすることは，eーラーニングと呼ばれる。

3 **妥当でない**　IoTは，「モノ」の価値についてインターネットの世界でのみ評価されるという意味ではない。

4 **妥当でない**　「モノ」がビッグデータとして扱われるわけではない。また，インターネットが「モノ」のようになるわけではない。

5 **妥当である**　そのとおり。IoTは，様々な「モノ」がセンサーと無線通信を通してインターネットにつながりインターネットの一部を構成するようになるという意味である。

ワンポイント・アドバイス

　IoTは，「モノのインターネット」と呼ばれています。そして，パソコンやスマートフォンなどの情報端末だけでなく，自動車，家電製品，建物などあらゆるものがネットワークでつながることによって，様々なサービスが登場しています。例えば，外出中にスマートフォンから自宅内の家電の操作や扉の施錠などの遠隔操作を可能とするようなサービスも広がっていくでしょう。

●情報通信・個人情報保護

情報通信／情報通信技術・用語

問82 ディジタル情報に関する次の記述のうち，妥当なものはどれか。

1 既存の状態をアナログ，既存の状態からの変化をディジタルと呼ぶ。情報のディジタル化とは，情報が既存の状態から変化する近年の情報技術革新を指す。

2 1ビットで2通り，2ビットで4通り，4ビットで16通りの情報を表すことができる。8ビットで256通りの情報を表すことができ，これを1バイト（B）と呼ぶ。

3 大きな情報量を表す単位に，キロバイト（KB），メガバイト（MB），ギガバイト（GB）などがある。$1\,km^2 = 1,000,000\,m^2$ と同様に，$1\,KB = 1,000,000\,B$ である。

4 文字をコンピュータで扱うためには，文字に2進数の文字コードを付ける必要がある。日本工業規格（JIS）漢字コードで表された1つの漢字の情報量は，1バイトである。

5 画像をコンピュータで扱うためには，画像を分解して小さな点（ドット）の集まりに置き換える必要がある。こうした作業を符号化という。

（本試験2013年問57）

●一般知識編

正答率 **55**%

1 **妥当でない** アナログとは，物理的または電磁的に連続した波形としてそのまま記録したものをいう。ディジタル（デジタル）とは，これを「0」「1」のような離散的な数値で表すことをいう。「0」や「1」という単純な信号は伝達の過程で外部雑音に汚染されにくく，無劣化のコピーが容易である。また，パターンを対応させることによりコンピュータでの利用が容易となる。情報のディジタル化とは，情報をディジタル信号で表す情報技術革新を指す。

2 **妥当である** そのとおり。1ビットは2通り，2ビットは4通り，4ビットは16通り，8ビットは256通りの情報を表すことができる。この8ビットを1バイトと呼ぶ。

3 **妥当でない** 1キロバイト（KB）＝1024バイト（B）である。

4 **妥当でない** 日本工業規格（JIS）漢字コードで表された1つの漢字の情報量は，2バイトである。

5 **妥当でない** 「符号化」とは，アナログを「0」や「1」のようなディジタル信号に置き換えることをいう。画像を分解して小さな点（ドット）の集まりに置き換えるのは，分解したドットに「0」や「1」の数値を付して符号化するために行う作業である。

760p

760p

ワンポイント・アドバイス

【デジタルの単位】
　1ビットから1テラバイトまでの関係は，8ビット＝1バイト，1024バイト＝1キロバイト，1024キロバイト＝1メガバイト，1024メガバイト＝1ギガバイト，1024ギガバイト＝1テラバイト，となっています。

●情報通信・個人情報保護

チェック欄

情報通信／情報通信技術・用語

問83 次の**1〜5**の語群のうち，カギ括弧内の語句と密接に関連しているとはいえない語句を含んでいるものはどれか。

1　「情報事故対策」
　　　　　シンクライアント　　SSL　　IP電話
2　「暗号化」
　　　　　公開鍵　　https　　量子鍵
3　「携帯電話」
　　　　　スマートフォン　　無線通信　　SIMカード
4　「バイオメトリクス認証」
　　　　　指紋　　虹彩　　静脈
5　「フィルタリング」
　　　　　青少年保護　　ホワイトリスト　　プロバイダ

（本試験2011年問57）

●一般知識編

正解 1

正答率 **67**%

合格基本書

1 密接に関連しているとはいえない語句を含んでいる　758, 760p
①シンクライアントは，企業の情報管理等のシステムにおいて，従業者が使う端末（クライアント）に最小限の機能だけ持たせ，アプリケーションやデータファイル等をサーバ側で管理するシステムのことである。データの持ち出し等による情報事故防止に効果があるとされる。② SSL は，インターネット上でデータを暗号化して送受信するプロトコルのことである。なりすまし等の情報事故を防ぐ。③ IP 電話は，IP（インターネットプロトコル）を利用した電話サービスのことである。従来の固定電話と比較して利用料金が一般に低廉であることもあり，普及が進んでいるが，IP 電話は「情報事故対策」と密接に関連しているとはいえない。

2 いずれも密接に関連している　①公開鍵は，公開鍵暗号　751p
方式による「暗号化」を利用したデータの送受信において用いられる。② https は，web ブラウザと web サーバとの間の通信で用いられるプロトコルである http が「暗号化」されたもののことである。③量子力学を用いることでデータの送受信における高度の安全性を確保しようとする技術が量子暗号技術であり，量子暗号技術の方式の1つに量子鍵配送がある。

3 いずれも密接に関連している　①スマートフォンは，携　760p
帯電話と携帯情報端末の機能を統合した情報通信機器のことである。②「携帯電話」は，無線通信を利用するものである。③ SIM カードは，携帯電話で用いられている利用者を識別するための IC カードのことである。

4 いずれも密接に関連している　①指紋，②虹彩，③静脈，　759p
声紋などの人間の身体的特徴を利用して本人確認を行う認証の方式を「バイオメトリクス認証」という。

186

●情報通信・個人情報保護

5 いずれも密接に関連している 「フィルタリング」とは，インターネット利用における情報閲覧の制限や受発信を制限することである。「フィルタリング」は，主に暴力や犯罪助長，成人向けウェブサイトなどの有害サイトからの①青少年保護を目的としている。そして，「フィルタリング」における②ホワイトリスト方式とは，安全と思われるサイトへのアクセスを許可し，それ以外のサイトへのアクセスを制限するものである。また，③プロバイダ（インターネット接続役務提供事業者）には，利用者から求めがある場合に，原則として青少年有害情報「フィルタリング」ソフトウェアまたは青少年有害情報「フィルタリング」サービスを提供しなければならない義務が課されている（青少年が安全に安心してインターネットを利用できる環境の整備等に関する法律17条）。

759p

第2編 情報通信・個人情報保護

ワンポイント・アドバイス

【バイオメトリクス認証】

「バイオメトリクス認証」は，指紋，虹彩，声紋，静脈，サインする際の筆圧等，人間の個体ごとに異なる生物的な特徴によって本人を確認する技術です。これらの特徴を電子機器で読み取り，あらかじめ登録したデータと比較して個人が特定されます。

カードやパスワードよりも安全性が高く，最近では金融取引現場で印鑑偽造等のなりすまし行為を防ぐ目的で導入が進んでいます。

●情報通信・個人情報保護

チェック欄

情報通信／情報通信技術・用語

重要度 B

問84 最近の情報通信分野に関する次のア〜オの記述のうち、明らかに誤っているものの組合せはどれか。

ア　クラウド・コンピューティングとは、ネットワーク上にあるサーバ群（クラウド）を利用することから命名されたコンピュータネットワークの利用形態であり、クラウドの中に閉じた通信であるので、もっとも強固なセキュリティを確立したといわれている。

イ　マイナンバー制度とは、個人番号を利用し、行政機関等相互間で安全かつ効率的に情報連携を行うための仕組みを整備しようとするものであるが、個人情報保護の観点からの問題を指摘する反対論が強く、政府による検討段階には依然として至っていない。

ウ　スマートフォンは、汎用的に使える小型コンピュータという点で、パソコンと同様の機能を有する。従来の携帯電話と呼ばれてきた端末も広義ではコンピュータであるが、汎用的に自由度の高い使い方ができるものではなかった。

エ　デジタル・ディバイドとは、身体的又は社会的条件の相違に伴い、インターネットやパソコン等の情報通信技術を利用できる者と利用できない者との間に生じる格差のことである。

オ　現在、ICカードは、国内において公共、交通、決済といった広い分野のサービスで普及しており、その例として、IC旅券、Taspoなどがあげられる。

1　ア・イ
2　ア・オ
3　イ・ウ
4　ウ・エ
5　エ・オ

（本試験2012年問56改題）

●一般知識編

正解 1

正答率 **61**%

合格基本書

ア **明らかに誤っている** クラウド・コンピューティングは，ネットワークを通じてデータの処理や保管を外部に委ねるものである。情報の流出やシステムの故障による利用不能等の危険性がないわけではなく，「もっとも強固なセキュリティを確立した」ものとはいえない。 　757p

イ **明らかに誤っている** マイナンバー制度（社会保障・税に関わる番号制度）を導入するために，「行政手続における特定の個人を識別するための番号の利用等に関する法律」（マイナンバー法）が，2013（平成25）年5月に公布された（2016（平成28）年1月から運用開始）。 　746p

ウ **正** そのとおり。例えば，スマートフォンは，従来の携帯電話と異なり，自分で利用したいアプリケーションを選び，必要な機能を組み込んで使うことができる。 　760p

エ **正** そのとおり。デジタル・ディバイド（デバイド）とは，身体的または社会的条件の相違に伴い，インターネットやパソコン等の情報通信技術を利用できる者と利用できない者との間に生ずる格差のことをいう。このような情報の格差は，ひいては社会活動の機会，社会的地位や収入等の格差ともなる。 　760p

オ **正** そのとおり。ICカードとは，IC（集積回路／データの記録や演算等の機能を持つ電子部品を基盤上にまとめたもの）を組み込んだカードのことをいう。IC旅券（ICチップが組み込まれたパスポート）は2006（平成18）年から，Taspo（成人識別たばこ自動販売機のためのICカード）は2008（平成20）年から発行されている。 　740p

以上より，明らかに誤っているものはア・イであり，正解は**1**である。

190

情報通信／情報通信技術・用語

問85 情報処理に関する次のア～オの記述のうち，誤っているものの組合せはどれか。

ア　オブジェクト指向データベースとは，目標とされる語句の検索を正しく行えるようにデザインされたデータベースを指す。

イ　リレーショナルデータベースとは，一つの表だけでなく複数の表を組み合わせて特定の行や列を抜き出すことのできるデータベースを指す。

ウ　ビッグデータとは，ネットワーク上で一つのデータが1ギガバイト以上の容量を持つようなデータを指す。

エ　メタデータとは，データそのものではなくデータに関するデータ（情報）を指す。

オ　ウェブ上で公開されている文書の様式はHTML[*]と呼ばれ，文書内で様々な指定をタグという世界共通の文字列で設定することで画像の表示や文字の色やデザインを指定し，ハイパーテキストなどを組み込むことができるようになっている。

1 ア・ウ
2 ア・エ
3 イ・エ
4 イ・オ
5 ウ・オ

（注）　＊　HTML：Hyper Text Markup Language の略

（本試験2016年問56）

●一般知識編

正解 1

正答率 **66**%

合格基本書

ア **誤** オブジェクト指向データベースは，データそのもの
と，そのデータの処理方法をひとつのまとまりとして定義し
た「オブジェクト」を単位として格納・管理しているデータ
ベースのことをいい，画像や音声などのデータを効率的に取
り扱うことに適している。

イ **正** そのとおり。リレーショナルデータベース（関係デー
タベース）は，データを行と列による表の形式で管理するも
のであり，複数の表を組み合わせて特定の行や列を抜き出す
ことができる。

ウ **誤** ビッグデータとは，一般にインターネットやIoTの
発展に伴い，パソコンやスマートフォン等の情報機器によっ
て収集される位置情報，行動履歴，コンテンツの視聴記録，
消費行動等に関する膨大なデータ群のことをいう。「データ
が1ギガバイト以上」と定義されているわけではない。

761p

エ **正** そのとおり。メタデータとは，データについてのデー
タという意味で，そのデータに関するデータ（情報）のこと
を指す。

オ **正** そのとおり。HTML（Hyper Text Markup Language／
ハイパーテキストマークアップランゲージ）は，Webページを作
成するために使用される言語の1つである。文書内で「タグ」
という文字列によって画像の表示や文字の色やデザインを指定
し，ハイパーテキスト（複数の文書を関連づける仕組み）など
を組み込むことができる。

以上より，誤っているものはア・ウであり，正解は**1**である。

●情報通信・個人情報保護

チェック欄

情報通信／情報通信技術・用語

重要度 A

問86 情報や通信に関する次のア～オの記述にふさわしい略語等の組合せとして，妥当なものはどれか。

ア 現実ではないが，実質的に同じように感じられる環境を，利用者の感覚器官への刺激などによって人工的に作り出す技術
イ 大量のデータや画像を学習・パターン認識することにより，高度な推論や言語理解などの知的行動を人間に代わってコンピュータが行う技術
ウ ミリ波などの高い周波数帯域も用いて，高速大容量，低遅延，多数同時接続の通信を可能とする次世代無線通信方式
エ 人が介在することなしに，多数のモノがインターネットに直接接続し，相互に情報交換し，制御することが可能となる仕組み
オ 加入している会員同士での情報交換により，社会的なつながりを維持・促進することを可能とするインターネット上のサービス

	ア	イ	ウ	エ	オ
1	SNS	IoT	5G	VR	AI
2	SNS	AI	5G	VR	IoT
3	VR	5G	AI	SNS	IoT
4	VR	5G	AI	IoT	SNS
5	VR	AI	5G	IoT	SNS

（本試験2019年問54）

●一般知識編

正解 **5**

正答率 **98**%

合格基本書

ア **VR** 現実ではないが，現実と感じられる環境を，利用者 761p
の感覚器官への刺激などによって人工的に作り出す技術を，
「VR」（Virtual Reality）という。

イ **AI** 大量のデータ等を学習・パターン認識することによ 761p
り，高度な推論や言語理解などの知的行動を人間に代わって
コンピュータが行う技術を，「AI」（Artificial Intelligence
／人工知能）という。

ウ **5G** ミリ波などの高い周波数帯域も用いて，高速大容 760p
量，低遅延，多数同時接続の通信を可能とする次世代無線通
信方式（第5世代無線通信方式）を，「5G」という。

エ **IoT** 人が介在することなく，多数のモノがインターネ 757p
ットに直接接続し，相互に情報交換し，制御することが可能
となる仕組みを，「IoT」（Internet of Things）という。

オ **SNS** 会員同士での情報交換により，社会的なつながり 756p
を維持・促進するインターネット上のサービスを，「SNS」
（Social Networking Service）という。

以上より，アは「VR」，イは「AI」，ウは「5G」，エは
「IoT」，オは「SNS」であり，正解は**5**である。

ワンポイント・アドバイス

【VR・MR・AR】

　VR（Virtual Reality／仮想現実）は，現実世界を遮断して仮想世界の
みを表示します。MR（Mixed Reality／複合現実）は，視界全面に写し
た現実世界に情報（仮想世界）を重ねます。AR（Augmented Reality
／拡張現実）は，端末上の映像等（現実世界の一部分）に情報（仮想世界）
を重ねます。

194

●情報通信・個人情報保護

情報通信／情報通信技術・用語

重要度 A

問87 インターネット通信で用いられる略称に関する次のア～オの記述のうち，妥当なものの組合せはどれか。

ア　BCCとは，Backup Code for Client の略称。インターネット通信を利用する場合に利用者のデータのバックアップをおこなう機能。

イ　SMTPとは，Simple Mail Transfer Protocol の略称。電子メールを送信するための通信プロトコル。

ウ　SSLとは，Social Service Line の略称。インターネット上でSNSを安全に利用するための専用線。

エ　HTTPとは，Hypertext Transfer Protocol の略称。Web上でホストサーバーとクライアント間で情報を送受信することを可能にする通信プロトコル。

オ　URLとは，User Referencing Location の略称。インターネット上の情報発信ユーザーの位置を特定する符号。

1　ア・イ
2　ア・オ
3　イ・エ
4　ウ・エ
5　ウ・オ

（本試験2020年問55）

●一般知識編

正答率 **62**%

- ア **妥当でない** BCCとは，Blind Carbon Copy の略称であり，同一の電子メールを複数アドレスに向けて送信する際に，その受信者の端末に，他にも受信者がいることを表示させない機能のことをいう。
- イ **妥当である** そのとおり。SMTPとは，Simple Mail Transfer Protocol の略称であり，電子メールを送信するための通信プロトコルの1つである。
- ウ **妥当でない** SSLとは，Secure Socket (Sockets) Layer の略称であり，インターネット上でデータを暗号化して送受信する仕組みの1つである。 758p
- エ **妥当である** そのとおり。HTTPとは，Hypertext Transfer Protocol の略称であり，WebサーバとWebクライアントの間でデータの送受信を行うために用いられるプロトコルの1つである。
- オ **妥当でない** URLとは，Uniform Resource Locator の略称であり，「情報」がインターネット上のどこにあるかという場所を示す文字列で，インターネットのホームページのアドレスを示している。 756p

以上より，妥当なものはイ・エであり，正解は**3**である。

【CC・BCC】
「CC」，「BCC」は，いずれも同一の電子メールを複数アドレスに向けて送信する際に使用します。「CC」とは，Carbon Copyの略称で，「CC」に入力した宛先は受信者に表示されます。だれに電子メールが送信されたのかを受信者に知らせたくないときは，「BCC」を使用します。

●情報通信・個人情報保護

| チェック欄 | | | |

情報通信／情報通信技術・用語

問88 放送または通信の手法に関する次のア〜オのうち，主としてアナログ方式で送られているものの組合せとして，妥当なものはどれか。

ア　AMラジオ放送
イ　公衆交換電話網
ウ　ISDN
エ　無線LAN
オ　イーサネット

1　ア・イ
2　ア・エ
3　イ・オ
4　ウ・エ
5　ウ・オ

(本試験2019年問56)

●一般知識編

正答率 **90%**

- ア **妥当である** そのとおり。AMラジオ放送は，アナログ方式で送られている。
- イ **妥当である** そのとおり。公衆交換電話網における通信は，アナログ方式で送られている。
- ウ **妥当でない** ISDN（Integrated Services Digital Network）とは，電話，FAXなどさまざまなデータ通信を統合的に提供する電話通信網であり，データはデジタル方式で送られている。
- エ **妥当でない** 無線LAN（Wireless Local Area Network）とは，建物内などの比較的狭い範囲に設けられたコンピュータ・ネットワークであり，データはデジタル方式で送られている。
- オ **妥当でない** イーサネット（Ethernet）とは，建物内などの有線によるコンピュータ・ネットワーク（有線LAN）の標準規格であり，データはデジタル方式で送られている。

以上より，妥当なものはア・イであり，正解は**1**である。

ワンポイント・アドバイス

　アナログ方式とは，一般に，音声・映像等を連続的な電気信号（アナログ信号）として伝送する方式をいいます。デジタル方式とは，一般に，音声・映像等を一定間隔で得られた値（0か1）で表した信号（デジタル信号）として伝送する方式をいいます。デジタル方式で用いられるデジタル信号には，コンピュータで扱いやすい，伝送により劣化しにくいなどの特徴があります。

● 情報通信・個人情報保護

個人情報保護／個人情報保護法

重要度 B

問89 個人情報保護法*に関する次のア〜オの記述のうち，妥当なものの組合せはどれか。

ア　個人情報保護法は，いわゆる基本法的な部分と民間部門を規制する一般法としての部分から成り立っている。

イ　個人情報保護法は，国の行政機関，独立行政法人，地方自治体における個人情報保護に関する具体的な権利義務関係について定めている。

ウ　個人情報保護法は，国の行政機関における個人情報保護と地方自治体における住民基本台帳の取扱いに係る個人情報保護について規律する法律である。

エ　個人情報保護法は，インターネットの有用性と危険性にかんがみて，コンピュータ処理された個人情報のみを規律の対象としている。

オ　個人情報保護法は，個人情報の有用性に配慮しつつ，個人の権利利益を保護することを，その目的としている。

1　ア・オ
2　イ・ウ
3　ウ・エ
4　ウ・オ
5　エ・オ

（注）　＊　個人情報の保護に関する法律

（本試験2011年問54）

● 一般知識編

正解 **1**

正答率 **93**%

合格基本書

ア **妥当である** そのとおり。個人情報保護法は，官民を通じた個人情報保護の基本理念等を定めた基本法に相当する部分（第１章〜第３章）と民間事業者の遵守すべき義務等を定めた一般法に相当する部分（第４章〜第７章）から成り立つ。　763p

イ **妥当でない** ①国の行政機関，②独立行政法人，③地方自治体における個人情報保護に関する具体的な権利義務関係について定めているのは，それぞれ，①「行政機関の保有する個人情報の保護に関する法律」，②「独立行政法人等の保有する個人情報の保護に関する法律」，③各地方自治体において制定される「個人情報の保護に関する条例」である。　763p

ウ **妥当でない** 地方自治体における住民基本台帳の取扱いに係る個人情報保護について規律するのは，各地方自治体において制定される「住民基本台帳に係る個人情報の保護に関する条例」である。

エ **妥当でない** 個人情報保護法は，個人情報を，生存する個人に関する情報で，①当該情報に含まれる氏名等の記述等により特定の個人を識別することができるもの（他の情報と容易に照合することができ，それにより特定の個人を識別できることとなるものを含む。），または②個人識別符号を含むもの（２条１項）と定義しており，コンピュータ処理された個人情報のみを規律の対象としているわけではない。　764p

オ **妥当である** そのとおり。個人情報保護法は，「個人情報の適正かつ効果的な活用が新たな産業の創出並びに活力ある経済社会及び豊かな国民生活の実現に資するものであることその他の個人情報の有用性に配慮しつつ，個人の権利利益を保護することを目的とする」と定めている（１条）。　764p

以上より，妥当なものはア・オであり，正解は**1**である。

200

●情報通信・個人情報保護

個人情報保護／個人情報保護法

重要度 A

問90 個人情報保護法*の個人情報の範囲に関する次の記述のうち，妥当なものはどれか。＜複数解＞

1 個人情報保護法は，原則として生存者の個人情報を守るものであるが，死者の情報であっても，それが，同時にその遺族の個人情報でもある場合には，個人情報に含まれるものと解している。

2 個人情報保護法では，氏名のような基本的な情報は，一般に流通することが予定されているため，個人情報には含まれないと解されている。

3 個人情報保護法では，思想や病歴などに関する個人情報は，いわゆるセンシティブ情報として，他の個人情報に比べて特に慎重な取扱いをする規定をおいている。

4 個人情報保護法では，前科情報は公共の利益に関わるものであるから，個人情報に含まれないと解されている。

5 個人情報保護法の個人情報とは，情報そのもので個人が識別されるものでなければならず，他の情報と容易に照合することによって，特定個人を識別できる情報を含まない。

(注) ＊ 個人情報の保護に関する法律

（本試験2012年問55）

●一般知識編

正答率 **71**%

1 **妥当である** そのとおり。死者の情報が、同時にその遺族の個人情報でもある場合には、その遺族（生存する個人）の個人情報に含まれると解されている。 765p

2 **妥当でない** 「氏名」は、個人情報に含まれる（2条1項1号）。 764p

3 **妥当である** そのとおり。2015（平成27）年改正により、センシティブ情報に関して、「要配慮個人情報」（人種、信条、社会的身分、病歴、犯罪経歴、犯罪被害を受けた事実等が含まれる個人情報）の概念が導入された（2条3項）。要配慮個人情報を取得するためには原則としてあらかじめ本人の同意を必要とする（17条2項）など、「要配慮個人情報」については他の個人情報に比べて特に慎重な取扱いをする規定が置かれた。 765p

4 **妥当でない** 特定の個人を識別することができる前科情報も、個人情報に含まれると解される。

5 **妥当でない** 「他の情報と容易に照合することができ、それにより特定の個人を識別することができることとなるもの」は、個人情報に含まれる（2条1項1号）。 764p

ワンポイント・アドバイス

【2015（平成27）年改正後の個人情報保護法における個人情報の定義】

「個人情報」とは、生存する個人に関する情報であって、①当該情報に含まれる氏名、生年月日その他の記述等により特定の個人を識別することができるもの（他の情報と容易に照合することができ、それにより特定の個人を識別することができることとなるものを含む。）、②「個人識別符号が含まれるもの」のいずれかに該当するものをいいます（2条1項）。2015（平成27）年改正により、②「個人識別符号が含まれるもの」が追加されました。

●情報通信・個人情報保護

個人情報保護／個人情報保護法

問91 個人情報の保護に関する法律では，個人情報取扱事業者の義務について定めているが，一定の個人情報取扱事業者については，その目的によって，義務規定の適用が除外されることが定められている。次の組合せのうち，この適用除外として定められていないものはどれか。

1 町内会又は地縁による団体が，地域の交流又は活性化の用に供する目的で，個人情報を取扱う場合

2 著述を業として行う者が，著述の用に供する目的で，個人情報を取扱う場合

3 大学その他の学術研究を目的とする機関若しくは団体又はそれらに属する者が，学術研究の用に供する目的で，個人情報を取扱う場合

4 宗教団体が，宗教活動の用に供する目的で，個人情報を取扱う場合

5 政治団体が，政治活動の用に供する目的で，個人情報を取扱う場合

（本試験2014年問57）

●一般知識編

正答率 **85**%

1 **適用除外として定められていない** 個人情報取扱事業者の義務規定の適用除外として定められていない。 777p

2 **適用除外として定められている** 個人情報取扱事業者の義務規定の適用除外として定められている（76条1項2号）。 777p

3 **適用除外として定められている** 個人情報取扱事業者の義務規定の適用除外として定められている（76条1項3号）。 777p

4 **適用除外として定められている** 個人情報取扱事業者の義務規定の適用除外として定められている（76条1項4号）。 777p

5 **適用除外として定められている** 個人情報取扱事業者の義務規定の適用除外として定められている（76条1項5号）。 777p

ワンポイント・アドバイス

【個人情報取扱事業者等の義務規定の適用除外】
① 放送機関，新聞社，通信社その他の報道機関（報道を業として行う個人を含む。）が報道の用に供する目的で取り扱うとき
② 著述を業として行う者が著述の用に供する目的で取り扱うとき
③ 大学その他の学術研究を目的とする機関もしくは団体またはそれらに属する者が学術研究の用に供する目的で取り扱うとき
④ 宗教団体が宗教活動（これに付随する活動を含む。）の用に供する目的で取り扱うとき
⑤ 政治団体が政治活動（これに付随する活動を含む。）の用に供する目的で取り扱うとき

●情報通信・個人情報保護

個人情報保護／個人情報保護法

重要度 A

問92 個人情報保護法*に関する次の記述のうち，妥当なものはどれか。

1 個人情報取扱事業者が，5000人分を超える個人情報を漏えいした場合には過料に処せられるが，5000人分以下の個人情報を漏えいした場合には過料に処せられることはない。

2 個人情報取扱事業者は，個人情報を漏えいする事故を起こした場合には，その漏えいした個人情報の質や量の多寡にかかわらず，できるだけ速やかに個人情報保護委員会に届け出なければならない。

3 個人情報取扱事業者が，あらかじめ本人の同意を得ることなく利用目的の範囲を超えて個人情報を取り扱った場合に，当該行為について発せられた個人情報保護委員会の命令に違反したときは，処罰の対象になる。

4 個人情報取扱事業者である法人の従業者が，当該法人の業務における個人情報の取扱いに関して個人情報保護委員会に虚偽報告をした場合，当該従業者個人が罰せられることはあっても，当該法人が罰せられることはない。

5 民間部門における個人情報の違法な取扱いに対する制裁は，この法律で設置された自主規制団体に委ねられており，個人情報取扱事業者は，この法律の違反について関係団体等から除名等の制裁を受けることがある。

(注) ＊ 個人情報の保護に関する法律

(本試験2012年問54改題)

●一般知識編

正解 **3**

正答率 **66**%

合格基本書

1 妥当でない 個人情報保護法には，このような規定はない。なお，個人情報取扱事業者が個人情報保護法の規定に違反して個人情報を漏えいさせた場合，個人情報保護委員会は，個人の権利利益を保護するため必要があると認めるときは，勧告等をなしうる（42条）。

2 妥当でない 個人情報保護法には，このような規定はない。なお，個人情報取扱事業者は，個人データの漏えい等が発覚した場合（メール誤送信等で軽微なもの等を除く。），その事実関係および再発防止策等について個人情報保護委員会等に速やかに報告するよう努めるものとされている（平成29年個人情報保護委員会告示第1号）。

3 妥当である そのとおり。個人情報取扱事業者は，あらかじめ本人の同意を得ないで，特定された利用目的の達成に必要な範囲を超えて，個人情報を取り扱ってはならない（16条1項）。この規定に違反した個人情報取扱事業者が個人情報保護委員会の命令（42条2項3項）にも違反した場合，1年以下の懲役または100万円以下の罰金に処せられる（83条）。

768, 775p

4 妥当でない 個人情報取扱事業者である法人の従業者が，当該法人の業務における個人情報の取扱いに関して個人情報保護委員会に虚偽報告をした場合，当該従業者は50万円以下の罰金に処せられ（40条1項，85条1号），当該法人も罰金に処せられる（両罰規定／87条1項）。

775p

5 妥当でない 個人情報保護法には，このような規定はない。個人情報取扱事業者による個人情報の違法な取扱いは，個人情報保護委員会の勧告および命令の対象となり（42条），当該命令に違反した場合に刑罰が科せられる仕組みとなっている（83条）。

775p

206

●情報通信・個人情報保護

個人情報保護／個人情報保護法

重要度 A

問93 個人情報保護法*2条2項にいう「個人識別符号」であるものとして次のア〜オのうち、妥当なものの組合せはどれか。

ア 携帯電話番号
イ 個人番号（マイナンバー）
ウ メールアドレス
エ クレジットカード番号
オ 指紋データ

1 ア・イ
2 ア・ウ
3 イ・オ
4 ウ・エ
5 エ・オ

(注) ＊ 個人情報の保護に関する法律

（本試験2018年問57）

●一般知識編

正答率 **89**%

個人識別符号とは、①「特定の個人の身体の一部の特徴を電子計算機の用に供するために変換した文字、番号、記号その他の符号であって、当該特定の個人を識別することができるもの」、②「個人に提供される役務の利用若しくは個人に販売される商品の購入に関し割り当てられ、又は個人に発行されるカードその他の書類に記載され、若しくは電磁的方式により記録された文字、番号、記号その他の符号であって、その利用者若しくは購入者又は発行を受ける者ごとに異なるものとなるように割り当てられ、又は記載され、若しくは記録されることにより、特定の利用者若しくは購入者又は発行を受ける者を識別することができるもの」のいずれかに該当する文字、番号、記号その他の符号のうち、政令で定めるものをいう（2条2項／2015（平成27）年改正）。

ア **個人識別符号ではない** 携帯電話番号は、「個人識別符号」には該当しない。
イ **個人識別符号である** 個人番号（マイナンバー）は、「個人識別符号」に該当する（2条2項2号、個人情報保護法施行令1条6号）。
ウ **個人識別符号ではない** メールアドレスは、「個人識別符号」には該当しない。
エ **個人識別符号ではない** クレジットカード番号は、「個人識別符号」には該当しない。
オ **個人識別符号である** 指紋データは、「個人識別符号」に該当する（2条2項1号、個人情報保護法施行令1条1号ト）。

以上より、個人情報保護法2条2項にいう「個人識別符号」であるものはイ・オであり、正解は**3**である。

●情報通信・個人情報保護

個人情報保護／個人情報保護法

重要度 A

問94 個人情報保護法*において，個人情報取扱事業者が個人データを第三者に提供する際に，あらかじめ本人の同意を得る必要がある場合はどれか。

1 弁護士会からの照会に応じて個人データを提供する場合
2 交通事故によって意識不明の者の個人情報を病院に伝える場合
3 児童虐待を受けたと思われる児童に関する情報を福祉事務所等に連絡する場合
4 顧客の住所，氏名を自社の取引先に提供する場合
5 医療の安全性向上のために医療事故について国に情報提供する場合

(注) * 個人情報の保護に関する法律

(本試験2013年問56)

●一般知識編

正解 **4**

正答率 **86**%

合格基本書
770p

　個人情報取扱事業者は，原則として，あらかじめ本人の同意を得ないで，個人データを第三者に提供してはならない（個人情報保護法23条1項本文）。ただし，23条1項1号～4号または2項の場合は，個人情報取扱事業者は，あらかじめ本人の同意を得ないで，個人データを第三者に提供することができる。

1　あらかじめ本人の同意を得る必要がある場合ではない　弁護士法23条の2第2項に基づく個人データの提供として，個人情報保護法23条1項1号の「法令に基づく場合」に該当する。

2　あらかじめ本人の同意を得る必要がある場合ではない　個人情報保護法23条1項2号の「人の生命，身体又は財産の保護のために必要がある場合であって，本人の同意を得ることが困難であるとき」に該当する。

3　あらかじめ本人の同意を得る必要がある場合ではない　児童虐待防止法6条1項に基づく個人データの提供として，個人情報保護法23条1項1号の「法令に基づく場合」に該当する。

4　あらかじめ本人の同意を得る必要がある　個人情報保護法23条1項各号等に該当しない。

5　あらかじめ本人の同意を得る必要がある場合ではない　個人情報保護法23条1項3号の「公衆衛生の向上又は児童の健全な育成の推進のために特に必要がある場合であって，本人の同意を得ることが困難であるとき」に該当する。

210

個人情報保護／個人情報保護法

問95 個人情報の保護に関する法律に関する次の記述のうち、正しいものはどれか。

1 個人情報取扱事業者は、個人データの取扱いの安全管理を図る措置をとった上で、個人データの取扱いについて、その一部を委託することは可能であるが、全部を委託することは禁止されている。
2 個人情報取扱事業者は、公衆衛生の向上のため特に必要がある場合には、個人情報によって識別される特定の個人である本人の同意を得ることが困難でない場合でも、個人データを当該本人から取得することができ、当該情報の第三者提供にあたっても、あらためて、当該本人の同意を得る必要はない。
3 個人情報取扱事業者は、合併その他の事由による事業の承継に伴って個人データの提供を受ける者が生じる場合には、個人情報によって識別される特定の個人である本人の同意を得なければならない。
4 個人情報取扱事業者は、地方公共団体が法令の定める事務を遂行することに対して協力する必要がある場合でも、個人情報によって識別される特定の個人である本人の同意を得た場合に限り、個人データを当該地方公共団体に提供することができる。
5 個人情報取扱事業者は、個人情報の取得にあたって通知し、又は公表した利用目的を変更した場合は、変更した利用目的について、個人情報によって識別される特定の個人である本人に通知し、又は公表しなければならない。

（本試験2020年問57）

● 一般知識編

正解 5

正答率 **69**%

合格基本書

1 **誤** 個人情報取扱事業者は，個人データの取扱いの全部または一部を委託する場合は，その取扱いを委託された個人データの安全管理が図られるよう，委託を受けた者に対する必要かつ適切な監督を行わなければならない（22条）。すなわち，全部を委託することも可能である。

770p

2 **誤** 個人情報取扱事業者は，公衆衛生の向上または児童の健全な育成の推進のために特に必要がある場合であって，本人の同意を得ることが困難であるときは，あらかじめ本人の同意を得ないで，個人データを第三者に提供することができる（23条1項3号）。なお，個人データの取得には，要配慮個人情報を除き，上記のような規制はない（17条1項，2項）。

770p

3 **誤** 合併や事業の承継に伴って個人データが提供される場合，その提供を受ける者は，個人データの第三者提供の規制における第三者にあたらない（23条5項2号）。よって，本人の同意なく個人データを提供することができる。

4 **誤** 個人情報取扱事業者は，国の機関や地方公共団体などが法令の定める事務を遂行することに対して協力する必要がある場合であって，本人の同意を得ることにより当該事務の遂行に支障を及ぼすおそれがあるときは，あらかじめ本人の同意を得ないで，個人データを国の機関や地方公共団体などに提供することができる（23条1項4号）。

770p

5 **正** そのとおり。個人情報取扱事業者は，利用目的を変更した場合は，変更された利用目的について，本人に通知し，または公表しなければならない（18条3項）。なお，個人情報取扱事業者は，個人情報を取得した場合，あらかじめ公表している場合を除き，速やかに，その利用目的を，本人に通知し，または公表しなければならないとされている（18条1項）。

769p

212

●情報通信・個人情報保護

個人情報保護／個人情報保護法

問96 個人情報保護法*に関する次の記述のうち，妥当でないものはどれか。＜複数解＞

1 匿名加工情報については，匿名加工情報取扱事業者に関する規定が設けられており，個人情報取扱事業者に関する規定は直接適用されることはない。

2 地方公共団体が取り扱う情報には，個人情報保護法の個人情報取扱事業者に関する規定が適用されることはなく，各地方公共団体が定める個人情報保護に関連する条例が適用されることになる。

3 個人情報保護法の改正において，要配慮個人情報という概念が新たに設けられ，要配慮個人情報を個人情報取扱事業者が取り扱う場合，他の個人情報とは異なる取扱いを受けることになった。

4 個人情報保護法が適用されるのは，個人情報取扱事業者が取り扱う個人情報データベース等を構成する個人データであり，個人情報データベース等を構成しない散在する個人情報は個人データではない。

5 報道機関や著述を業として行う者は，報道・著述を目的として個人情報を扱う場合にも，個人情報取扱事業者であり，部分的適用除外はあるものの個人情報取扱事業者に関する規定の適用を受ける。

(注) ＊ 個人情報の保護に関する法律

(本試験2018年問56)

●一般知識編

正解 1, 4, 5

正答率 ──

合格基本書

1 妥当でないと考えることができる 匿名加工情報については，個人情報取扱事業者による匿名加工情報の作成等（36条）の規定が適用されることからすれば，肢1は「妥当でない」と考えることができる。

2 妥当である そのとおり。個人情報保護法において「個人情報取扱事業者」とは，個人情報データベース等を事業の用に供している者をいう（2条5項本文）。ただし，①国の機関，②地方公共団体，③独立行政法人等，④地方独立行政法人を除く（2条5項ただし書）。すなわち，地方公共団体（②）は，個人情報保護法における「個人情報取扱事業者」から除かれている。よって，地方公共団体が取り扱う情報には，個人情報保護法の「個人情報取扱事業者」に関する規定が適用されことはなく，各地方公共団体が定める個人情報保護に関連する条例が適用されることになる。

766p

3 妥当である そのとおり。2015（平成27）年の個人情報保護法の改正において，「要配慮個人情報」という概念が新たに設けられた。個人情報保護法において「要配慮個人情報」とは，本人の人種，信条，社会的身分，病歴，犯罪の経歴，犯罪により害を被った事実その他本人に対する不当な差別，偏見その他の不利益が生じないようにその取扱いに特に配慮を要するものとして政令で定める記述等が含まれる個人情報をいう（2条3項）。例えば，「要配慮個人情報」については，本人の同意を得ない第三者提供の特例（オプトアウト）は適用されない（23条2項かっこ書）。

765, 771p

4 妥当でないと考えることができる 個人情報保護法において「個人データ」とは，個人情報データベース等を構成する個人情報をいう（2条6項）。もっとも，個人情報保護法の適用対象は「個人データ」に限られないことからすれば，肢4は「妥当でない」と考えることができる。

766p

214

●情報通信・個人情報保護

5　妥当でないと考えることができる　報道機関が「報道の用に供する目的」で個人情報を取り扱う場合（76条1項1号）や，著述を業として行う者が「著述の用に供する目的」で個人情報を取り扱う場合（76条1項2号）も，これらの者は「個人情報取扱事業者」であるが，第4章「個人情報取扱事業者の義務等」の規定が適用されない（76条1項）。これについて全面的適用除外であると考えれば，肢5は「妥当でない」と考えることができる。

（※）　一般財団法人行政書士試験研究センターより「選択肢
　　　1，選択肢4及び選択肢5の表現が的確でないおそれが
　　　あり，複数の正答が考えられる」として「受験者全員の
　　　解答を正解として採点する」ことが発表されました。

第2編

情報通信・個人情報保護

●情報通信・個人情報保護

個人情報保護／個人情報保護法

重要度 B

問97 個人情報保護委員会に関する次の記述のうち，妥当でないものはどれか。

1 個人情報保護委員会は，総務大臣，経済産業大臣および厚生労働大臣の共管である。

2 個人情報保護委員会は，法律の施行に必要な限度において，個人情報取扱事業者に対し，必要な報告または資料の提出を求めることができる。

3 個人情報保護委員会の委員長および委員は，在任中，政党その他の政治団体の役員となり，または積極的に政治運動をしてはならない。

4 個人情報保護委員会は，認定個人情報保護団体*が法律の定める認定取消要件に該当する場合には，その認定を取り消すことができる。

5 個人情報保護委員会の委員長，委員，専門委員および事務局の職員は，その職務を退いた後も，職務上知ることのできた秘密を漏らし，または盗用してはならない。

(注) ＊ 認定個人情報保護団体とは，個人情報の適正な取扱いの確保を目的として，個人情報保護委員会の認定（個人情報の保護に関する法律47条）を受けた団体を指す。

(本試験2019年問57)

●一般知識編

正解 1

正答率 **88**%

合格基本書

1 妥当でない 個人情報保護委員会は，内閣総理大臣の所轄に属する（59条2項）。

2 妥当である そのとおり。個人情報保護委員会は，個人情報保護法の施行に必要な限度において，個人情報取扱事業者等に対し，個人情報等の取扱いに関し，必要な報告または資料の提出を求めることができる（40条1項）。

3 妥当である そのとおり。個人情報保護委員会の委員長および委員は，在任中，政党その他の政治団体の役員となり，または積極的に政治運動をしてはならない（71条1項）。

4 妥当である そのとおり。個人情報保護委員会は，認定個人情報保護団体が認定取消要件に該当するときは，その認定を取り消すことができる（58条1項）。

5 妥当である そのとおり。個人情報保護委員会の委員長，委員，専門委員および事務局の職員は，職務上知ることのできた秘密を漏らし，または盗用してはならない（72条前段）。その職務を退いた後も，同様とする（72条後段）。

ワンポイント・アドバイス

　個人情報保護委員会は，2016（平成28）年1月1日に特定個人情報保護委員会を改組して発足しました。個人情報保護委員会は，個人情報に関する基本方針の策定および推進に関すること，個人情報および匿名加工情報の取扱いに関する監督等，認定個人情報保護団体に関すること，特定個人情報の取扱いに関する監視または監督等，特定個人情報保護評価に関すること，個人情報の保護および適正かつ効果的な活用についての広報および啓発に関することなどの事務をつかさどります（61条）。

218

●情報通信・個人情報保護

個人情報保護／行政機関個人情報保護法

問98 行政機関個人情報保護法＊に関する次の記述のうち，正しいものの組合せはどれか。

ア　この法律は，行政機関ではない会計検査院には適用されない。
イ　この法律は，行政機関の長に対し，公的個人認証の方法による安全管理措置を講じるよう義務づけている。
ウ　個人は成人にならなくとも，行政機関の長に対し，当該行政機関の保有する自己を本人とする保有個人情報の開示を請求することはできる。
エ　開示請求をする者は，開示にかかる手数料を実費の範囲内で納めなければならない。

1 ア・イ
2 ア・ウ
3 イ・ウ
4 イ・エ
5 ウ・エ

(注)　＊　行政機関の保有する個人情報の保護に関する法律

（本試験2015年問56）

●一般知識編

正解 **5**

正答率 **68**%

合格基本書

ア **誤** 行政機関個人情報保護法における「行政機関」には，会計検査院も含まれる（2条1項6号）。 778p

イ **誤** 行政機関個人情報保護法には，行政機関の長に対し，公的個人認証の方法による安全管理措置を講じるよう義務づける規定は設けられていない。なお，開示請求等における本人確認の手続については，保有個人情報の本人であることを示す書類を提示し，または提出しなければならない（13条2項）とされている。

ウ **正** そのとおり。何人も，この法律の定めるところにより，行政機関の長に対し，当該行政機関の保有する自己を本人とする保有個人情報の開示を請求することができる（12条1項）。「何人も」とあるため，未成年者も開示を請求することができる。 782p

エ **正** そのとおり。開示請求をする者は，政令で定めるところにより，実費の範囲内において政令で定める額の手数料を納めなければならない（26条1項）。 782p

以上より，正しいものはウ・エであり，正解は**5**である。

ワンポイント・アドバイス

【行政機関個人情報保護法，情報公開法における行政機関】

行政機関個人情報保護法，情報公開法における「行政機関」とは，国のすべての行政機関（内閣を除く。）を指します（行政機関個人情報保護法2条1項，情報公開法2条1項）。なお，会計検査院も「行政機関」に含まれています（行政機関個人情報保護法2条1項6号，情報公開法2条1項6号）。

220

●情報通信・個人情報保護

個人情報保護／行政機関個人情報保護法

重要度 A

問99 行政機関の保有する個人情報の保護に関する法律に関する次の記述のうち，正しいものはどれか。

1 行政機関の長は，開示請求に係る保有個人情報が他の行政機関から提供されたものであるときは，いったん開示請求を却下しなければならない。

2 行政機関の長は，開示することにより，公共の安全と秩序の維持に支障を及ぼすおそれがあると行政機関の長が認めることにつき相当の理由がある情報は，開示する必要はない。

3 行政機関の長は，開示請求に係る保有個人情報については，必ず当該保有個人情報の存否を明らかにしたうえで，開示または非開示を決定しなければならない。

4 行政機関の長は，開示請求に係る保有個人情報に個人識別符号が含まれていない場合には，当該開示請求につき情報公開法*にもとづく開示請求をするように教示しなければならない。

5 行政機関の長は，開示請求に係る保有個人情報に法令の規定上開示することができない情報が含まれている場合には，請求を却下する前に，開示請求者に対して当該請求を取り下げるように通知しなければならない。

(注) ＊ 行政機関の保有する情報の公開に関する法律

（本試験2020年問56）

●一般知識編

正答率 **90%**

1 誤 行政機関の長は、開示請求に係る保有個人情報が他の行政機関から提供されたものであるときなどは、当該他の行政機関の長と協議の上、当該他の行政機関の長に対し、事案を移送することができる（21条1項前段）。開示請求を却下しなければならないものではない。

2 正 そのとおり。開示することにより、犯罪の予防、鎮圧または捜査、公訴の維持、刑の執行その他の公共の安全と秩序の維持に支障を及ぼすおそれがあると行政機関の長が認めることにつき相当の理由がある情報は、不開示情報とされているから、行政機関の長に開示義務はない（14条5号）。 783p

3 誤 開示請求に対し、当該開示請求に係る保有個人情報が存在しているか否かを答えるだけで、不開示情報を開示することとなるときは、行政機関の長は、当該保有個人情報の存否を明らかにしないで、当該開示請求を拒否することができる（存否応答拒否（グローマー拒否）／17条）。 783p

4 誤 このような場合に、当該開示請求につき情報公開法にもとづく開示請求をするように教示しなければならないとする規定はない。

5 誤 このような場合に、請求を却下する前に開示請求者に対して当該請求を取り下げるように通知しなければならないとする規定はない。

 ワンポイント・アドバイス

【部分開示】
　行政機関の長は、開示請求に係る保有個人情報に不開示情報が含まれている場合、その部分を容易に区分して除くことができるときは、その部分を除いた部分を開示しなければなりません（行政機関個人情報保護法15条1項）。

●情報通信・個人情報保護

個人情報保護／行政機関個人情報保護法

問100 地方公共団体の行政機関における個人情報の保護に関する次のア〜オの記述のうち，誤っているものの組合せはどれか。

ア　行政機関個人情報保護法[*1]の一部の規定は，国の行政機関のみならず，地方公共団体の行政機関に対しても適用される。

イ　個人情報保護法[*2]において基本理念を掲げる規定は，地方公共団体の行政機関に対しても適用される。

ウ　地方公共団体は，法律の委任を受けずに，個人情報の保護に関する条例を定めることが可能であり，また，その内容は，地方公共団体ごとに異なってもよい。

エ　地方公共団体は，その保有する個人情報の適正な取扱いが確保されるよう必要な措置を講ずるように努めることが，個人情報保護法上求められている。

オ　地方公共団体は，個人情報の保護に関する条例を定めることが可能であるが，その職員に対する処罰については独立行政法人等個人情報保護法[*3]が適用される。

1 ア・イ
2 ア・オ
3 イ・ウ
4 ウ・エ
5 エ・オ

(注)　*1　行政機関の保有する個人情報の保護に関する法律
　　　*2　個人情報の保護に関する法律
　　　*3　独立行政法人等の保有する個人情報の保護に関する法律

（本試験2012年問57）

●一般知識編

正解 **2**

正答率 **54**%

合格基本書

ア **誤** 行政機関個人情報保護法の規定は，地方公共団体の行政機関に対しては適用されない（行政機関個人情報保護法2条1項参照）。

778p

イ **正** そのとおり。個人情報保護法は，公的部門と民間部門の双方に適用されるいわゆる「基本法部分」（第1章～第3章)」と民間部門に適用されるいわゆる「一般法部分」（第4章～第7章）とに分かれる。基本理念を掲げる規定（個人情報保護法3条）は第1章の基本法部分にあるため，地方公共団体の行政機関にも適用される。

763p

ウ **正** そのとおり。地方公共団体は，法律の範囲内で条例を制定することができ（憲法94条)，法律の委任を受けずに，個人情報の保護に関する条例を定めることができる。また，条例の内容が地方公共団体ごとに異なることも認められる（最大判昭33.10.15参照）。

エ **正** そのとおり。地方公共団体は，その保有する個人情報の性質，当該個人情報を保有する目的等を勘案し，その保有する個人情報の適正な取扱いが確保されるよう必要な措置を講ずることに努めなければならない（個人情報保護法11条1項）。

767p

オ **誤** 独立行政法人等個人情報保護法の罰則は，地方公共団体の職員に対して適用されるものではない（独立行政法人等個人情報保護法2条1項，50条以下参照）。

以上より，誤っているものはア・オであり，正解は**2**である。

224

●情報通信・個人情報保護

個人情報保護／総合

問101 情報公開制度に関する次の記述のうち、誤っているものはどれか。

1 情報公開制度については、地方自治体の条例制定が先行し、その後、国の法律が制定された。

2 国の法律の制定順序については、まず、行政機関が対象とされ、その後、独立行政法人等について別の法律が制定された。

3 地方自治体の情報公開条例は、通例、地方自治の本旨を、国の情報公開法は知る権利を、それぞれ目的規定に掲げている。

4 行政文書の開示請求権者については、国の場合は何人もとされているが、今日では、地方自治体の場合にも何人もとするところが多い。

5 開示請求手数料については、国の場合には有料であるが、地方自治体の開示請求では無料とする場合が多い。

（本試験2013年問54）

●一般知識編

正解 **3**

正答率 **29**%

合格基本書

1 **正** そのとおり。わが国においては，1982（昭和57）年頃から，地方自治体の情報公開条例が制定され，1999（平成11）年に「行政機関の保有する情報の公開に関する法律」（情報公開法）が制定された。

2 **正** そのとおり。1999（平成11）年に「行政機関の保有する情報の公開に関する法律」（情報公開法）が制定され，2001（平成13）年に「独立行政法人等の保有する情報の公開に関する法律」（独立行政法人等情報公開法）が制定された。

3 **誤** 地方自治体の情報公開条例は，通例，地方自治の本旨を目的規定に掲げている。一方，情報公開法は，「知る権利」を目的規定に掲げていない（情報公開法1条参照）。これは，政府保有の情報の開示請求権という意味での「知る権利」の議論が，法律で明記できるほど成熟していないためである。

754p

4 **正** そのとおり。「何人も」，情報公開法の定めるところにより，行政機関の長に対し，当該行政機関の保有する行政文書の開示を請求することができる（情報公開法3条）。これは，外国人や法人をも含む趣旨といえる。地方自治体の情報公開条例も，開示請求権者を「何人も」とするものが多い。

754p

5 **正** そのとおり。開示請求をする者は，原則として，政令で定めるところにより，実費の範囲内において政令で定める額の開示請求に係る手数料を納めなければならない（情報公開法16条1項）。これに対し，地方自治体では，開示請求手数料を無料として，複写の実費のみを徴収する場合が多い。

754p

226

●情報通信・個人情報保護

個人情報保護／総合

問 102 情報公開法制と個人情報保護法制に関する次の記述のうち、妥当なものはどれか。

1 行政機関の保有する個人情報の保護に関する法律は、国・地方公共団体を問わず、等しく適用される。これに対し、情報公開法制は、国の行政機関の保有する情報の公開に関する法律と地方公共団体の情報公開条例の二本立てとなっている。

2 行政機関の保有する情報の公開に関する法律は、国・地方公共団体を問わず、等しく適用される。これに対し、個人情報保護法制は、国の法律と地方公共団体の条例の二本立てとなっている。

3 情報公開法制・個人情報保護法制に基づく開示請求については、法定受託事務に関する文書・情報の場合、地方公共団体が当該文書・情報を管理している場合においても、主務大臣がその開示の許否を判断する。

4 個人情報の訂正請求に対する地方公共団体による拒否決定について、地方公共団体の個人情報保護に関する審査会が示した決定に不服のある者は、国の情報公開・個人情報保護審査会に対し審査請求をすることができる。

5 国の行政機関の長は、国に対する開示請求に係る文書に、国・地方公共団体等の事務または事業に関する情報が含まれており、監査・検査など当該事務事業の性質上、公開によりその適正な遂行に支障を及ぼすおそれがあるときには、その開示を拒否することができる。

（本試験2017年問57）

●一般知識編

正解 **5**

正答率 **79**%

合格基本書

1 妥当でない 行政機関の保有する個人情報の保護に関する法律（行政機関個人情報保護法）は，地方公共団体の行政機関については適用されない（同法2条1項参照）。これに対し，情報公開法制は，①行政機関情報公開法，②独立行政法人等情報公開法，③各地方公共団体の情報公開条例からなる。 754, 763p

2 妥当でない 行政機関の保有する情報の公開に関する法律（行政機関情報公開法）は，地方公共団体の行政機関については適用されない（同法2条1項参照）。これに対し，個人情報保護法制は，国の法律（①個人情報保護法，②行政機関個人情報保護法，③独立行政法人等個人情報保護法）と各地方公共団体の個人情報保護条例からなる。 754, 763p

3 妥当でない 法定受託事務に関する文書・情報を地方公共団体が管理している場合に，主務大臣がその開示の許否を判断するという規定はない。情報公開法制・個人情報保護法制に基づく開示請求の対象となる文書は，当該行政機関の保有するものに限られる（行政機関情報公開法3条，行政機関個人情報保護法12条1項参照）。地方公共団体が管理する文書・情報の開示請求は，当該地方公共団体に対して行うものであり，その文書・情報の開示の許否は当該地方公共団体が判断する。 754, 782p

4 妥当でない 情報公開・個人情報保護審査会は，①行政機関情報公開法，②独立行政法人等情報公開法，③行政機関個人情報保護法，④独立行政法人等個人情報保護法の規定による諮問に応じ審査請求について調査審議するために，総務省に置かれている（情報公開・個人情報保護審査会設置法2条）。よって，地方公共団体の審査会が示した決定に不服がある場合であっても，情報公開・個人情報保護審査会に対し審査請求をすることはできない。

228

●情報通信・個人情報保護

5 妥当である そのとおり。国の行政機関の長は，行政機関情報公開法・行政機関個人情報保護法に基づく国に対する開示請求に係る文書に，国・地方公共団体等が行う事務または事業に関する情報が含まれており，監査・検査など当該事務または事業の性質上，開示することによりその適正な遂行に支障を及ぼすおそれがあるときには，その開示を拒否することができる（行政機関情報公開法5条6号イ，行政機関個人情報保護法14条7号イ）。

755, 783p

ワンポイント・アドバイス

【個人情報保護法制・情報公開法制】

① 民間部門における個人情報の保護については，「個人情報の保護に関する法律」が適用されます（なお，「個人情報の保護に関する法律」は基本理念や国・地方公共団体の責務等を定める基本法部分と個人情報取扱事業者等の義務等を定める民間部門における個人情報保護の一般法部分から構成されています）。

公的部門における個人情報の保護については，国の行政機関には「行政機関個人情報保護法」，独立行政法人等には「独立行政法人等個人情報保護法」が適用されます。地方公共団体は，独自に「個人情報保護条例」を制定しています。

② 情報公開については，国の行政機関には「行政機関情報公開法」，独立行政法人等には「独立行政法人等情報公開法」が適用されます。地方公共団体は，独自に「情報公開条例」を制定しています。

●情報通信・個人情報保護

個人情報保護／総合

重要度 B

問103 情報公開法*¹及び行政機関個人情報保護法*²に関する次のア～オの記述のうち、正しいものの組合せはどれか。

ア 行政機関個人情報保護法の保有個人情報が記録されている「行政文書」は、情報公開法のそれと同じ概念である。

イ 各地方公共団体は、情報公開法の直接適用を受ける一方で、個人情報保護については個別に条例を定めて対応している。

ウ 情報公開法にも行政機関個人情報保護法にも、開示請求に対する存否応答拒否の制度が存在する。

エ 情報公開法及び行政機関個人情報保護法との関連で、開示決定等に関する審査請求を調査審議する機関として、情報公開・個人情報保護審査会が設置されている。

オ 情報公開法にも行政機関個人情報保護法にも、偽りその他不正の手段により、開示決定に基づく情報開示を受けた者を過料に処する旨の定めが存在する。

1 ア・オ
2 ア・イ・エ
3 ア・ウ・エ
4 イ・ウ・エ
5 エ・オ

(注) *1 行政機関の保有する情報の公開に関する法律
　　 *2 行政機関の保有する個人情報の保護に関する法律

（本試験2011年問55改題）

●一般知識編

正解 3

正答率 **57%**

合格基本書

ア **正** そのとおり。行政機関個人情報保護法の保有個人情報が記録されている「行政文書」(行政機関個人情報保護法2条5項)は,情報公開法2条2項に規定されている「行政文書」と同じ概念である。 754, 779p

イ **誤** 地方公共団体は,情報公開法に規定されている「行政機関」にあたらないため,同法の適用を受けない(2条1項,25条参照)。各地方公共団体は,個人情報保護のほか情報公開についても個別に条例を定めて対応している。

ウ **正** そのとおり。情報公開法(8条)にも行政機関個人情報保護法(17条)にも,開示請求に対する存否応答拒否(グローマー拒否)の制度が存在する。 755, 783p

エ **正** そのとおり(情報公開・個人情報保護審査会設置法2条1号3号)。なお,情報公開・個人情報保護審査会は,独立行政法人等の情報公開および個人情報保護についての開示決定等に関する審査請求も調査審議する(2条2号4号)。 755p

オ **誤** 偽りその他不正の手段により,開示決定に基づく情報開示を受けた者を過料に処する旨の定めは,行政機関個人情報保護法には存在する(57条)が,情報公開法には存在しない。

以上より,正しいものはア・ウ・エであり,正解は**3**である。

ワンポイント・アドバイス

【存否応答拒否(グローマー拒否)】
　存否応答拒否とは,開示請求等に係る行政文書が存在しているか否かを答えるだけで,不開示情報を開示することになる場合に,行政文書の存否自体を明らかにしないで開示を拒否することをいいます。

●情報通信・個人情報保護

個人情報保護／総合

重要度 B

問104 情報公開法[*1]および公文書管理法[*2]に関する次の記述のうち、誤っているものはどれか。

1 情報公開法も公文書管理法も国民主権の理念にのっとっているが、公文書管理法は情報公開法とは異なり、歴史公文書等の保存、利用等の規律も設けていることから、現在のみならず将来の国民への説明責任を果たすことをその趣旨に含んでいる。

2 公文書管理法は、情報公開法と同様、行政機関による行政文書の管理、歴史公文書等の保存、利用等を定めているが、独立行政法人等の文書管理は定めていない。

3 公文書管理法は、歴史公文書等のうち、国立公文書館等に移管、寄贈もしくは寄託され、または、国立公文書館の設置する公文書館に移管されたものを「特定歴史公文書等」と定義し、永久保存の原則を定めている。

4 情報公開法は行政文書の開示請求権および開示義務を定め、公文書管理法は特定歴史公文書等の利用請求があったときの対応義務を定めている。

5 情報公開法は、従前は行政文書の公開およびその管理についての規定も設けていたが、公文書管理法の制定に伴い管理の規定は削除された。

(注) *1 行政機関の保有する情報の公開に関する法律
　　 *2 公文書等の管理に関する法律

(本試験2015年問54)

●一般知識編

正解 2

正答率 **86%**

合格基本書

1 正 そのとおり。情報公開法は，<u>国民主権の理念にのっ
とり</u>，行政文書の開示を請求する権利につき定めること等に
より，行政機関の保有する情報の一層の公開を図り，もって
政府の有するその諸活動を国民に説明する責務が全うされる
ようにするとともに，国民の的確な理解と批判の下にある公
正で民主的な行政の推進に資することを目的とする（1条）。
公文書管理法は，国および独立行政法人等の諸活動や歴史的
事実の記録である公文書等が，健全な民主主義の根幹を支え
る国民共有の知的資源として，主権者である国民が主体的に
利用し得るものであることにかんがみ，<u>国民主権の理念にの
っとり</u>，公文書等の管理に関する基本的事項を定めること等
により，行政文書等の適正な管理，歴史公文書等の適切な保
存および利用等を図り，もって行政が適正かつ効率的に運営
されるようにするとともに，<u>国および独立行政法人等の有す
るその諸活動を現在および将来の国民に説明する責務が全う
されるようにすること</u>を目的とする（1条）。

754p

2 誤 <u>公文書管理法</u>は，国および<u>独立行政法人等</u>の文書管
理について定めている（1条参照）。

754p

3 正 そのとおり。<u>公文書管理法</u>は，歴史公文書等のうち，
国立公文書館等に移管，寄贈もしくは寄託され，または，国
立公文書館の設置する公文書館に移管されたものを「特定歴
史公文書等」と定義している（2条7項）。国立公文書館等
の長は，特定歴史公文書等について，25条の規定により廃
棄されるに至る場合を除き，<u>永久に保存しなければならない</u>
（15条1項）。

754p

4 正 そのとおり。情報公開法は，行政文書の開示請求権
および開示義務について定めている（3条以下）。公文書管
理法は，特定歴史公文書等の利用請求があったときの対応義
務について定めている（16条）。

754p

5 正 そのとおり。<u>2009（平成21）年の公文書管理法の制
定に伴い，情報公開法における行政文書の管理の規定は削除</u>
された。

234

●情報通信・個人情報保護

個人情報保護／総合

問105 公文書管理法（公文書等の管理に関する法律）に関する次の文章のうち，誤っているものはどれか。

1 公文書管理法には，行政機関の職員の文書作成義務を定める規定が置かれている。

2 公文書管理法は，行政機関の長が毎年度行政文書の管理の状況を内閣総理大臣に報告しなければならないと定めている。

3 公文書管理法は，行政機関の長が行政文書の管理に関する定め（行政文書管理規則）を設けなければならないと定めている。

4 公文書管理法は，行政機関の長が保存期間が満了した行政文書ファイル等を廃棄しようとするときは，あらかじめ内閣総理大臣に協議し，その同意を得なければならないと定めている。

5 公文書管理法は，行政機関の職員が行政文書ファイル等を違法に廃棄した場合の罰則について定めている。

（本試験2016年問57）

●一般知識編

正解 5

正答率 **17**%

1 **正** そのとおり。行政機関の職員は，公文書管理法1条の目的の達成に資するため，当該行政機関における経緯も含めた意思決定に至る過程ならびに当該行政機関の事務および事業の実績を合理的に跡付け，または検証することができるよう，処理に係る事案が軽微なものである場合を除き，同法4条1号～5号に掲げる事項その他の事項について，文書を作成しなければならない（同法4条）。

2 **正** そのとおり。行政機関の長は，行政文書の管理の状況について，毎年度，内閣総理大臣に報告しなければならない（公文書管理法9条1項）。

3 **正** そのとおり。行政機関の長は，行政文書の管理が公文書管理法4条～9条の規定に基づき適正に行われることを確保するため，行政文書の管理に関する定め（「行政文書管理規則」）を設けなければならない（同法10条1項）。

4 **正** そのとおり。行政機関の長は，保存期間が満了した行政文書ファイル等を廃棄しようとするときは，あらかじめ，内閣総理大臣に協議し，その同意を得なければならない（公文書管理法8条2項前段）。

5 **誤** 公文書管理法には，行政機関の職員が行政文書ファイル等を違法に廃棄した場合の罰則規定はない。

ワンポイント・アドバイス

行政文書とは，行政機関の職員が職務上作成しまたは取得した文書（図画，電磁的記録を含む）で，その職員が組織的に用いるものとして当該行政機関が保有しているものをいいます。なお，官報など不特定多数者への販売目的で発行されるもの，特定歴史公文書等，政令で特別の管理をしている歴史的・文化的・学術研究用資料を除きます（公文書管理法2条4項）。

●情報通信・個人情報保護

個人情報保護／総合

問106 消費者保護と個人情報保護に関する次の記述のうち、妥当なものはどれか。＜正解なし＞

1. 消費者庁は、消費者安全法、特定商取引法[*1]などに基づく消費者保護関連の事務に加えて、個人情報保護の基本方針に関わる事務をつかさどっている。

2. 消費者契約法における消費者も個人情報保護法[*2]における個人も、その利益を一方的に害する契約を締結させられた場合において、当該契約の無効を主張できる権利をそれぞれの法律上付与されている。

3. 個人情報保護制度は、個人と個人情報取扱事業者との間で、取り扱う個人情報の質及び量に格差が存在することをその前提とするが、消費者保護制度には、このような観点は存在しない。

4. 個人は、個人情報を不当に取り扱われるおそれがある場合には、適格消費者団体に倣って創設された適格個人情報保護団体を通じて差止めを求めることができる。

5. 消費者保護における消費者は法人及び権利能力なき社団を含むが、個人情報保護における個人は自然人を意味する。

(注) *1 特定商取引に関する法律
　　 *2 個人情報の保護に関する法律

（本試験2011年問56）

●一般知識編

正解 なし

正答率 **18**%

合格基本書

1 妥当でない 内閣府の外局である消費者庁は，消費者安全法，特定商取引法等に基づく事務をつかさどっている（消費者庁及び消費者委員会設置法2条1項，4条4号9号）。しかし，個人情報の保護に関する基本方針の策定および推進については，2015（平成27）年改正により，消費者庁の所掌事務を列挙する同法4条から削除され，個人情報保護委員会に移管された（個人情報保護法61条1号）。

774p

2 妥当でない 消費者契約法には，消費者の利益を一方的に害する条項を無効とする規定が設けられている（消費者契約法10条）。一方，個人情報保護法には，このような規定は設けられていない。

735p

3 妥当でない 個人情報保護法に基づく個人情報保護制度は，個人と個人情報取扱事業者との間で，取り扱う個人情報の質および量に格差が存在することを前提としていない（個人情報保護法1条参照）。消費者の保護（消費者の利益の擁護）を図ることを目的とする消費者契約法は，消費者と事業者との間の情報の質および量等に格差が存在することを前提としている（消費者契約法1条）。

734, 764p

4 妥当でない 個人情報保護法には，このような制度に関する規定は設けられていない（適格個人情報保護団体という団体は存在しない）。なお，消費者契約法には，不特定多数の消費者の利益を擁護するため，適格消費者団体が，事業者の不当な行為に対し差止請求権を行使することができる旨の規定が設けられている（消費者契約法12条以下）。

735p

5 妥当でない 消費者保護における消費者は，個人を意味し，法人等を含まない（消費者安全法2条1項，消費者契約法2条1項）。個人情報保護における個人は，自然人を意味する（個人情報保護法2条1項参照）。

734, 764p

238

●情報通信・個人情報保護

個人情報保護／総合

問 107 個人の情報の取扱いに関する次の記述のうち，妥当なものはどれか。

1 行政機関情報公開法[*1]では，特定の個人を識別することができなくとも，公にすることにより当該個人の権利利益を侵害するおそれがあるような情報が載っている行政文書は不開示となりうる。

2 住民基本台帳法は住民の居住関係を公証するものであるので，氏名，性別，生年月日，住所の基本4情報については，何人でも理由のいかんを問わず閲覧謄写できる。

3 戸籍法は国民個人の身分関係を公証するという機能を営むものであるので，重婚などを防ぐために，何人でも戸籍謄本等の交付請求ができるという戸籍の公開原則を維持している。

4 公文書管理法[*2]の制定により，外交文書に記載されている個人情報は，文書が作成されてから30年が経過した時点で一律に公開されることとなった。

5 行政機関個人情報保護法[*3]の下では，何人も自分の情報の開示を請求することができるが，訂正を求めることはできない。

(注) *1 行政機関の保有する情報の公開に関する法律
　　 *2 公文書等の管理に関する法律
　　 *3 行政機関の保有する個人情報の保護に関する法律

(本試験2013年問55)

● 一般知識編

正答率 **91**%

合格基本書
755p

1 **妥当である** そのとおり。「個人に関する情報（事業を営む個人の当該事業に関する情報を除く。）であって，当該情報に含まれる氏名，生年月日その他の記述等により特定の個人を識別することができるもの（他の情報と照合することにより，特定の個人を識別することができることとなるものを含む。）又は特定の個人を識別することはできないが，公にすることにより，なお個人の権利利益を害するおそれがあるもの」は，原則として「不開示情報」とされている（行政機関情報公開法5条1号本文）。

2 **妥当でない** 基本4情報に係る部分の写し（住民基本台帳の一部の写し）の閲覧は，国または地方公共団体の機関が法令で定める事務の遂行のために必要である場合や統計調査，世論調査，学術研究等公益性が高い調査研究のために必要と認められる場合等に限られる（住民基本台帳法11条，11条の2）。何人でも理由のいかんを問わず閲覧謄写が認められるものではない。

3 **妥当でない** 戸籍に記載されている者やその親族は，戸籍謄本等の交付を請求することができる（戸籍法10条1項）。しかし，それ以外の者は一定の理由がある場合に限って交付を請求できるだけであり（同法10条の2第1項），戸籍謄本等は，原則として非公開である。

4 **妥当でない** 外交記録公開に関する規則により，作成されてから30年以上経過した行政文書は，原則として公開される（同規則1条）。しかし，外交記録公開推進委員会の特別審査手続（同規則5条）を経たうえで，例外的に非公開とする場合もある。国立公文書館等の長は，特定歴史公文書等に個人情報が記録されている場合には，当該個人情報の漏えいの防止のために必要な措置を講じなければならず（公文書管理法15条3項），特定歴史公文書等に個人情報が記録さ

れている場合には，当該特定歴史公文書等の利用をさせないことができる（同法16条1項1号イ）。したがって，国が外交文書に記載されている個人情報を例外的に非公開とする場合がある。

5 妥当でない 何人も，行政機関の長に対し，当該行政機関の保有する自己を本人とする保有個人情報の「開示」を請求することができる（行政機関個人情報保護法12条1項）。また，何人も，自己を本人とする保有個人情報の内容が事実でないと思料するときは，当該保有個人情報を保有する行政機関の長に対し，当該保有個人情報の「訂正」を請求することができる（同法27条1項本文）。

【公文書管理法】

2009（平成21）年に制定された公文書管理法（「公文書等の管理に関する法律」）は，公文書の統一的な管理のルールや歴史的な公文書の保存および利用のルールを定めるとともに，その適切な運用を図るために公文書管理委員会の設置を定めています。

行政文書の管理に関する主な規定は次のとおりです。

① 行政機関の職員は，処理に係る事案が軽微であるものを除き，文書を作成しなければならない（4条）
② 行政機関の長は，文書を分類・名称を付し，保存期間等を設定しなければならない（5条1項）
③ 行政機関の長は，行政文書ファイル等を保存期間満了まで保存しなければならない（6条1項）
④ 行政機関の長は，保存期間が満了した行政文書ファイル等について，国立公文書館等に移管し，または廃棄しなければならない（8条1項）
⑤ 行政機関の長は，行政文書の管理の状況について，毎年度，内閣総理大臣に報告しなければならない（9条1項）
⑥ 行政機関の長は，行政文書の管理に関する定め（行政文書管理規則）を設けなければならない（10条1項）

●情報通信・個人情報保護

個人情報保護／総合

問 108 欧州データ保護規則（ＧＤＰＲ[*1]）に関する次のア〜オの記述のうち，妥当なものの組合せはどれか。

ア 欧州経済領域[*2]内に本社を置く企業に限りＧＤＰＲの規制対象となる。

イ 欧州経済領域内で業務を展開する企業に限りＧＤＰＲの規制対象となる。

ウ ＧＤＰＲの保護対象は，欧州各国政府の保有する各国民の個人データに限られる。

エ ＧＤＰＲの保護対象は，欧州経済領域内で取り扱われている個人データである。

オ ＧＤＰＲの規制に違反して域外にデータを移転しても制裁はない。

(注) *1 ＧＤＰＲ：General Data Protection Regulation の略
*2 欧州経済領域：ＥＵ加盟国 27 か国（なお，イギリスは，2020 年 1 月 31 日にＥＵから離脱した。）とアイスランド，リヒテンシュタイン，ノルウェーを指す。

1 ア・エ
2 ア・オ
3 イ・ウ
4 イ・エ
5 ウ・オ

（本試験2018年問55改題）

●一般知識編

正解 **4**

正答率 **83**%

合格基本書

　欧州連合（ＥＵ）加盟国（イギリスが 2020 年 1 月 31 日に
ＥＵを離脱したため，現在のＥＵ加盟国は 27 カ国）とアイス
ランド，リヒテンシュタイン，ノルウェーからなる欧州経済領
域（ＥＥＡ／European Economic Area）では，2016 年 4 月に
制定された欧州データ保護規則（ＧＤＰＲ／General Data
Protection Regulation）が 2018 年 5 月 25 日に施行された。

ア　**妥当でない**　欧州経済領域（ＥＥＡ）内に本社を置くか否
　かにかかわらず，欧州経済領域（ＥＥＡ）内で業務を展開す
　る企業は，欧州データ保護規則（ＧＤＰＲ）の規制対象とな
　る。

イ　**妥当である**　そのとおり。欧州経済領域（ＥＥＡ）内で業
　務を展開する企業は，欧州データ保護規則（ＧＤＰＲ）の規
　制対象となる。

ウ　**妥当でない**　欧州データ保護規則（ＧＤＰＲ）の保護対象
　は，欧州各国政府が保有するか否かにかかわらず，欧州経済
　領域（ＥＥＡ）内で取り扱われている個人データである。

エ　**妥当である**　そのとおり。欧州データ保護規則（ＧＤＰ
　Ｒ）の保護対象は，欧州経済領域（ＥＥＡ）内で取り扱われ
　ている個人データである。

オ　**妥当でない**　欧州データ保護規則（ＧＤＰＲ）の規制に違
　反して欧州経済領域（ＥＥＡ）外にデータを移転する行為
　は，高額の制裁金に服する。

　以上より，妥当なものはイ・エであり，正解は **4** である。

244

●情報通信・個人情報保護

個人情報保護／総合

問109 防犯カメラに関する次のア～オの記述のうち，妥当でないものの組合せはどれか。

ア　防犯カメラの設置は許可制であり，私人が設置する場合には都道府県公安委員会の許可を受ける必要がある。

イ　地方自治体の設置する防犯カメラの映像は個人情報であるとして，当該地方自治体の情報公開条例，個人情報保護条例による保護の対象となっている場合がある。

ウ　都道府県警察の設置した防犯カメラが特定の建物の入口を監視していることを理由に，裁判所により撤去を命じられた事例がある。

エ　市町村が道路など公の場所に防犯カメラを設置するためには，個別の法律の根拠に基づく条例が必要である。

オ　図書館等で防犯カメラを設置する場合，設置場所を明示し，撮影されることを知らせることが必要であるとする地方自治体がある。

1　ア・イ
2　ア・エ
3　イ・オ
4　ウ・エ
5　ウ・オ

（本試験2018年問54）

●一般知識編

正解 **2**

正答率 **75**%

合格基本書

ア **妥当でない** 私人が防犯カメラを設置するために，<u>都道府県公安委員会の許可を受ける必要はない。</u>

イ **妥当である** そのとおり。神奈川県川崎市の情報公開条例や個人情報保護条例のように，地方自治体の設置する防犯カメラの映像が条例による保護の対象となっている場合がある。

ウ **妥当である** そのとおり。大阪府警の設置した防犯カメラについて，特定の建物の入口を監視していることを理由に撤去を命じた裁判例（大阪地判平 6.4.27／1998（平成 10）年 11 月に最高裁で確定）がある。

エ **妥当でない** 市町村が公の場所に防犯カメラを設置するのに，<u>個別の法律の根拠に基づく条例を必要とする制度はない。</u>なお，千葉県市川市の「市川市防犯カメラの設置及び利用に関する条例」のように，市が公共の場所に向けて防犯カメラを設置しようとする場合には「設置利用基準」を定めて市長に届け出なければならないとされている場合があるが，法律の根拠に基づくものではない。

オ **妥当である** そのとおり。東京都品川区の「品川区立図書館防犯カメラシステムの管理および運用に関する要綱」のように，図書館での「防犯カメラの設置にあたっては，防犯カメラが設置されており，かつ，動作している旨を記載したプレート等を明示」することが必要であるとされている場合がある。

以上より，妥当でないものはア・エであり，正解は**2**である。

246

●情報通信・個人情報保護

個人情報保護／総合

重要度 B

問 110 通信の秘密に関する次のア〜オの記述のうち，妥当でないものの組合せはどれか。

ア 通信の秘密を守る義務を負うのは電気通信回線設備を保有・管理する電気通信事業者であり，プロバイダなど他の電気通信事業者の回線設備を借りている電気通信事業者には通信の秘密保持義務は及ばない。

イ 電気通信事業者のみならず，通信役務に携わっていない者が通信の秘密を侵した場合にも，処罰の対象となる。

ウ 通信傍受法*によれば，薬物関連，銃器関連，集団密航関連など特定の犯罪に限り，捜査機関が裁判所の令状なしに通信の傍受をすることが認められる。

エ 刑事施設の長は，通信の秘密の原則に対する例外として，受刑者が発受信する信書を検査し，その内容によっては差止めをすることができる。

オ 通信の秘密には，通信の内容のみならず，通信当事者の氏名・住所，通信日時，通信回数も含まれる。

(注) ＊ 犯罪捜査のための通信傍受に関する法律

1 ア・イ
2 ア・ウ
3 イ・エ
4 ウ・オ
5 エ・オ

(本試験2019年-問55)

●一般知識編

正解 **2**

正答率 **77**%

合格基本書

ア **妥当でない** 電気通信事業法は，電気通信事業者の取扱中に係る通信の秘密は，侵してはならないとしている（同法4条1項）。プロバイダなど他の電気通信事業者の回線設備を借りている電気通信事業者にも，上記義務が及ぶ。

イ **妥当である** そのとおり。電気通信事業法は，電気通信事業者の取扱中に係る通信の秘密を侵した者を処罰の対象としており（同法179条1項），通信役務に携わっていない者が通信の秘密を侵した場合にも処罰の対象となる。

ウ **妥当でない** 通信傍受法は，捜査機関が裁判所の令状（傍受令状）に基づいて通信の傍受をすることを認めている（同法3条）。

エ **妥当である** そのとおり。刑事収容施設及び被収容者等の処遇に関する法律は，刑事施設の長は，受刑者が発受信する信書を検査し（同法127条1項），発受によって刑罰法令に触れることとなる場合などその内容によっては差止め等をすることができる（同法129条）としている。

オ **妥当である** そのとおり。通信の秘密には，個別の通信に係る通信内容のほか，個別の通信に係る通信の日時，場所，通信当事者の氏名，住所，電話番号等の当事者の識別符号，通信回数等，通信の存否や意味内容を推知されるような事項すべてが含まれる。

39p

以上より，妥当でないものはア・ウであり，正解は**2**である。

248

第3編

文章理解

●一般知識編

専任講師が教える
合格テクニック
文章理解

加藤寿隆 LEC専任講師

出題のウェイト
＊2020年本試験実績。多肢選択式・記述式を含む。

憲法	民法	行政法	商法会社法	基礎法学	一般知識
9.3%	25.3%	37.3%	6.7%	2.7%	18.7%

❶文章理解への対処法

　出題形式には，要旨把握型，並べ替え型，空欄補充型，下線部説明型等の様々な形式がありますが，各形式ごとに一般的な解法があります。まずは，この一般的な解法を確認し，実際に問題を解いて，解答の導き方，論理の流れについて意識し，問題慣れすることが大切です。例年3問出題される文章理解ですが，その出題のパターンは大きく分けて3通りです。そのうち，近年は並べ替え型と空欄補充型が出題の中心となっています。一般知識科目の中で得点源にできる科目です。ぜひ，全問正解を目指してください。

●文章理解

❷要旨把握型

　要旨把握型の問題は，漠然と文章を眺めるのではなく，その文章または段落で述べられていることが「筆者の意見」であるのか「具体例の説明」等であるのかを区別しましょう。その際に，文末が「〜と考える」「〜せねばならない」「〜なのではないか」となっている文章は，筆者の意見を探す手がかりになるはずです。また，繰り返し使われている言葉，出典等も，要旨を把握するうえで重要な手がかりになります。

❸並べ替え型

　並べ替え型問題を正確に解答するための最も重要な点は，①先頭にくる文の確定と，②グループ化の2点です。①「しかし」等の接続詞や，「その」等の指示語で始まる文は原則として先頭にくることはないため，この時点で，ある程度正解肢の候補を絞り込むことができます。②グループ化のコツは，キーワードに着目すること，接続詞に着目することです。あとはグループ間の前後関係を話の展開や時系列等を根拠に見極め，正解を目指しましょう。

❹空欄補充型

　空欄補充型の問題を解くコツは，①文章全体の要旨をおおまかに把握すること，②空欄の前後の語句，表現に注意すること，③空欄を補充したうえで通読し，論旨に矛盾がないことを確認することの3点です。

●文章理解

文章理解／要旨把握型

重要度 A

問111 次のア〜オの記述のうち，本文の文章の趣旨に合っていないものの組合せはどれか。

やまとことばには，もう一つの大きな特徴がある。

いささか説明がむずかしいのだが，わたしが勝手に命名してきた「働き分類」という考え方がある。つぎのようなことだ。

たとえば美しくサクラの花が咲いている。その花におおわれた岬の鼻を，船が廻（まわ）って行く。のどかな午後，うっとりと見ているわたしの鼻さきに蝶（ちょう）がひらひらと舞う。

この花も岬の先端も，顔の鼻も，物体として見ると，みんな別物である。ところがすべてを日本人がハナと名づけたところを見ると，三者とも，どうやら同じ物だと考えたらしい。

どれも先へ出るもので，その先へ出るという動作においては三者とも別物ではない。はたして三者は別物なのか同じ物なのか。

そこをわたしはこう考える。

つまり「物」として分類すると別々のカテゴリー（範疇（はんちゅう））のものとなる三者も，動作やその結果としての状態，すなわち物の「働き」から分類すると同じカテゴリーに属するのである。

しかるに，現代人はたった一つ「物分類」しかもっていないから，花と先端と鼻とはまったく別物で，たまたま気がつくと発音が同じだぐらいにしか思っていない。

そして，「物分類」とまったく対立する「働き分類」とでもよぶべき分類法がありえることに，ほとんどの人が気づいていない。

しかしわたしの見るところ，日本人本来の分類法 ── 万物を秩序立て区分することによって知識の中に所有していく方法は，じつに「働き分類」らしいのである。

カゲということばで日本人が一括する物は，光であると同時に光のささない場所である。日なたと日かげが同じ物だなどと，物からいえば誰も信じられないのに，それを同じと考える方にわが身を合わ

●一般知識編

せて理解してみなければならない。すると，光が明滅すること，明滅する光が及ぶところを，カゲとして指定したのだということがわかる。

また，よい香りとはなやかな色どりとは，まったく別物だと，百人が百人考えて疑わない。嗅覚と視覚の違いもある，と。

しかし日本語では，両方ともニオイという。つまり一つの範囲に入れられるものが香りと色どりだというのである。

そんな馬鹿な，といわないで考えてみると，ただよい寄ってくるものが，ニオイらしい。美しい色彩は，じっと沈んでいないで，迫力をもって浮き立ってくる。「匂うような美人」というではないか。

こうした働きは固定した物体ではないから，物質本位の思考にはなじまない。まさに物体を物体として徹底的に区別し区別していって物の個別性を認め，その上で分類し，名前をあたえてゆくという，近代科学主義とは正反対の考えが，この「働き分類」による区別である。顕微鏡まで使って分析した個別性によって物の存在を確定する方法に対して，こちらは物をいったん形から解放し，属性をたぐりよせ集めることによって，ハナとかカゲとかと一くくりにしてゆく方法である。

考えてみれば，物は分析されつくすことによって，それぞれ孤独になった。その孤独を救うために，もう一度日本古来の考え方で親戚を作ってみてはどうか。

（出典　中西進「日本語の力」より）

254

●文章理解

ア 「物分類」は現在では漢字表記と結びつき，そのものの特殊性を示すことで，働き分類の意識の希薄化につながっている。
イ 「働き」の「ハナ」は本体から離れて外へ出ている状態を認識した語ということで，花，鼻という個々の共通性を説明できる。
ウ 「働き」によって，「カゲ」を考えたとき，「火影」，「日影」から，影形(かげかたち)のような表現も成立し，光のもとである「月影」や「陰」も成立する。
エ 「物分類」は「ニオイ」のように日本人の感受性における見方の共通性を理解する方法である。
オ 「働き」の持つ基本的な特徴は，日本人が漢字を使用することを可能にしたことであり，「物分類」の基礎となっている。

1 ア・ウ
2 イ・エ
3 イ・オ
4 ウ・エ
5 エ・オ

(本試験2011年問59)

●一般知識編

正解 **5**

正答率 **73**%

合格基本書

ア　**趣旨に合う**　本文では，現在の「物分類」の考え方について，「物体を物体として徹底的に区別し区別していって物の個別性を認め，その上で分類し，名前をあたえてゆく」と説明されている。肢アの「漢字表記と結びつき，そのものの特殊性を示す」とは，この「個別性を認めて分類し名前を与える」にあたる。

イ　**趣旨に合う**　本文の第5段落に書かれており，本文の趣旨に合致する。

ウ　**趣旨に合う**　本文によれば，「働き分類」によれば，カゲということばは，「光であると同時に光のささない場所」「光が明滅すること，明滅する光が及ぶところ」を指すといえる。そうだとすれば，光が届かない場所である「影形」や，光そのものである「光のもと」も「働き分類」からすると，「カゲ」といえる。よって，本文の趣旨に合致する。

エ　**趣旨に合わない**　本文によれば，日本人の感受性における見方の共通性を理解する方法は，「働き分類」であって，「物分類」ではない。

オ　**趣旨に合わない**　漢字の使用は，物体に個別の意味を与えることに役立つといえるので，物の個別性を高めることつながる。それゆえ，漢字の使用が「物分類」の基礎となっているという肢オの後半部分の記述は本文の趣旨に合致している。しかし，肢オの前半部分では，これを，「働き」の持つ基本的な特徴であるとしており，この点が誤っている。「働き」の持つ基本的な特徴は，本文によれば，「物の属性」の共通性を探ることにあるといえる。

以上より，本文の趣旨に合っていないものはエ・オであり，正解は**5**である。

256

チェック欄

●文章理解

文章理解／並べ替え型

重要度 B

問 112 次の枠内のⅠおよびⅡの記述は，本文の空欄 ア ～ エ のいずれかに当てはまる。その組合せとして適当なものはどれか。

Ⅰ　たしかに，われわれは，そういうけじめというか，ここまでだ，ここで終わる，ということをあらためて言うことによって次の場面に移っていく，という傾向があるようです。「二人以上の人間が，ある「こと」の場にいて，先行の「こと」につづいて，新しい「こと」をはじめようとする場合，日本人はどうしても「それでは」「では」という言葉によって先行の「こと」を終え，新しい「こと」に立ち向かうという姿勢を見せないことにはどうにも納まりが悪いところがある」（荒木同書）というわけです。

Ⅱ　あるいは電車のアナウンスや，車掌のふるまい。何時何分発の何々行きとアナウンスがあって，車掌の指差し確認があって，そのあと笛がピーッと鳴って電車がゆっくりと出て行く──。われわれには安全確認という名のもとの，まったく見慣れた光景ですが，これもかなり特殊なことのようです。

　日本人の認識や行動のあり方を身近な言葉遣いの側面から分析した荒木博之さんの『やまとことばの人類学』は，以上のような「さらば」「さようなら」について次のように説明しています。

　　…日本語の別れの言葉である「さらば」も，いままでの「こと」が終わって，自分はこれから新しい「こと」に立ち向かうのだという心のかまえを示す特別ないい方であるといっていいのである。

　　日本人が古代から現代に至るまで，その別れに際して常に一貫して，「さらば」をはじめとする，「そうであるならば」という意のいい方を使ってきたのは，日本人がいかに古い「こと」から新しい

●一般知識編

「こと」に移ってゆく場合に，必ず一旦立ち止まり，古い「こと」
と訣別しながら，新しい「こと」に立ち向かう強い傾向を保持して
きたかの証拠である。

(中略)

この説明には，この世の出来事を一つ一つの「こと」の連なりとし
てとらえるという日本人の人生や世界のとらえ方の，ある特徴が前
提にされています・・・が，それは具体的には，こういう例で語られる
ようなことです。

たとえば，日本の小，中学校などでする，起立・礼・着席といった
ような礼節のあり方。これは外国にはあまり見られない，日本人の
「こと」の対処の仕方であり，始まり・終わりを言葉に発してきちん
と確認しながら，一つ一つの「こと」を進めていこうとする態度で
ある，と。

| ア |

さらには，かけ声，囃し，呪言などでも，われわれは，「ヤア」「ド
ッコイショ」「チョイト」「コリャコリャ」などと声を出して当面の
事柄を進めて行くが，「囃し」とは「『生やし』『早し』などと同根で
あって，あるものの生成を促進せしめ，生成を促す力を与える」呪
言でもあると同書では説明されています。「言語を発することによっ
て，あるいは，言語の呪力に頼ることによって，ひとつひとつ処理
していこうとする態度」ということでもあります。

| イ |

こうした荒木さんの指摘を受けて思い起こしたのですが，小林康夫
とフランス・ドルヌの共著『日本語の森を歩いて』という本は，次の
ような面白いエピソードを伝えています。——著者のドルヌさんが
初めて日本語で研究発表をしたとき，結論を述べて発表を終えたつ
もりが，聴衆からは何の反応もなかった，と。その原因は，「以上で
す」という言葉が最後になかったからなのだ，というわけです。

●文章理解

| ウ |

　つまり，あらためて「さようであるならば」と，言葉に出して，その言葉の力もふくめて，先行の「こと」を確認し終えて，あたらしい「こと」に移行し始めようとするところに，「さようなら」が日本人の別れのあいさつになってきたということです。

| エ |

（出典　竹内整一「日本人はなぜ『さようなら』と別れるのか」より）

	I	II
1	イ	ア
2	イ	ウ
3	ウ	ア
4	ウ	イ
5	エ	イ

（本試験2011年問58）

第**3**編　文章理解

● 一般知識編

正解 3

正答率 **57**%

まず，Ⅰの記述を検討する。Ⅰの記述が「たしかに」で始まっていることから，その直前の記述は，「われわれは，そういうけじめというか，ここまでだ，ここで終わる，ということをあらためて言う」という内容と合致するものでなければならない。これに該当するのは，空欄ウの直前である。空欄ウの直前では，『日本語の森を歩いて』という本にあるエピソード（「日本語で研究発表をしたとき，結論を述べて発表を終えたつもりが，聴衆からは何の反応もなかった」のは，「『以上です』という言葉が最後になかった」ことが原因である）が述べられている。また，Ⅰの記述には，「先行の『こと』につづいて，新しい『こと』をはじめようとする場合」とある。空欄ウの直後をみると，「先行の『こと』を確認し終えて，あたらしい『こと』に移行し始めようとするところ」と，Ⅰの記述と同趣旨のものがある。これらにより，Ⅰの記述が当てはまるのは，空欄ウである。

次に，Ⅱの記述を検討する。Ⅱの記述が「あるいは」で始まっていることから，Ⅱの記述の直前においても，「電車のアナウンスや，車掌のふるまい」が「かなり特殊」であることと同趣旨の内容が述べられていなくてはならない。これに該当するのは，空欄アの直前である。空欄アの直前では，「日本の小，中学校などでする，起立・礼・着席といったような礼節のあり方」が「外国にはあまり見られない」とある。空欄アの直後をみると「さらには」に続いて，「かなり特殊」なものの具体例として「かけ声，囃し，呪言」について述べられている。これらにより，Ⅱの記述が当てはまるのは，空欄アである。

以上より，Ⅰが当てはまるのはウ，Ⅱが当てはまるのはアであり，正解は**3**である。

260

MEMO

第3編 文章理解

| チェック欄 | | | |

文章理解／並べ替え型

問113 本文の後に続く文章を，ア〜オの記述を並べ替えて作る場合，順序として適当なものはどれか。

どんな場合でも，根拠は多い方がいいのかというと，そうは問屋が卸さない。一つ一つの根拠が，独立して見れば正しくても，それらが併せあげられることで，根拠間で不両立が生じてしまうからである。(中略)

例えば，このような議論はどうだろうか。日本の商業捕鯨再開に反対する人が，その根拠としてあげたものである。

a 「鯨は高度の知能をもった高等な哺乳類である」
b 「欧米の動物愛護団体の反発を招き，大規模な日本製品の不買運動が展開される恐れがある」

レトリックでは，aの型の議論を「定義（類）からの議論」，bの型の議論を「因果関係からの議論」と呼ぶ。そして，同一の主題について，同一の論者が，同時にこの二つの議論型式を用いるとき，それはしばしばその論者の思想に不統一なものを感じさせる。

具体的に説明しよう。aの議論では，何よりも，鯨が人間に近い高等な生き物であるからこそ，捕鯨に反対する。つまり，鯨とはどのような生物かという性格づけをその根拠としている。この場合，捕鯨再開がもたらす結果は，考慮の埒外にある。それが外国の非難を浴びようが，あるいは歓迎されようが，そんなことは関係ない。鯨が高等生物であるがゆえに，食料にする目的で捕獲してはいけないと言っているのである。

これに対し，bの議論は，鯨のことなど問題にしてもいない。それはただ，商業捕鯨再開が招きかねない経済的制裁を憂慮しているにすぎない。だから，もし捕鯨再開に対して何の反発も起きないのであれば，鯨などいくら獲ってもかまわないということになる。

このように，aの議論とbの議論の背後には，それぞれ独自の哲学・思想があり，それがお互いを否定し，また不必要なものとする。

●文章理解

(出典　香西秀信「論より詭弁　反論理的思考のすすめ」より)

ア　本質論に立つaからすれば，bのようなプラグマティックな考えはむしろ排斥しなければならないからだ。
イ　したがって，説得力を増す目的で，aの議論にbの議論を加えることは，かえってaの議論の真摯さに疑いをもたれる結果となろう。
ウ　bの議論にとって，捕鯨が正しいかどうかということは何の関係もない。
エ　これにaの議論が加われば，いかにも取って付けたような印象が残るだけである。
オ　逆に，bの議論にaの議論を付け加えたとき，それはまったく無関係な，不必要なことをしているのである。

1　アーウーエーオーイ
2　アーオーイーエーウ
3　イーアーオーウーエ
4　イーウーアーエーオ
5　ウーイーアーオーエ

(本試験2012年問58)

●一般知識編

正解 **3**

正答率 **69**%

　ア～オの内容を確認すると，aの議論にbの議論を付け加えることについて述べているのがア・イのグループであり，bの議論にaの議論を付け加えることについて述べているのがウ・エ・オのグループである。

　どちらのグループが先にくるかを検討すると，オに「逆に」とあることから，ア・イのグループが先にくることがわかる。

　ア・イのグループのうち，アの末尾に「～からだ。」とあることから，アは，イにおける結論の理由付けをしている。よって，イ－アという順序であり，正解は**3**であることがわかる。

　一方，ウ・エ・オのグループのうち，エの冒頭の「これ」とは，ウの「bの議論」を指している。よって，ウ－エという順序であり，「逆に」で始まるオが，ウ・エ・オのグループの冒頭にくることがわかる。

　以上より，順序として適当なものはイ－ア－オ－ウ－エであり，正解は**3**である。

MEMO

第3編　文章理解

| チェック欄 | | | |

文章理解／並べ替え型

重要度 A

問 114 本文中の空欄に入る文章をア〜エの文を並べ替えて作る場合，順序として適当なものはどれか。

　接続詞は論理的か，というのは難しい質問です。論理学のような客観的な論理に従っているかという意味では，答えはノーです。もし厳密に論理で決まるのであれば，以下のように，論理的に正反対の事柄に両方「しかし」が使えるというのは説明できません。

・昨日は徹夜をして，今朝の試験に臨んだ。しかし結果は0点だった。

・昨日は徹夜をして，今朝の試験に臨んだ。しかし結果は100点だった。

　暗黙の了解として，前者の例では「徹夜をするくらい一生懸命準備すればそれなりの点が取れるだろう」があり，後者の例では，「徹夜をするくらい準備が不足していたのなら（または徹夜明けの睡眠不足の状態で試験を受けたのなら）それなりの点しか取れないだろう」があったと考えられます。このことは，接続詞の選択が客観的な論理で決まるものではなく，書き手の主観的な論理で決まることを暗示しています。

（中略）

　接続詞で問われているのは，命題どうしの関係に内在する論理ではありません。命題どうしの関係を書き手がどう意識し，読み手がそれをどう理解するのかという解釈の論理です。

　もちろん，言語は，人に通じるものである以上，固有の論理を備えています。

　わかりやすくいうと，文字情報のなかに理解の答えはありません。

●文章理解

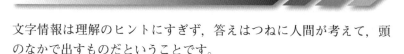

文字情報は理解のヒントにすぎず、答えはつねに人間が考えて、頭のなかで出すものだということです。

(石黒圭「文章は接続詞で決まる」より)

ア　じつは、人間が言語を理解するときには、文字から得られる情報だけを機械的に処理しているのではありません。

イ　しかし、その論理は、論理学のような客観的な論理ではなく、二者関係の背後にある論理をどう読み解くかを示唆する解釈の論理なのです。

ウ　文字から得られる情報を手がかりに、文脈というものを駆使してさまざまな推論をおこないながら理解しています。

エ　接続詞もまた言語の一部であり、「そして」には「そして」の、「しかし」には「しかし」の固有の論理があります。

1　ア→イ→エ→ウ
2　ア→ウ→エ→イ
3　イ→ウ→ア→エ
4　エ→ウ→ア→イ
5　エ→イ→ア→ウ

(本試験2013年問58)

●一般知識編

正解 **5**

正答率 **83**%

本問は，単なる並べ替えの問題ではなく，空欄部分の前後に
ある程度の長さの文章があるタイプの問題である。そのため，
①文章を読み，筆者の主張を踏まえつつ，②空欄部分に入るア
〜エの文を並べ替えることが必要である。もっとも，限られた
時間の中で解かなければいけないので，①は，筆者の主張の骨
子をつかみ，文章の流れを大まかに捉えることができればいい
であろう（②については，①をヒントにグループ化をすればよ
い）。

まず，筆者の主張の骨子をつかむと，筆者は，接続詞は「書
き手の主観的な論理（第2段落）」「書き手がどう意識し，読み
手がそれをどう理解するのかという解釈の論理（第3段落）」
で決まるとしている。これは，空欄部分の後の「答えはつねに
人間が考えて，頭のなかで出すもの（第5段落）」と重なる。

結局，筆者は，「接続詞の論理とは，主観的な解釈の論理だ」
ということを空欄部分の前と後で述べているとわかる（なお，
一読したときに，空欄の前に「固有の論理」，空欄の後に「文
字情報」という言葉が出てくることにも注意できると，グルー
プ化がしやすい）。

次に，空欄部分の並べ替えをする。

まず，肢ア・イ・ウは「主観的な解釈の論理である」という
筆者の主張が示されており，肢エは「接続詞には固有の論理が
ある」という当然の一般的説明が示されている（筆者の主張は
書かれていない）。それゆえ，〔ア・イ・ウ〕と〔エ〕にグルー
プ化できる。

最初にくる文については，空欄部分の直前に「固有の論理」
という言葉が出てきており，その説明をしている肢エが最初に
くるべきである。また，空欄部分の直前に「もちろん〜」とあ
り，それを受けて肢エがきて，その後に「しかし……」となる
のが自然である。

268

●文章理解

　肢エの後については，肢イの最初にある「その論理」は「固有の論理」を指すと考えるべきであるし，「もちろん〜しかし……」という流れで，「しかし」で始まる肢イがくるのが適当である。よって，エ→イとなり，この時点で正解は**5**であるとわかる。

　念のためエ→イ→ア→ウとなるか確かめると，肢アの次にウがくるほうが，筆者の主張がよく説明できていることは明らかである。

　以上より，順序として適当なものはエ→イ→ア→ウであり，正解は**5**である。

| チェック欄 | | |

文章理解／並べ替え型

問115 本文の後に続く文章をア〜エを並べ替えて作る場合，順序として適当なものはどれか。

「響」は「郷＋音」で成り立っています。「音が鳴りわたる」という意味から考えても，文字の構成要素に「音」が組み込まれているのは，いかにももっとも。なるほどと納得です。しかし，ではもうひとつの要素の「郷」はどういう由来なのでしょうか。(中略)

じつはこれは，ごちそうが並んだ食卓をはさんで二人の人が向き合っている姿を表しているのです。

今では「郷」というと，「故郷」とか「郷里」など，「さと」「ふるさと」「いなか」の意味合いで使うことがほとんどですが，もともとは「ごちそう＋向かい合った人」が語源。そうした「郷」に「音」がプラスされたのが「響」です。(中略) ごちそうが置かれたテーブルをはさんだ人同士が，「ああだ，こうだ」と会話（＝音）を交わしながら楽しく食事をしている情景を表しています。

(高橋政巳・伊東ひとみ「漢字の気持ち」より)

ア　さらに「響」という字の「音」の部分を「食」に替えたら，「饗宴」の「饗」となり，ごちそうでもてなすという意味を表します。
イ　そこからこの字には，ごちそうを一緒に食べ会話をやりとりすることで，音だけでなく「心が伝わる」という意味合いが含まれます。だから「胸に響く言葉」といえば，心に沁み入って感銘を与える言葉という意味になるわけです。
ウ　ごちそうを一緒に食べれば，会話も弾む。心も弾む。みんなでワイワイと仲良く食事をすれば，ごちそうならずとも何だっておいしく感じます。自然とみんなの顔もほころんで，楽しく幸せな気持ちになるというもの。「響」の古代漢字をながめていると，そんな和気あいあいとした食卓の風景が目に浮かんできます。

エ 食というのは、生きていくうえでもっとも基本となる大事な行為、その食をともにすることで、相手を知り、自分を伝えるというのは、コミュニケーションの原点といっても過言ではないでしょう。便利な現代社会にあっては、用件だけなら電話やメールでも伝わります。けれども、やはり直接顔を合わせて話をするのに勝るコミュニケーションはありません。さらに一緒に食事をしたならば、気持ちもほぐれお互いの距離もぐっと縮まります。

1 ア→ウ→イ→エ
2 イ→ア→エ→ウ
3 イ→ウ→エ→ア
4 ウ→イ→ア→エ
5 エ→ウ→イ→ア

(本試験2014年問60)

●一般知識編

正解 **2**

正答率 **27**%

合格基本書

　まず，アとイは言葉の意味合いを説明しているのに対し，ウとエは言葉から受けるイメージをふくらませている。

　本文は「響」という漢字の意味合いを説明しているので，後に続く文章としては，「この字」という指示語で「響」という漢字の意味合いについて説明しているイが適当である。次に，「響」という字の一部を少し替えた「饗」という字の意味を説明しているアが続く。

　この段階で，正解は**2**であるとわかる。念のため，ウとエの内容を確認してみると，「響」や「饗」という先に説明した漢字に含まれる「食」や「ごちそう」のイメージをふくらませる内容なので，エ→ウと続くのが順序として適当である。

　以上より，順序として適当なものはイ→ア→エ→ウであり，正解は**2**である。

272

MEMO

第3編 文章理解

チェック欄

文章理解／並べ替え型

問116 本文中の空欄 □ に入る文章を，あとのア〜エを並べ替えて作る場合，その順序として適当なものはどれか。

　日本で初めてのノーベル賞受賞者である物理学者，湯川秀樹さんは中間子というものの存在を夢の中で思いついたのだそうです。（中略）
　客観世界の，それも目に見えない極微の世界の構造が，湯川さんの頭の中では見えていたのです。しかも，ここがわからない，というところもちゃんとわかっていたのです。ま，もっともわかるといっても理論の世界ですから，わかったぞ！　と思った後は，陽子と中性子の相互関係を数学的に計算して，その力やその大きさがどのくらいでなければならないか，という裏付けをやらなければならず，その結果，その力はどれくらい，その大きさは電子の二〇〇倍くらい，などという具体的な予測に発展するわけですが，核子を結びつけるきずなの，おおよその様子，おおよその仕組みが，夢の中でわかったのだそうです。（中略）
　このようなわかり方はよく「直感的にわかる」，というふうに表現されます。□

□飛躍があって答えに到達しているのでは決してなく，心は心なりにある必然的な方法で，疑問を処理し，答えに到達しているのです。ただ，その経過が意識されていないだけです。

　　　（山鳥重「「わかる」とはどういうことか―認織の脳科学」より）

ア　答えは外にも中にもないのです。ちゃんと自分で作り出すのです。
イ　あるいは答えが頭のどこかにあって，その答えに直達する，ということでもありません。

●文章理解

ウ　直感的にわかる，といっても外の世界から答えが頭の中へ飛び込んでくるわけではありません。

エ　ただ，その作り出す筋道が自発的な心理過程に任されていて，意識的にその過程が追いかけられないとき，われわれはほかに表現のしようがないので，直感的にわかった，という表現を使うのです。

1　ア→イ→エ→ウ

2　ア→エ→ウ→イ

3　イ→ア→エ→ウ

4　ウ→イ→ア→エ

5　ウ→エ→イ→ア

（本試験2015年問59）

第3編

文章理解

●一般知識編

正解 **4**

正答率 **90**%

　並べ替え問題では，各文章内のキーワードや接続詞等に着目して，グループ化する方法が有用である。

　まず，アは「答えは外にも中にもない」と述べているので，アの前には，答えが外ないしは中にあることを述べた内容がくることがわかる。ウは答えが外の世界にあることについて，イは答えが頭の中にあることについて述べているので，ア，イ，ウをグループ化することができ，イ，ウがアの前にくることがわかる。そして，イの「あるいは」に着目すると，ウ→イ→アの順となる。この時点で，正解は**4**となる。

　なお，エが，ウ→イ→アの前にくるのか，後にくるのか検討すると，アは「自分で作り出すのです。」，エは「ただ，その作り出す道筋が……」と述べているので，アとエをグループ化することができる。そして，アの前にはイがくるため，エはアの後に続くことがわかる。

　以上より，順序として適当なものはウ→イ→ア→エであり，正解は**4**である。

MEMO

第3編　文章理解

| チェック欄 | | | |

文章理解／並べ替え型

問117 本文中の空欄　　　に入る文章を，あとのア〜オを並べ替えて作る場合，その順序として適当なものはどれか。

　日本には古来より，折りのかたちや，ものを包むかたちとして，西洋ばかりか東洋の中国や朝鮮にも見られない，独自の美学が生きたやり方がある。日本人の美意識によって育まれた和紙を用いた折りのかたちと，工夫を凝らした包みのかたち，現代風に言えばパッケージデザインである。

　こうした伝統的な折りのかたちや包みのかたちに私たちは，時折はっとするような美しさに出会うことがある。折ったり，包んだりする機能に幾何学的抽象の秩序のある美しさが加わり日本人独自の精神性が宿る造形美をつくりあげている。

　日本人のようにこうした折り形と包みのかたちに対して特別の思いを込める民族もめずらしいのではないだろうか。

折りの面白さだけではなく，包み込む全体の形状の美しさが優先されてきたように思う。のりを用いないパッケージとして，筆包みから手紙や色紙，花，薬，ごま塩などの包みまで，数多くの折りのかたちが残っている。

　　　（出典　三井秀樹「かたちの日本美―和のデザイン学」から）

ア　しかもその機能性にとどまらず，日本人は，これをいかに折り目正しく格好よく包みあげるかという造形美に対するひときわ高い願望を持つ。

278

●文章理解

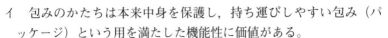

イ 包みのかたちは本来中身を保護し,持ち運びしやすい包み(パッケージ)という用を満たした機能性に価値がある。

ウ 確かに折り形には包みのかたちのような機能的な側面は少ないかもしれない。

エ ことに和紙の折り形には日本人独特の神聖視感と,しつらいの気持ちが込められている。

オ しかし,その中にも伝統的な美しい包みのかたちの側面が残されている。

1 ア→エ→イ→オ→ウ
2 イ→ア→エ→ウ→オ
3 イ→エ→ウ→オ→ア
4 エ→ア→イ→ウ→オ
5 エ→オ→ウ→イ→ア

(本試験2016年問60)

●一般知識編

正解 2

正答率 **67**%

　本文の主旨は，日本人は折りに対して，特別の思いを込めており，単なるパッケージにとどまらない折りの美しさについても気持ちが込められているということである。

　空欄の前の文章では，日本人は折り形と包みのかたちに対して特別の思いを込める民族である旨が述べられている。これを受けて，次の文章で，本来の折り形や包みのかたちは，持ち運びという機能に価値があると述べ，日本人の特別の思いの説明が続くことが予想できるから，空欄の先頭にはイがくることがわかる。そして，イでは，機能の内容を述べており，アでは，「しかも」としてさらに持ち運びという機能にとどまらず，日本人は造形美に対しても高い願望を持つと述べており，日本人の特別の思いの内容を説明しているから，イの後にはアが続くことがわかる。そして，アでは造形美に対してひときわ高い願望を持つとしており，この日本人の高い願望の内容として，ことに和紙の折り形には日本人独特の神聖視感等があると続くことがわかるから，アの次はエとなる。そして，残ったウ・オであるが，ウでは「確かに」として機能的な側面は少ないとして，それを受けて，オで「しかし」として美しい包みのかたちの側面があると内容は続くから，ウ→オと続くことがわかる。

　以上より，順序として適当なものはイ→ア→エ→ウ→オであり，正解は**2**である。

MEMO

第3編 文章理解

| チェック欄 | | | |

文章理解／並べ替え型

重要度 A

問 118 本文中の空欄 □ に入る文章を，あとのア～オを並べ替えて作る場合，その順序として妥当なものはどれか。

　一九八七年の夏，志摩の漁村をおとずれた。そこで知人の漁民から，漁の話をいろいろきいた。そのとき，海のうえでの漁場の位置はヤマをみてきめるのだ，ということを具体的にしった。そういうことをいままでしらないでもなかったが，あまり真剣にかんがえたことがなかった。それからわたしは興にひかれて漁場の本をいろいろよみあさった。

　漁師は，漁場のことをバという。そのバは，ヤマをたててきめる。魚は海のどこにでもいるわけではない。海はひろいが，魚がいるのは，その一部のごくかぎられたところである。魚がいつも群れているところは，海のなかの点でしかない。

そこで，そのバをおぼえるのには，陸をみる。たとえば，浜辺の岩とそのむこうの一本杉とをかさねて，一直線の見通し線をたてる。また，べつの方向の煙突とそのむこうの山の頂きとをかさねて，見通し線をたてる。そして，その交点にバがくるようにする。つまり，陸上の四点の地形，地物を選びだして二本の直線をひき，その交点としてバをおぼえるのである。そのような陸上のランドマークとなるものは，岩であれ，杉の木であれ，煙突であれ，山であれ，なんでもいい。漁民にしてみれば，特徴のある陸上の地形，地物はみなヤマになりうる。わたしたちが試験のときにヤマをかけるといい，ヤマカンというのは，みなこのヤマからきている。それほどたいせつなヤマだから，漁師の頭のなかには，ヤマがいっぱいつまっている。たとえば，わたしたちが船で釣にいったときなど，漁師がここ

●文章理解

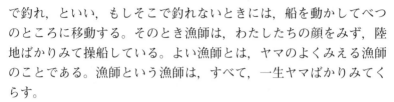

で釣れ，といい，もしそこで釣れないときには，船を動かしてべつのところに移動する。そのとき漁師は，わたしたちの顔をみず，陸地ばかりみて操船している。よい漁師とは，ヤマのよくみえる漁師のことである。漁師という漁師は，すべて，一生ヤマばかりみてくらす。

（出典　上田篤「日本の都市は海からつくられた」から）

ア　それを食べる魚がいて，またさらに大きな魚もくる。
イ　岩礁には穴がたくさんあって，そこを隠れ家とする小魚がいっぱいいる。
ウ　しかし，そこは，海のうえからみてもなにもわからない。
エ　たとえば，バでいちばんおおいのは，岩礁である。
オ　たとえわかっても，海のうえに印をつけることができない。

1　イ→ア→エ→ウ→オ
2　イ→ウ→オ→エ→ア
3　エ→イ→ア→ウ→オ
4　エ→ウ→イ→ア→オ
5　エ→オ→ウ→イ→ア

（本試験2017年問60）

●一般知識編

正解 3

正答率 **94**%

合格基本書

まず，空欄の直前で「バ」について書かれていることを踏まえ，各記述に出てくるキーワードに着目して，グループ化していく。

イとエには，「岩礁」とある。イ・エを読み比べると，「バ」の例示として「岩礁」を挙げているエが，「岩礁」の説明をしているイよりも前にくると考えられる。そうすると，「エ→イ」という並びになる。

ウ・オには，「海のうえ」とある。ウ・オを読み比べると，「わからない」とあるウのほうが，「たとえわかっても」とあるオより前にくると考えられる。そうすると，「ウ→オ」という並びになる。

アの「それ」は，魚のエサとなるものを指す。空欄の直前では，魚のエサについては書かれていないことから，イ～オをみる。イには，魚のエサとなるものとして「小魚」が書かれている。そうすると，「イ→ア」という並びとなり，これに「エ→イ」を重ね合わせると，「エ→イ→ア」という並びになる。

以上より，順序として妥当なものはエ→イ→ア→ウ→オであり，正解は**3**である。

284

MEMO

第3編　文章理解

| チェック欄 | | | |

文章理解／並べ替え型

問119 本文中の空欄　　　に入る文章を，あとのア～オを並べ替えて作る場合，その順序として妥当なものはどれか。

　それにしても，科学というものは，常識的なものの見方を超えた客観性をもつと考えられている。深い経験的な知識が，特定の範囲にかぎって「ほぼ妥当する」のとは違って，科学の知識は「いつでも必ず成り立つ客観性」をもつと信じられている。なぜこのように，科学は万能ともいえる「絶対的な客観性」をもっているのだろうか。万能というと，これはもう信仰の対象に近く，わたしたちは宗教と似たかたちで，科学の客観性を信じているのかもしれない。ところが，実のところ科学は，もっと控えめな客観性しか持ち合わせていないのである。それでも立派に科学の役割は果たされる。

　たとえば，技術上の画期的なアイデアが生まれた場面や，科学的な知識が革命的な飛躍をとげた場面を調べてみると，それらの場面ではほとんど例外なく，発明家や科学者たちが驚きとともに斬新な「ものの見方」を獲得していた事実に気づかされる。科学の歴史をたどると，それこそ無数に実例があるのだが，ここでは話を分かりやすくするために，より身近な具体例で考えてみたい。

（出典　瀬戸一夫「科学的思考とは何だろうか」から）

ア　深い経験的な知識や知恵が，驚きとともにわたしたちの目を見開かせ，常識の揺らぎを新たな発見へと誘うように，科学にもこれと同様の性格が備わっている。

イ　その客観性は人間の主体的な創造へとつながる「ものの見方」に由来するのである。

●文章理解

ウ　しかし，その性格は，信仰に類する絶対的な客観性や万能性とは違う。

エ　科学はむしろ「控えめな客観性」に留まる点で素晴らしい。

オ　科学がもつのは，もっと控えめな客観性にすぎない。

1　ア→ウ→イ→オ→エ

2　エ→ア→ウ→オ→イ

3　エ→ウ→イ→ア→オ

4　オ→イ→ウ→エ→ア

5　オ→ウ→ア→エ→イ

（本試験2020年問59）

第**3**編

文章理解

287

●一般知識編

正解 **2**

正答率 **78**%

合格基本書

アは「……科学にもこれと同様の性格が備わっている。」とし，ウは「しかし，その性格は……」としている。そこで，ウは，アを受けて，アで示された性格について説明していると考えられる。したがって，ア→ウの順となる。

ウは「……その性格は，信仰に類する絶対的な客観性や万能性とは違う。」とし，オは「科学がもつのは，もっと控えめな客観性にすぎない。」としている。そこで，オは，ウで述べられた科学の客観性は信仰の絶対的な客観性と違うことを受けて，信仰との比較の観点から科学のもつ客観性について述べていると考えられる。したがって，ウ→オの順となる（ア→ウ→オの順となる）。

エは「科学はむしろ『控えめな客観性』に留まる点で素晴らしい。」とし，空欄の前の文章は「……実のところ科学は，もっと控えめな客観性しか持ち合わせていないのである。それでも立派に科学の役割は果たされる。」としている。そこで，エは，空欄の前の文章で科学は控えめな客観性しかないが役割は果たされることを受けて，これを「素晴らしい」と評価していると考えられる。したがって，空欄の最初はエとなる。

イは「その客観性は人間の主体的な創造へとつながる『ものの見方』に由来するのである。」とし，空欄の後の文章は「たとえば技術上の画期的なアイデアが生まれた場面……発明家や科学者たちが驚きとともに斬新な『ものの見方』を獲得していた事実に気づかされる。」としている。そこで，空欄の後の文章は，イを受けて，その具体例について述べていると考えられる。したがって，空欄の最後はイとなる。

以上より，順序として妥当なものはエ→ア→ウ→オ→イであり，正解は**2**である。

288

第3編 文章理解

| チェック欄 | | | |

文章理解／空欄補充型

問 120 本文中の空欄 ア ～ エ に当てはまるものの組み合わせとして，適切なものはどれか。

　情緒性は，「離れてありながら他とともにある」という人間の実存のしかたを，身体としての内的な「自己」の水準と，社会的な関係性として外部化された「自己」の水準との，ちょうど中間に位置するレベルに向かって表出した「自己」であるという言い方ができる。(中略)

　たとえばあなたが，ある人を見て恋しいと感じたとする。あなたは胸がわくわくするという身体的な変化を自覚するかもしれない。しかし，そうした身体的な変化にのみ着目するかぎり，それをもって「情緒の表出」という概念のすべてを説明したことにはならない。なぜなら，「胸のわくわく」はそれ自体としては，まさにそういうもの以外のなにものでもないからだ。

　それは脈搏の変化として物理的に計測することができる。しかし，脈搏の変化は恐怖によっても，不安によっても，栄誉への期待によってもおこりうる。物理的な計測のレベルでは，それらは同じ現象としてしかあらわれない。あなたはいまの「胸のわくわく」が相手を恋しいと思う気持ちと結びついているのであって，恐怖に結びついているのではないことを知っているが，その質的な〈意味〉の差異を脈搏の変化という物理的な計測によってはかることはできない(中略)。

　他方，あなたはその自分の感情を，「私はきっとあの人が好きなのにちがいない」と自分に向かってことばで表現したり，また，本当に相手に向かって「私はあなたが好きだ」と語りかける外的な行為に踏み出したりするとする。この場合，いずれにせよそれはすでに「ことば」という ア 的な関係性の水準として表出されている。

　ところで，自分の情緒性の変化の自覚を，内的な言語であれ，外的な言語であれ，そのように「ことばとしての表出」そのものに限定

●文章理解

して把握してしまったら，やはりそれだけでは，あなたが実現した「情緒」の概念を満たしたことにはならない。あなたの感じた「情緒」は，そうした「ことば」に必然的に結びつくものにはちがいないかもしれないが，その中心点は，表出されたことばの手前に位置しているはずだ。

つまり，そのように，情緒性とは，ある[　イ　]的な状態と，[　ウ　]的な言語として意識された状態あるいは[　エ　]的な言語として表出する行為との両方にまたがり，かつその両方に常に結びつきうる可能性を備えた，一種独特な「自己」のあり方であり，世界への開かれ方なのである。そして，ある特定の情緒にあなたが見舞われるということは，その独特な「自己」のあり方，世界への開かれ方を基盤として，身体と意識と，またある場合には外的な行為の場とに向かって発せられた，自己変容の運動（活動）そのものを意味している。

（出典　小浜逸郎「大人への条件」より）

第3編 文章理解

	ア	イ	ウ	エ
1	社会	身体	内	外
2	社会	感情	私	外
3	公	身体	私	社会
4	公	感情	内	身体
5	外	身体	内	社会

（本試験2011年問60）

291

●一般知識編

正解 **1**

正答率 **68**%

合格基本書

　まず，空欄アを検討する。空欄アを含む第4段落では，自分の感情を自分に向かってことばで表現すること，あるいは相手に向かって語りかけることが，「『ことば』という　ア　的な関係性の水準として表出されている」ものであることが述べられている。第1段落をみると「社会的な関係性として外部化された『自己』の水準……表出した」とある。したがって，空欄アには「社会」が入る。

　次に，空欄イを検討する。第6段落第1文で「　イ　的な状態」と「意識された状態」を対比している。情緒性について，2つの要素にまたがるという説明は，第1段落で示されており，「言語として意識された状態」は，第1段落での「社会的な関係性として外部化された『自己』の水準」にあたる。そのため，「　イ　的な状態」は，第1段落での「身体としての内的な『自己』の水準」にあたり，　イ　には，「身体」が入る。

　　ウ　については，第1段落の「社会的な関係性として外部化された『自己』の水準」からは答えは導けない（「内」か「私」かの判断がつかない）が，「言語として意識された状態」については，第5段落でも説明がなされており，第5段落において，「自分の情緒性の変化の自覚を，内的な言語であれ，外的な言語であれ，そのように『ことばとしての表出』そのものに限定して把握」するのではないということが述べられている。したがって，空欄ウには「内」，空欄エには「外」が入る。

　以上より，アには「社会」，イには「身体」，ウには「内」，エには「外」が入り，正解は**1**である。

292

| チェック欄 | | | | ●文章理解

文章理解／空欄補充型

重要度

問 121 本文中の空欄に入るものとして適当なものはどれか。

　「カフェ」という催しが静かに浸透してきています。「カフェ」といっても喫茶店のことではありません。「サイエンス・カフェ」とか「哲学カフェ」「アートカフェ」といった類の，少人数でおこなうディスカッションの会のことです。市民が三々五々集まり世情について自由に論議し，その議論を活字化するあのジャーナリズムの原型とも言うべきものを生んだ，英国のコーヒーハウスにちなんで，そう名づけられたとされています。

　じつはわたしも一五年ほど前から「哲学カフェ」なるものを，町なかの集会所で，あるいはお寺の一室を借りて，そしてときにじっさいに喫茶店でもやってきました。何について議論するかは，集まった顔ぶれでその場で決める。そしてテーマに即して，誰かがまずじぶんの経験を，そしてその解釈を語りだしたあとは，それを糸口に延々三時間から五時間，あれこれ話しあう。ルールは単純です。たがいに名を名乗るだけで所属も居住地もあきらかにしない，人の話は最初から最後まできちんと聴く，他人の著書や意見を引きあいに出して長々と演説をしない，この三つだけです。研究室の同僚や大学院生がそれぞれにやってきた分まで数えあわせると，もう数百回になるでしょうか。

　ある日，もっとも年配の参加者が最後にぽつりと口にした言葉が忘れられません。司会をしていた大学院生がまとめに窮しているときに，そのご老人がたまらず口をはさみました。「まとめんでいい。知りあいでもない孫のような歳の子とこんなに長く『家族とは何か』ということをまともに話しあったというだけで満足や」，と。

　よく考えてみれば，自由社会と言いながら，たがいに見ず知らずの老若男女が「他人のことが分かるというのはどういうことか？」「正しいとはどういうことか？」などについてほとんど正面から議論す

● 一般知識編

る経験をもたずにきた，ということじたいがヘンなのです。

　むかし，まだ大学院生のころ，学区の婦人会の人に頼まれて，数年間，読書サークルのリーダーをやったことがあります。哲学カフェでもそうなのですが，会が始まるまではお菓子を口にしながら雑談に興じていた面々が，「それじゃ始めましょうか」という一メンバーの声によって，別の水準に身を置きなおす。それは，ふだんのたがいの関係をいったん解除する合図であり，その一言で不思議なことに言論のチャンネルがぱたっと変わる。そう，口ぶりまで変わるのです。かつて武士が刀を外し，庭側にある小さな躙り口から身をかがめて入るという茶席での作法も，そのようにみずからの身柄や属性を解除する意味をもっていたのだと想像されます。

　「市民」になるというのも，そういうことではないのでしょうか。「市民」とは住民でも国民でもない。縁とかしがらみとか制度とかを超えた次元にみずからを置きなおして，ことがらに即した議論をするということ，じぶんにいま見えている世界を他者のいまいる場所から見えている世界と照合し，それらを摺りあわせるなかで，「公論」（パブリック・オピニオン）形成への通路を見いだすこと。これは，「ニュースショー」という名でじつは「民衆感情」（ポピュラー・センチメント）をなぞっている，あるいは煽っているにすぎない報道メディアには流されない，そのようなまなざしの定点をもつことなのです。（中略）

　問題のコアにあるものについて議論するに先立ち，まずは土俵を埋めると言ったらいいのでしょうか，共通な話題を探して，そのあたりでひとしきりたがいを撫であったあとでいよいよ本題に入っていくというのが，これまでわたしたちがなじんできた対話の作法でした。いまわたしたちに必要なのは，そうではなくて，□□□□□□□□□，そのような作法なのではないかと思うのです。

　　　　　　　　　（鷲田清一『語りきれないこと─危機と傷みの哲学』より）

●文章理解

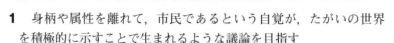

1 身柄や属性を離れて,市民であるという自覚が,たがいの世界を積極的に示すことで生まれるような議論を目指す
2 共通した結論に至ることを最重要な課題として,たがいの共通性を認めあう議論を前提とする
3 年齢や職業などさまざまである人々がそれぞれの立場を超えた形で行う,ナチュラルな議論を設定する
4 早急に結論をまとめることはせず,市民層へ幅広く広がっていくことが期待できるような議論を試みる
5 たがいに見知らぬ者どうしが,見知らぬままでともに直面している問題について公共的な議論を交わす

(本試験2012年問59)

●一般知識編

正解 **5**

正答率 **35**%

合格基本書

1の「市民であるという自覚が，……生まれるような議論を目指す」という記述が正しければ，「市民であるという自覚が生まれることを目指すのが対話の作法である」ということになる。しかし，筆者は本文の第6・7段落において，「市民であるという自覚を目指すべき」と主張しているのではなく，「しがらみとか制度とかを超えた次元にみずからを置きなおして……議論をするということ」それ自体が重要であるということを主張している。それゆえ，**1**は空欄には入らない。

2の「共通した結論に至ることを最重要な課題として」という記述は，本文第6段落の「それらを摺りあわせるなかで，『公論』（パブリック・オピニオン）形成への通路を見いだすこと」という記述と合致しない。

3の「ナチュラルな議論を設定する」という記述は，本文第6段落の「ことがらに即した議論をするということ」という記述と合致しない。

4の「市民層へ幅広く広がっていくことが期待できる」という記述は，本文第6段落の「『公論』（パブリック・オピニオン）形成への通路を見いだす」という記述と合致しない。

5の記述は，本文の第6段落・第7段落において，「しがらみとか制度とかを超えた次元にみずからを置きなおして……議論をするということ」それ自体が重要であるということを主張していることに合致する。

以上より，本文中の空欄に入るものとして適当なものは「**5**＝たがいに見知らぬ者どうしが，見知らぬままでともに直面している問題について公共的な議論を交わす」であり，正解は**5**である。

296

チェック欄　　　　　　　　　　　　　　　　　　　●文章理解

文章理解／空欄補充型

重要度 A

問 122 本文は、川端康成の小説『伊豆の踊子』に関する文章である。伊豆を徒歩旅行中の主人公（旧制第一高等学校の学生）は旅芸人の踊子達と道連れとなった。
冒頭に引用されている場面（下線を施した部分）は、別々の宿に泊まった翌朝、朝風呂に入って主人公を対岸の共同浴場から見つけた踊子の様子を描いたものである。
本文中の空欄 I ～ IV に当てはまるものの組合せとして、適切なものはどれか。

仄暗い湯殿の奥から、突然裸の女が走り出して来たかと思ふと、脱衣場の突鼻に川岸へ飛下りさうな格好で立ち、両手を一ぱいに伸して何か叫んでゐる。手拭もない真裸だ。それが踊子だつた。若桐のやうに足のよく伸びた白い裸身を眺めて、私は心に清水を感じ、ほうつと深い息を吐いてから、ことこと笑つた。子供なんだ。

　（中略）主人公が、コトコト笑った背景を確認しておこう。

　今から八〇年も前の話。旅芸人は、かなり差別的に扱われ、この話も、踊子は、時に身を売ることだってある、という設定で書かれている。事実、「茶店の婆さん」も、主人公に向かって、踊子たちは、「お客があればあり次第、どこにだつて泊るんでございますよ」と、ずいぶんなことを平気で言っている。

　その婆さんの「甚だしい軽蔑を含んだ」言葉に、主人公は、「それならば、踊子を今夜は私の部屋に泊らせるのだ」と、義憤にかられたりする。一晩だけでも、守ってやるつもりなのである。けれども、踊子は、ほかの芸人たちと共に宿屋の座敷に呼ばれ、三味線にあわせて、太鼓をたたき続ける。その太鼓の音がとだえ、夜が静まりかえると、主人公は、「踊子の今夜が汚れるのであらうか」と思って、悶々とするのである。

　そして、明けた朝。

　主人公は、旅芸人の一行の男と、一緒に風呂に行く。そのあとに、

●一般知識編

前に引用したシーンが続く。

それで，主人公は，自分が想像していたことなど，まったく起こらなかったことを瞬時に悟るのである。「子供なんだ」という思いには，主人公の，安堵をはじめとした，さまざまに重なる気持ちがこもっている。

その思いで，主人公は，「ことこと笑つた」のである。(中略)

主人公が，「けたけた」笑ったらどうか。これはどうも，ちょっと軽すぎる。踊子のことを何かバカにしているようなニュアンスさえ感じる。

「けらけら」笑ったらどうか。明るい感じは，よい。好意も感じる。しかし，明るすぎないか。落ち着きがない。ちょっと品もない。

「からから」笑ったらどうか。朗らかである。心地よい。これは，悪くない。けれども，やはり明るすぎる。快活すぎる。主人公の， I は何だったのか，といぶかしくなる。

「あはあは」も同じ。無邪気だが，明るすぎ。(中略)

「ころころ」笑ったらどうか。これは，かなり近い。悪くない。しかし，ちょっと幼すぎるのではないか。

「がはがは」「げたげた」「げらげら」。論外。声が大きすぎ。品もなさすぎ。

今までのところから得られるのは，軽く，明るく，しかし，はじけすぎず， II を表わしている，というところであろう。

もう少し，考え続けてみる。

「にこにこ」笑ったらどうか。これも悪くない。踊子への，優しいまなざしを感じる。しかし，まあ，ありきたりである。また，これは，踊子への直接的なまなざしは表現できるが， III が，どこか感じられない。また，これには，声がない。

「くすっ」と笑ったらどうか。これも悪くない。優しいまなざしと，

298

●文章理解

好意。けれども，これでは，瞬間的すぎる。	Ⅳ	が表現しきれて
いない。この点，「にこっ」と笑う，も同じである。
（小野正弘『オノマトペがあるから日本語は楽しい　擬音語・擬態語
の豊かな世界』より）

ア　穏やかな好意
イ　あの悶々とした気持ち
ウ　自分でも押さえきれないほど，こみ上げてくる笑い
エ　自省というか，内観というか，とにかく，自分自身の気持ちの
　　深まり

	Ⅰ	Ⅱ	Ⅲ	Ⅳ
1	イ	ア	エ	ウ
2	イ	ウ	エ	ア
3	エ	ア	イ	ウ
4	エ	ウ	ア	イ
5	エ	ウ	イ	ア

（本試験2012年問60）

第3編　文章理解

●一般知識編

正解 1

正答率 **58**%

筆者は，小説『伊豆の踊り子』に関して，主人公が「ことこと笑つた」という表現がふさわしい理由を確認している。

空欄Ⅰの前後をみると，「快活すぎる。主人公の，　Ⅰ　は何だったのか」とある。これは「夜が静まりかえると，主人公は……悶々とするのである」と要約された箇所を指すものであり，空欄Ⅰにはイ＝「あの悶々とした気持ち」が入る。

空欄Ⅱの前後をみると，「ことこと」がいう表現は「軽く，明るく，しかし，はじけすぎず，　Ⅱ　を表わしている」とある。これは，主人公の「踊子」に対する「穏やかな好意」を指すものであり，空欄Ⅱにはア＝「穏やかな好意」が入る。

空欄Ⅲの前後をみると，「にこにこ」という表現は「踊子への直接的なまなざしは表現できるが，　Ⅲ　が，どこか感じられない」とある。これは"直接的でない"要素を指すものであり，空欄Ⅲにはエ＝「自省というか，内観というか，とにかく，自分自身の気持ちの深まり」が入る。

空欄Ⅳの前後をみると，「くすっ」という表現は「瞬間的すぎる。　Ⅳ　が表現しきれていない」とある。これは"瞬間的すぎない"要素を指すものであり，空欄Ⅳにはウ＝「自分でも押さえきれないほど，こみ上げてくる笑い」が入る。

以上より，Ⅰにはイ＝「あの悶々とした気持ち」，Ⅱにはア＝「穏やかな好意」，Ⅲにはエ＝「自省というか，内観というか，とにかく，自分自身の気持ちの深まり」，Ⅳにはウ＝「自分でも押さえきれないほど，こみ上げてくる笑い」が入り，正解は**1**である。

MEMO

第3編　文章理解

チェック欄

文章理解／空欄補充型

問 123 本文中の空欄 ア ～ ウ に入る言葉の組み合わせとして適当なものはどれか。

どのように技術は習得されるのであろうか。日本伝統芸能の演者の述懐には、彼らがどのように基本の動きや身のこなしを習得していったかがしばしば述べられている。たとえば歌舞伎役者の場合、基本的に代々の家系によって受け継がれ、幼いころからその特殊な環境に身を置きながら、伝統を体現していくことが求められていく。いくら幼い子どもでも、彼らの周りがそうだから、芸事や稽古はみな日常的なものとなる。彼らは、幼い頃から何度も稽古を重ね、身体に身振りを染みこませ、身体に覚えさせるのだという。

このような ア に基づいて得られた身体的な知とは「暗黙知」とか「身体知」とよばれている。自転車に乗るように、スポーツをするように、なかなか言葉では言い表せないような体に染みついた知識となっている状態だ。一度獲得してしまうと、それが当たり前のような状態になる。（中略）

伝統的に歌舞伎の世界では、次世代に伝えるべきことを書いて残すことをしない。彼らはあえて書かないのではなく、卓越者の演じ方や振る舞いについてはそもそも書けないのだという。やり方やきまりについては書こうと思えば書けるけれども、卓越者の イ に見られる彼らの気持ちの問題、感性の部分については書きようがない、というのだ。（中略）

ある歌舞伎役者は、基本的な動きや身のこなしができるようになってはじめて役になりきることができ、そのような基礎が身につかなければ芸の面白さが見る人たちに伝わらないのだとも述べている。書き記し、マニュアル化することができるものは、知識や理解の断片に過ぎない。もちろん、これらがきちんと習得されなければ、その先にある面白さを伝えることはできない。

そしてそれらの断片の全てがつながったとき、それ以上のものが発

揮されるのだろう。全体は部分の総和ではない。これはゲシュタルト心理学の考え方に詰め込まれている。ゲシュタルトというのはドイツ語で（まとまった）形，形態を意味する言葉だ。まとまりの感じ方は，一つひとつの部分ではなく部分同士の関係による。全体は部分の総和以上のものである，という言葉は，心理学では使い古された言葉ではあるが，面白さや美しさといった芸術のメッセージの伝わり方が，個々の技術や表現の総和を超えたものであることに ウ 性を与えてくれる。

(川畑秀明「脳は美をどう感じるか―アートの脳科学」より)

	ア	イ	ウ
1	芸事	表現	蓋然
2	芸事	表情	普遍
3	家系	技術	情緒
4	経験	表情	情緒
5	経験	表現	普遍

(本試験2013年問59)

●一般知識編

正解 **5**

正答率 **74**%

合格基本書

　まず，全体の要旨を簡単に把握する。筆者は，第1～第3段落において，歌舞伎のような日本伝統芸能の場合，技術の習得の方法は言葉による伝承ではなく，稽古を重ね，身体に染みこませるという方法（「身体的な知」）がとられ，その方法が適していることを説明している。そのうえで，第4段落で，それらが全てつながったとき，全体は部分の総和ではなく，総和以上のものが表現されるとする。

　以上の要旨を踏まえつつ，前後の表現および文脈から空欄に入る言葉を考える。

　空欄アに入る言葉を考えると，「このような　ア　に基づいて得られた身体的な知」とあり，直前の文には，「何度も稽古を重ねて身体に覚えさせる」ということが書かれている。すると，空欄アには，本来なら「稽古」と入ってもいいが，そのような肢はなく，「稽古による鍛錬＝経験」といえるから，空欄アには「経験」が入る（何度も稽古を重ねることは，稽古の経験をつむことになり，その経験が「身体の知」につながると考えられよう）。

　次に，空欄イについては，「　イ　に見られる彼らの気持ちの問題，感性の部分」とあることから，イには，「気持ちや感性」がうかがえる部位を表す言葉が入るはずであると気づく。そうであるとすれば，「表情」が入りそうであるが，「表情」以外にも身振りや動作で「気持ちや感性」を示すことはできるのであって，第1段落に「基本の動きや身のこなしを習得していった」とあることから，身振りや動作をひっくるめて「表現」と表すと考えることも十分可能であり，むしろ全体の文脈に合致するともいえる。それゆえ，空欄イで判断すべきではないといえる。

304

●文章理解

　空欄ウについては，直前の部分において，「全体は部分の総和以上のものである，という言葉は，心理学では使い古された言葉ではあるが，」としつつ，「面白さや美しさといった芸術のメッセージの伝わり方が，個々の技術や表現の総和を超えたものである」としており，全体は部分の総和以上であるということが，芸術の分野においてもあてはまるということを主張していると考えられる。それゆえ，他の分野においても広くあてはまることを意味する言葉として，ウには「普遍」と入れるのが適当であるといえ，正解は**5**となる。

　念のため，空欄イに入るものを再確認してみると，本文の最後の文で，「個々の技術や表現の総和を超えたもの」とあり，「表現」という言葉を用いていることから，空欄イについても「表現」と入れるのがより適当であると考えられる。

　以上より，アには「経験」，イには「表現」，ウには「普遍」が入り，正解は**5**である。

| チェック欄 | | |

文章理解／空欄補充型

重要度 A

問 124 本文中の空欄に入る言葉として適当なものはどれか。

　DNAの二重らせん構造を初めて知ったときに誰もが感心するのは、これが親から子に間違いなく同じものを伝えていく性質をもっているということです。しかし、私は最近、DNAが生きものの基本物質になったのは、同じものを伝えていくということよりも「　　　　　　　　　　　　　　　　　　」ではないかと思うようになりました。

　DNAに関しては、複製とかコピーという言葉が使われますが、現実にはDNAはまったく同じものを作るようにはできていません。（中略）

　DNAが次のDNAを作るときには、必ずどこかで間違えます。間違っても、生きていますよというメッセージが失われないかたちで間違えられるからこそ、三十八億年もの間続いてきたのです。それは、生きているという表現が多様なかたちを取り得るからです。もしこれがとても制限されていて、こうなったらもう生きられない、あれではだめだとなっていたら、こんなに長い間生きものが続くことはできなかったでしょう。生きもののすごいところは、長く長く続いてきたことであり、それはさまざまなものを皆生きものだ、それぞれ生きられるんだと認める原則を取ったからです。それを現実にしたのがDNA（ゲノム）です。

　もちろん、遺伝子がうまくはたらかなくなって病気に苦しむこともあり、その原因を調べて治療法を探ることは一人ひとりの生を支える大切な技術です。（中略）

　現代社会では糖尿病で悩む患者は多いので、その原因を知り、治療法を開発することは必要ですが、糖尿病の遺伝子があるわけではありません。血糖値が高いという現象は、糖の代謝全体と関わり合うものですから、それに関わる遺伝子は多数あり、一つひとつの遺伝

●文章理解

子は決して糖尿病のためにあるわけではなく，生きることを支える
ためにあるのです，病気の遺伝子という言い方をしているうちに，
体中に病気の遺伝子があり，それを全部調べ上げて一つひとつに対
応しなければ健康に生きられないようなイメージが生まれてしまう
のは，困ったことです。ここには，正常と異常という問題がありま
す。まず，ゲノム解析をしたことで，本来機能しなかったり，環境
によってうまくはたらかなかったりする遺伝子が存在することがわ
かってきました。ゲノム全体が“正常”と呼べる状態などないとい
うことです。ですから，特定の遺伝子についてだけ異常と決めつけ
る方向へ進むのは賢明な対応ではありません。ＤＮＡは多様なかた
ちで生きられるようにできており，それは生きものとしては三十八
億年，人類としては五百万年，現代人としては二十万年という長い
時間の中で確立してきたシステムです。

(中村桂子「ゲノムが語る生命」より)

1 多くの遺伝子が正常に伝えられるよう，遺伝子相互が複雑に関
わり合っているということ

2 わずかずつ間違えながらも，すぐにそれを修復する機能が働き，
新しいタイプを生み出していくこと

3 あえて異常な状態を作り出すことで，より耐性の強い性質に変
化していった結果だということ

4 変化をし，その変化をきちんと次に伝え，変化したものも生き
るようにそれを支えていけること

5 遺伝子自体が，生きものが存在していく上で，必ずしも決定的
な働きをしているわけではないということ

(本試験2013年問60)

● 一般知識編

正解 **4**

正答率 **79**%

合格基本書

　一文あるいは複数の文を空欄補充する問題では，まず，文章全体から筆者の中心的な主張を把握したうえで，空欄に入る内容を考えるべきである（筆者の主張に密接にかかわる重要な部分が空欄となる場合が多いためである）。

　そこでまず，筆者の中心的な主張を考えると，筆者は，ＤＮＡについて，単なる「複製とかコピー」に本質があると考えるのではなく，「間違っても，生きていますよというメッセージが失われないかたちで間違えられる」「それぞれ生きられるんだと認める原則」（第３段落）を現実にした点にあると考えている。そのうえで，ＤＮＡ全体が“正常”と呼べる状態などなく，多様なかたちで生きられるようにできているのであって，特定の遺伝子についてだけ異常と決めつけたりするべきではない，と主張している（第５段落）。結局，筆者の主張を一言で言えば，「ＤＮＡの本質は，多様なかたちで生きられるようにできていると考える点にある」といえよう。

　以上のような筆者の主張を踏まえると，空欄は，まさに筆者の主張を表現したものが入ると考えられる。そして，筆者の上記主張に最も近いのは**4**であることがわかる。

　ちなみに，**1**は，「正常に伝えられるよう」とするが，筆者は正常と異常という分類について否定的であり（本文第５段落），「正常」という状態を前提にしている本肢は適当ではない。

　2は，「修復する機能」を問題にしているが，本文では，間違えた場合に「修復する」ということは問題にしていない（第３段落）。よって，本肢は適当ではない。

　3は，「あえて異常な状態を作り出す」としているが，そもそも「正常」「異常」という分類に否定的であるし，「あえて異常な状態を作り出す」ということは本文では論じられていない。よって，本肢は適切ではない。

308

●文章理解

4は，筆者は，ＤＮＡについて「間違える」「多様」なもの
として捉えており（第3段落，第5段落），それは「変化をす
る」ということでもある。そして，**4**の内容は上記のように筆
者の中心的な主張に沿っており，本肢は適当である。

5については，筆者は，第3段落7〜10行目において，Ｄ
ＮＡの存在によって，「生きもの」について，「それぞれ生きら
れるんだと認める原則」が現実なものとなったとしている。よ
って，本肢は適当ではない。

　以上より，空欄には「変化をし，その変化をきちんと次に伝
え，変化したものも生きるようにそれを支えていけること」が
入り，正解は**4**である。

第**3**編

文章理解

309

| チェック欄 | | | |

●文章理解

文章理解／空欄補充型

重要度 B

問 125 次の文は『嘘つきのパラドクス』と題されているが，有名な論理に関する命題であり，それを〔問い〕とし，筆者による〔答え〕が示されている。
〔答え〕の文中の空欄 Ⅰ ・ Ⅱ ・ Ⅲ に入る言葉の組合せとして適当なものはどれか。

嘘つきのパラドクス
〔問い〕 あるクレタ人が言った次の文はウソかホントか，判定してください。
〈すべてのクレタ人はウソしか言わない〉
〔答え〕 問題の文について，ときどき，次のように解説してある本がある。「ホントならウソになってしまうし，ウソならホントになってしまう。矛盾である。この文はホントでもウソでもない」。それは間違いである。

 Ⅰ ，「すべてのクレタ人はウソしか言わない」がホントならば，話者もクレタ人なのだから，この文はウソでなければならない。矛盾するので，仮定が誤り。ホントではありえない。

 Ⅱ 一方，「すべてのクレタ人はウソしか言わない」がウソならばどうか。「すべてのクレタ人はウソしか言わない」のではない，ということになる。 Ⅲ ，クレタ人はみなウソをつくとは限らず，中にはホントのことを言う者もいる，ということだ。話者のクレタ人はウソをついているのだが，他に正直なクレタ人もいる，ということになる。これは辻褄が合っている。したがって，この文は，ウソなのである。

（三浦俊彦「論理パラドクス 論証力を磨く99問」より）

	Ⅰ	Ⅱ	Ⅲ
1	そのうえ	しかし	ゆえに
2	なぜなら	あるいは	つまり
3	なぜなら	また	だが
4	たしかに	しかし	つまり
5	たしかに	また	だが

（本試験2014年問58）

●一般知識編

正解 **4**

正答率 **51**%

　まず，空欄Ⅰの前をみると，問題文について，「ホントでも
ウソでもない」と解説するのは間違いであると述べている。空
間Ⅰの後をみると，問題文について，「ホントではありえない」
と述べている。よって，空欄Ⅰには，<u>「ホントでも……ない」</u>
<u>という部分だけを部分的に肯定する接続詞「たしかに」が入</u>
<u>る</u>。

　次に，空欄Ⅱの後をみると，空欄Ⅲを挟んで，「ウソならど
うか。……辻褄が合っている」と述べている。よって，<u>部分的</u>
<u>に肯定した後で残りの部分である「ウソでもない」を否定して</u>
<u>いるから，逆説の接続詞「しかし」が入る</u>。

　さらに，空欄Ⅲには，<u>前に述べたことの内容を丁寧に説明す</u>
<u>るための接続詞「つまり」が入る</u>。

　以上より，Ⅰには「たしかに」，Ⅱには「しかし」，Ⅲには
「つまり」が入り，正解は**4**である。

MEMO

第3編　文章理解

チェック欄

文章理解／空欄補充型

問126 本文中の空欄 I ～ IV には，それぞれあとのア～エのいずれかの文が入る。その組合せとして適当なものはどれか。

　負としての老いを克服し，老いに価値を見出すために，さまざまな観点が提案されてきた。老人の知恵であるとか，歳を重ねたもののよさ，味わい深さとか。たしかに，これらの観点は重要であろう。そこには，歳をとり，老いることによって初めて可能となるような在り方が示唆されていると思われる。しかし，老いた者がすべて知恵をたくわえ，深い味わいを感じさせるわけではあるまい。(中略)

　I しかし，われわれの在り方はひとえに能力に尽きるのであろうか。もしそうであるなら，たとえば半身不随になり話すこともできない者は，自らの在り方をただただ負として見なし，あるいは見なされることになる。あるひとの能力が下降しても，そのひとはそのひとである。そのひとの在り方は，そのひとの能力に尽きるものではない。生まれてきた赤ん坊が愛おしいのは，その在り方そのものが愛おしいのであって，その赤ん坊が将来優れた人間になると期待できるから愛おしいのではない。同様に，老いた人びとが大切なのは，彼らが知恵をわきまえているからでも，世故にたけているからでもない。老いた人びとが今まさにこうして在ることそれ自体に意味があるのである。

　II 若い人びとは当然そう反発するにちがいない。その反発は半分正しく，半分間違っている。われわれの在り方が能力によって計られるべきだと考えるひとにとって，老いは負であり続ける。彼はその在り方を豊かにするという発想をもてぬまま生き，老いを迎えたのである。当人自身がその老いを忌避し，否定しているがゆえに，その老いは美しくない。歳をとることがひとを醜くしている。その意味で，右の反発は当たっている。

　III しかし，同時にわれわれの在り方は日ごとに豊かになりうる。赤ん坊や子どもや，人びとや老人が愛おしいのは，われわれと

●文章理解

共にそこに在ることによってである。共に在り，豊かな関係を結び
うるからこそ，その瞬間が貴重で，彼らが愛おしいのである。歳を
経たとは，そのような豊かな関係を数多く生きてきたということで
ある。ここでいう「豊かな」とは，いつでも他者がわれわれの傍ら
に歩みきたり，そこに在り続けることで，その関係が復活させられ
るような在り方のことである。

　Ⅳ　金があるからでもなく，才能が衰えないからでもなく，そ
のひとがそこにそうして在ることが愛おしいがゆえに，その傍らに
在り続けるのである。老いを迎えたとき，傍らに在り続けてくれる
他者に数多く恵まれているひとは，美しく老いたと言えるだろう。
こう考えられるならば，歳をとることも悪くはない。このとき，わ
れわれは老いを自然な在り方として過不足なく捉えることができる
のではなかろうか。

　　　（池上哲司「傍らにあること　老いと介護の倫理学」より）

ア　歳をとることによる能力の下降は避けがたい。
イ　長生きをして，歳をとればいいというものではない。
ウ　われわれの在り方を能力の観点から見ているかぎり，老いは負
　でしかない。
エ　あるひとの傍らに在り続けるとは，あるひとを無条件に肯定す
　ることである。

	Ⅰ	Ⅱ	Ⅲ	Ⅳ
1	ア	ウ	イ	エ
2	ア	エ	ウ	イ
3	イ	エ	ウ	ア
4	ウ	イ	ア	エ
5	ウ	イ	エ	ア

（本試験2015年問58）

●一般知識編

正解 4

正答率 **61**%

合格基本書

Ⅰの後には「しかし，われわれの在り方はひとえに能力に尽きるのであろうか。」とある。したがって，Ⅰには，われわれの在り方を能力という観点からだけで捉えるウが入る。

Ⅱは，第2段落の「老いた人びとが今まさにこうして在ることそれ自体に意味がある」ことを受け，Ⅱの後には「若い人びとは当然そう反発する」とある。したがって，Ⅱには，老人が在ること自体に意味があることに批判的なイが入る。

Ⅲは，第3段落の「われわれの在り方が能力によって計られるべきだと考えるひとにとって，老いは負であり続ける……歳をとることがひとを醜くしている……反発は当たっている。」ことを受け，Ⅲの後には「しかし，同時にわれわれの在り方は日ごとに豊かになりうる。」とある。したがって，Ⅲには，歳をとることが負となることを認めるアが入る。

Ⅳは，第4段落の「いつでも他者がわれわれの傍らに歩みきたり，そこに在り続けることで，その関係が復活させられるような在り方のことである。」を受け，Ⅳの後には「……そのひとがそこにそうして在ることが愛おしいがゆえに，その傍らに在り続けるのである。」とある。したがって，Ⅳには，在り続けることを肯定的に説明するエが入る。

Ⅰにはウ＝「われわれの在り方を能力の観点から見ているかぎり，老いは負でしかない。」，Ⅱにはイ＝「長生きをして，歳をとればいいというものではない。」，Ⅲにはア＝「歳をとることによる能力の下降は避けがたい。」，Ⅳにはエ＝「あるひとの傍らに在り続けるとは，あるひとを無条件に肯定することである。」が入り，正解は**4**である。

MEMO

第3編 文章理解

チェック欄

文章理解／空欄補充型

問 127 本文中の空欄 I ～ IV に入る言葉の組合せとして適当なものはどれか。

作者，それも近代的な意味でいう作者の誕生は，コロンブスの航海と切り離して考えることはできません。いきなりなにを，と驚かれるかもしれないので，まず順を追って話をさせていただきます。まず近代的ではない作者とはどういうものだったのか。中世においては，それぞれの分野に権威とみなされる存在がいました。修辞学ではローマ時代のキケロ，弁証法とか哲学ではアリストテレス，天文学ではプトレマイオス，文法ではローマ時代の詩人たちなどです。もちろん神学の場合は，聖書あるいは福音書の作者たちが権威の源泉でした。とにかくこういういろいろな分野に，権威ある人物とか書物が存在した中世において，作者というのは，権威ある書物についての該博な知識をもち，それを I できる人間でした。なにか出来事なり現象が生じた場合，それを過去の権威あるいは権威ある書物と照らしあわせて，過去の権威にもとづいてアレゴリカルな解釈のできる人間，それが中世的意味でいう作者でした。なにか個人的な体験があったとします。そうした体験を，中世の作者は，たとえばそれは聖書のここに書いている事件と符合するとか，イエスの生涯のこの時期のこれと同じであるということを確認して，意味づけることができたのです。

ところがコロンブスの航海ののち，意味づけができないものが，どんどん西欧に入ってくる。もちろん，新世界での出来事を，過去の権威ある書物に引き寄せて解釈する試みは決して途絶えたわけでもなく破綻を宣告されたわけでもなかったのですが，にもかかわらず，過去の権威ある書物では II しきれないことがでてくる。ヨーロッパ人には未知のものが伝えられてくる。たとえば探検家が新世界にゆき，その地で見慣れないものを発見する。原住民にきいてみると，これはトマトでありポテトであるという。そういうはじめ

●文章理解

てのものがヨーロッパに伝えられたときの衝撃は容易に想像できます。つまり過去の権威は完全無欠ではないとわかってしまった。かわりに，「原住民に聞いたら，これはポテトだといった」という個人的な体験に，最大最高の価値が付与されるようになります。わたしはそこに行ってきた。見てきた。聞いてきた。こうした体験を　Ⅲ　することによって，その人間はいわば権威の拠り所となったのです。

　かくしてみずからを権威の拠り所とする近代的作者が，新世界の「発見」とともに誕生したのです。ただ，ここでも誤解のないよう付け加えれば，これは，西欧では小説家の先祖が，みな，新大陸の探検家か冒険家あるいは旅行者であるということではありません。そうではなくて，新世界の消息を伝えるというかたちで，経験だけを拠り所とする文化領域が新たに誕生し，それが，自己のみを権威の拠り所とする近代的作者の可能性を　Ⅳ　することになったということです。

（大橋洋一「新文学入門」より）

	Ⅰ	Ⅱ	Ⅲ	Ⅳ
1	応用	理解	通達	示唆
2	応用	対応	報告	導入
3	体験	理解	報告	承認
4	解釈	想像	通達	導入
5	体験	対応	論証	承認

（本試験2015年問60）

●一般知識編

正解 2

正答率 **54**%

合格基本書

　空欄補充問題では，消去法を駆使して答えを導けば足りる。

　Ⅰについては，「権威ある書物についての該博な知識をもち，それを Ⅰ できる人間でした。」と述べているので，知識の用い方に関する「応用」が入り，「解釈」「体験」は入らない。したがって，**3**，**4**，**5**は誤りである。

　Ⅱについては，「意味づけができないものが……入ってくる」ことに対して「過去の権威ある書物では Ⅱ しきれない」と述べているので，ある事柄に応じて適当に処理することを意味する「対応」が入り，「理解」「想像」は入らない。したがって，**1**，**3**，**4**は誤りである。

　Ⅲについては，「こうした体験を Ⅲ することによって，その人間はいわば権威の拠り所となった」，権威の拠り所については「新世界の消息を伝えるというかたちで……権威の拠り所とする」と述べているので，Ⅲには，新世界の消息を伝える「報告」が入り，「通達」「論証」は入らない。したがって，**1**，**4**，**5**は誤りである。

　Ⅳについては，「近代的作者が，新世界の『発見』とともに誕生した」，「経験だけを拠り所とする文化領域が新たに誕生し，それが，……近代的作者の可能性を Ⅳ することになった」と述べているので，Ⅳには，物事を新たに取り入れることを意味する「導入」が入り，「承認」「示唆」は入らない。したがって，**1**，**3**，**5**は誤りである。

　以上より，Ⅰには「応用」，Ⅱには「対応」，Ⅲには「報告」，Ⅳには「導入」が入り，正解は**2**である。

320

チェック欄

●文章理解

文章理解／空欄補充型

重要度 A

問 128 本文中の空欄 I ～ IV に入る語句の組合せとして、妥当なものはどれか。

そもそもコミュニケーションは、自分の気持ちや意見、それに決意などを伝え、それを相手が受け入れて理解するところまでしないと、成立したとはいえない。もしそうでなかったら、そこには誤算や失敗しかなく、時間と努力を無駄に使った結果になる。

政治やビジネスの世界では、リーダーと称する人たちが大見えを切った発言をしている場を I に見る。大風呂敷を広げて広大な目標を掲げて「世界に向かって発信していく」と II している。まさに「発信」だけであって、人々が受け入れて理解をし、賛同したり協力したりするところまでは気を配っていない。

すなわち、人々がきちんと「受信」してくれるところまで説明をしたり説得したりする努力を続けていない。発信主義では相互理解の世界にはならない。口を開くときには、受信に重きをおいた「受信主義」に徹しようとする心構えが必要不可欠だ。

もちろん、伝えようとする中身は重要である。それが間違っていたりピンぼけになっていたりしたら、話にならない。だが、相手が正しく受け入れて理解できるような伝え方をしなかったら、 III の目的は達成できない。相手の受信に重点をおいたコミュニケーションの仕方が大切である IV だ。

（出典　山﨑武也「外国人は日本文化の『何』を知りたがっているのか　－そのエッセンスは茶道の中に－」から）

	I	II	III	IV
1	間近	公言	初期	所謂
2	頻繁	豪語	所期	所以
3	往々	広言	庶幾	由来
4	目前	壮語	所記	由緒
5	身近	高言	書記	由縁

（本試験2018年問60）

●一般知識編

正解 2

正答率 **81**%

合格基本書

　空欄Ⅰの前後だけをみても，空欄Ⅰに入る語句を確定することができないので，空欄Ⅱから検討する。

　空欄Ⅱを含む文章は，リーダーと称する人の発言について「大風呂敷を広げて広大な目標を掲げて」と表現しているから，空欄Ⅱには，意気盛んに大きなことを言うことを意味する「豪語」が入る。

　空欄Ⅲを含む文章は，相手が正しく受け入れて理解できるような伝え方をしないとⅢの目的は達成できないとしているから，空欄Ⅲには，期待している事柄を意味する「所期」が入る。

　空欄Ⅳを含む文章は，相手の受信に重点をおいたコミュニケーションの仕方が大切であるという筆者の主張を述べ，それ以前の文章はその理由を述べているから，空欄Ⅳには，理由や根拠を意味する「所以」が入る。

　この段階で，正解は**2**であるとわかる。念のため，空欄Ⅰに入る語句を確認してみると，空欄Ⅰには，発言がよくあることを意味する「頻繁」が入るので，妥当である。

　以上より，空欄Ⅰには「頻繁」，空欄Ⅱには「豪語」，空欄Ⅲには「所期」，空欄Ⅳには「所以」が入り，正解は**2**である。

●文章理解

文章理解／空欄補充型

問 129 本文中の空欄 I ～ V に入る語句の組合せとして、妥当なものはどれか。

　身体には個人の意図からは独立した自然の秩序が存在する。骨格の構造にしても、体内の循環機能にしても、また自然体と言われる姿勢の I にしても、それらは個人の意図からは独立した本来的秩序の上に成り立っている。体内の流れに自然な調和を保つはたらきのことを恒常性機能というが、そのメカニズムについては II 的にも明らかになっている。しかし、人間の身体に「なぜそのような秩序が存在するのか？」という問いについては科学的な説明のおよぶところではなく、「事実としてそうである」としか言いようがない。

　古来、日本人の態度として、人間の力によらないものについては敢えて意味付けをしない風習のようなものがあった。ある意味それは自然に対する III の念からでもあっただろうし、つまり、 IV を超えたところではたらいている秩序に対して、人間に理解可能な理屈のなかだけで向き合おうとするのは V きわまりない態度である、と昔の日本人ならばそう考えたかも知れない。そこでわれわれの先祖は、理屈で物事を考える前に、まずは「観る」ということを、物事と向き合う基本に据えたのであろう。

（出典　矢田部英正「たたずまいの美学－日本人の身体技法」から）

	I	II	III	IV	V
1	形態	現象学	尊敬	人知	無法
2	形態	遺伝学	尊攘	既知	不遜
3	形態	解剖学	畏敬	人知	不遜
4	態度	遺伝学	畏敬	想定	無法
5	態度	解剖学	尊攘	既知	不埒（らち）

（本試験2019年問59）

●一般知識編

正解 **3**

正答率 **86**%

合格基本書

　　 I 　の前後の文章は「骨格の構造にしても，体内の循環機能にしても，また自然体と言われる姿勢の　 I 　にしても，それらは個人の意図からは独立した本来的秩序の上に成り立っている。」としているから，　 I 　には，個人の意図とは関係がない，形や姿を意味する「形態」が入る。

　　 II 　の前後の文章は「体内の流れに自然な調和を保つはたらき……そのメカニズムについては　 II 　的にも明らかになっている。」としており，このようなメカニズムを解明するのは解剖学であるから，　 II 　には，「解剖学」が入る。

　　 III 　の前後の文章は「……人間の力によらないものについては敢えて意味付けをしない風習のようなものがあった。ある意味それは自然に対する　 III 　の念からでもあっただろう……」としているから，　 III 　には，心から服し，おそれうやまうことを意味する「畏敬」が入る。

　　 IV 　の前後の文章は「……人間の力によらないものについては敢えて意味付けをしない風習……つまり，　 IV 　を超えたところではたらいている秩序に対して……」としているから，　 IV 　には，人間の知恵や知識を意味する「人知」が入る。

　　 V 　の前後の文章は「……　 IV 　を超えたところではたらいている秩序に対して，人間に理解可能な理屈のなかだけで向き合おうとするのは　 V 　きわまりない態度である……」としているから，　 V 　には，思い上がった態度を意味する「不遜」が入る。

　以上より，Iには「形態」，IIには「解剖学」，IIIには「畏敬」，IVには「人知」，Vには「不遜」が入り，正解は**3**である。

324

●文章理解

チェック欄

文章理解／空欄補充型

重要度

問 130 本文中の空欄 Ⅰ ～ Ⅳ には，それぞれあとのア～エのいずれかの文が入る。その組合せとして適当なものはどれか。

もはや，日本人が〈正しい〉と思っている文化のありかたそのままを海外に発信するだけでは十分ではないのではないか。

　　　　Ⅰ

ヨーロッパやアメリカでは，ヘルシー志向やアジア文化への関心もあり「ＳＵＳＨＩ」は大人気だ。特に最近は高級なスシ・バーだけではなく，回転寿司や若者向けのテイクアウトのスシが人気のようだ。パリの街では，いたるところにＳＵＳＨＩの看板を目にしたし，イギリスのヒースロー空港のスシ・レストランは旅行客でにぎわっていた。また，ドイツでは，スシ専門店だけではなく，中華料理やタイ料理のレストランの一角がスシ・コーナーとなっているレストランも少なくなく，アジア料理としてのスシの人気ぶりがうかがえた。

しかし，その味は日本人の味覚に合うものばかりではない。ドイツのライプツィヒに一年ほど住んでいたとき，市街地にテイクアウトのスシ専門店があった。ランチタイムに行列ができていたので，試しに食べてみることにしたが，日本では見られないネタの組み合わせのものも多く，私の好みには合わなかった。

　　　　　Ⅱ　　　　　「正しい寿司の味」を世界に伝えたいという目的で立ち上げられた制度だったが，海外のメディアは，日本人は自分たちの食文化を海外に押しつけるな，という論調で批判した。ワシントン・ポスト紙は「気をつけろ，スシポリスがやって来る」という表現を使い，「スシポリス」という言葉は日本国内のメディアでも話題になった。こうした反発を受けて，日本食の認証制度はとりやめとなった。

「正統な寿司」の味を知っている日本人が，世界各地のスシの味を，日本人の味覚に合うかどうかで判断するのは自然なことかもし

●一般知識編

れない。そのいっぽうで，世界に「正統な寿司」の味を押しつける
ことが，外国の寿司屋，とくに日本人でないスシシェフの反発を呼
ぶことも理解できるだろう。

| Ⅲ |

たとえば，アメリカで生まれたカリフォルニアロールは，スシを，
一部の人しか知らないエスニック料理から世界中で誰でも知ってい
るメジャーな料理にした。日本でも最初は違和感をもつ人が多かっ
たようだが，現在では逆輸入されてすっかり定着した。その意味で
は，世界各地のスシを頭ごなしに否定することもできないはずだ。

| Ⅳ |ナポリタンのスパゲティや，ご飯と一緒
に食べるカレーライスなどがそのよい例だろう。最近では，日本で
もスパゲティに限らずいろいろな種類のパスタを食べることができ
るし，ナーンやチャパティと食べるキーマカレーのような「インド
風」カレーを出すレストランも増えている。しかしそれでナポリタ
ンやカレーライスが消えてしまうわけではない。

このような例は，日本発の文化が世界でどのように知られ，理解
されているかを考えるうえで，大きなヒントになるのではないだろ
うか。

グローバル化が進み，国境を越えた文化の流れがますます増える
ことにより，日本発の文化を楽しむ人の多くは日本語を話さず，日
本に行ったこともない人が大多数というのが普通になっていくだろ
う。外国人が日本の文化を知るには，まず日本語を学び，しばらく
日本に住むのが普通，というのは，もう，過去のことになりつつあ
る。日本文化を日本の外で楽しみ，日本文学を日本語以外で，日本
の外で読む，そんな時代が始まりつつあるのだ。このような時代に，
世界の読者の側に立って，文化を見て語る文化論が必要とされてい
る。

（出典　河野至恩「世界の読者に伝えるということ」から）

●文章理解

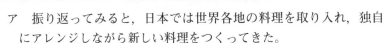

ア　振り返ってみると，日本では世界各地の料理を取り入れ，独自にアレンジしながら新しい料理をつくってきた。

イ　たとえば，日本で生まれ，世界中で親しまれているもののひとつに，寿司がある。

ウ　外国のスシは，日本人の味覚に合わなくても，現地の人々の味覚に合わせることで寿司の世界的な普及に貢献しているという面もある。

エ　このように世界中でさまざまなスシが生まれるようになって，二〇〇六年，農林水産省は，正統な日本料理を提供する海外のレストランを認証する制度を開始すると発表して話題となった。

	Ⅰ	Ⅱ	Ⅲ	Ⅳ
1	ア	ウ	エ	イ
2	イ	エ	ア	ウ
3	イ	エ	ウ	ア
4	ウ	エ	ア	イ
5	エ	ウ	イ	ア

（本試験2016年問59）

●一般知識編

正解 **3**

正答率 **94**%

合格基本書

　本問は，空欄補充問題であり，空欄の前後の文章を注意深く読んで検討することが必要である。そこで，本文を検討する。

　まず，Ⅰであるが，日本文化の海外への発信に関する内容であることがわかる。さらに，Ⅰの後の文章では，「ＳＵＳＨＩ」の話を展開しており，Ⅰにはスシに関することが述べられていることがわかる。この点，イでは「たとえば」で始まり，寿司は日本で生まれ世界中で親しまれているものであると述べ，その後でヨーロッパやアメリカでの「ＳＵＳＨＩ」の話に続くから，Ⅰにはイが入ることがわかる。

　次に，Ⅱであるが，Ⅱの後の文章で，「立ち上げられた制度だったが」とあることから，その前の文章では，何らかの制度が述べられていることがわかる。そうすると，エには「正統な日本料理を提供する海外のレストランを認証する制度」とあり，エがⅡに入ることがわかる。

　そして，Ⅲであるが，Ⅱの後の文章では，レストランを認証する制度は外国では反発を受けて中止になったと述べられており，世界各地のスシの味は日本人には合わなくても，現地の人々には合っていることでスシの世界的な普及に貢献しているとする文章が続くと判断できるから，Ⅲにはウが入る。

　最後に，Ⅳであるが，残ったアが入る。アでは，日本では世界各地の料理を取り入れて，アレンジしているとしており，Ⅳの後の文章でナポリタンやカレーライスの例を出しており，内容も合致し，Ⅳにはアが入ることが確定できる。

　以上より，Ⅰにはイ，Ⅱにはエ，Ⅲにはウ，Ⅳにはアが入り，正解は**3**である。

MEMO

第3編 文章理解

| チェック欄 | | | |

文章理解／空欄補充型

問131 文中の空欄 I ～ IV には，それぞれあとのア～エのいずれかの文が入る。その組合せとして適当なものはどれか。

　想像力が，文学を作りだす側にも，文学を読みとる側にも，重要な役割をすることは誰も疑わないだろう。文学の核心に想像力がある，と人はいいもする。想像力が芸術の創造と受容にたいせつだ，ということから，そこを越えて，想像力は人間が生きる上で，欠くべからざる機能だ，とされることもある。しかし想像力の働きということは，本当によく理解されているだろうか？　想像力という言葉を知的な道具のように僕らが使う時，この道具の性格や性能をよく知って使っているだろうか？

　　　　　 I 　　　　　。　　　　　 II 　　　　　。　　　　　 III 　　　　　。

　　　　　 IV 　　　　　。民衆に伝えられる生活の慣習，用具などに残る手がかりをつうじて，なつかしい古層へとたどる民俗学の，わが国での開拓者として，柳田にはこの言葉がきわめてたいせつなものであった。柳田は，それと空想・空想するという言葉とを区別しようとした。その文章の執筆の時期や，あつかう対象，また語りかける相手のちがいにつれて，柳田の行なった空想・空想すると，想像・想像するの区別には，いかにもはっきりしている際と，そうでない場合がある。しかし後の場合も，空想・空想することをしだいに正確にしてゆけば，想像・想像するにいたるという，段階的なつながりにおいて——あい接し，境界がぼやけていることはあるにしても，その上辺と下辺では，ちがいがはっきりしている，という仕方で——使われている。

　具体的な根拠のない，あるいはあってもあいまいなものにたって行なう古層への心の動きを，空想・空想するとし，よりはっきりした根拠にたつ，しっかりした心の働きを，想像・想像するとして，柳田

●文章理解

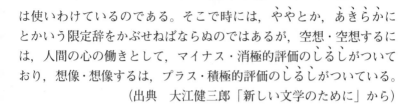

は使いわけているのである。そこで時には、ややとか、あきらかにとかいう限定辞をかぶせねばならぬのではあるが、空想・空想するには、人間の心の働きとして、マイナス・消極的評価のしるしがついており、想像・想像するは、プラス・積極的評価のしるしがついている。
　　　　（出典　大江健三郎「新しい文学のために」から）

ア　わが国の文章の書き手として、想像・想像するという言葉をもっともよく使ったのは、おそらく柳田国男であろう
イ　しかもわが国の日常生活のレヴェルで、想像・想像するという言葉が使われることはあっても、想像力という言葉に出会うことはまれである
ウ　想像・想像するという言葉が、空想・空想するという言葉と混用される例にもしばしば気がつく
エ　僕はそれを心もとなく思う

	Ⅰ	Ⅱ	Ⅲ	Ⅳ
1	ア	ウ	エ	イ
2	ア	エ	ウ	イ
3	イ	エ	ア	ウ
4	エ	イ	ウ	ア
5	エ	ウ	ア	イ

（本試験2016年問58）

●一般知識編

正解 4

正答率 **76**%

合格基本書

　本文第1段落では，人間の想像力について述べている。この想像力という言葉を使うときに，その性格や性能をよく知っているのか疑問があるとしている。そして，空欄Ⅰ～Ⅳに続いていくことになる。そこで，本問を検討する。

　第1段落の最後では，想像力の「性格や性能をよく知って使っているだろうか？」として，想像力をあまり知らずに使っている現状があると「問題提起」をしている。そして，エは「僕はそれを心もとなく思う」としており，提示した問題点に同調するというのが筆者の主張であり，Ⅰにはエが入るのが妥当である。

　したがって，4または5が正解であると判断できる。そして，エに続くのは，イまたはウということになる。イでは，日常生活で「想像力という言葉に出会うことはまれである」としている。さらに「しかも」と文章を始めており，前の文章を受けて，想像力という言葉に出会うことはまれであるとしているから，前の文章で同じ想像力の話をしていることがわかる。そうすると，前の文章では想像力の性格や性能をよく知って使っているだろうかという疑問に筆者が同調しているのであるから，内容も想像力の話であり，エ→イと続くことがわかるであろう。したがって，Ⅱにはイが入る。

　次に，ⅢとⅣに入るものを検討すると，Ⅳの次の文章では，「……柳田にはこの言葉がきわめてたいせつなものであった。」としており，柳田国男の話の内容を受けていることがわかるから，Ⅳには柳田国男のことを述べている内容が入る。したがって，Ⅳにはアが入ることがわかる。そして，残りのウはⅢに入ることになる。

　以上より，Ⅰにはエ，Ⅱにはイ，Ⅲにはウ，Ⅳにはアが入り，正解は**4**である。

MEMO

第3編 文章理解

| チェック欄 | | | |

文章理解／空欄補充型

問132 本文中の空欄 Ⅰ ～ Ⅳ には，それぞれあとのア～エのいずれかの文が入る。その組合せとして妥当なものはどれか。

　私たちはこれまで常に「誰かが意味を与えてくれる」ことに慣れていた。子どものときは親が意味を与えてくれる。学校が意味を与えてくれる。そして就職すれば会社が意味を与えてくれる。そのように社会の側が私たちの「生きる意味」を与えてくれていた。　　Ⅰ　　。

　社会が転換期を迎えるときには，評論家とかオピニオンリーダーと呼ばれる人たちが次の時代に目指すべき意味を指し示してくれてきた。そして私たちは「次の時代の潮流に乗り遅れないようにしなければ」と必死だった。　　Ⅱ　　。

　かなり前から「これからはモノの時代ではなく，心の時代だ」と言われるようになった。そして新聞などの世論調査を見ても，「モノより心だ」という意識は顕著に表れてきているし，私もその方向性には共感を覚える。しかし繰り返し「心の時代」が説かれているにもかかわらず，私たちがいっこうに豊かさを感じることができないのは何故だろう。

　それは「心の時代」の「心」が誰の心なのかという出発点に全く意識が払われていないからだ。「心の時代」の「心」が誰の心なのかと言われれば，それは「あなたの心」でしかありえない。「心の時代」とは私たちひとりひとりの心の満足が出発点になる時代のことなのだ。　　Ⅲ　　。

　あなたの人生のＱＯＬ，クオリティー・オブ・ライフは，あなた自身が自分自身の「生きる意味」をどこに定めるかで決まってくるものだ。評論家やオピニオンリーダーの言うことを鵜呑みにしてしまうのでは，それは既にあなたの人生のＱＯＬではなくなってしまう。この混迷する世の中で，「あなたはこう生きろ！」「こうすれば成功す

●文章理解

る！」といった書物が溢れている。そして，自信のない私たちはそうした教えに頼ってしまいそうになる。　　Ⅳ　　。

（出典　上田紀行「生きる意味」から）

ア　しかし，「おすがり」からは何も生まれない
イ　しかし誰かが指し示す潮流にただ流されて進んでいくことからは，もはや私たちの生き方は生まれえないのである
ウ　しかし，私たちの多くはこれまでのように「誰かが私たちの心を満足させてくれる方法を教えてくれるだろう」とか「心の時代の上手な生き方を示してくれるだろう」と思ってしまっている
エ　しかし，いまやその「与えられる」意味を生きても私たちに幸せは訪れない

	Ⅰ	Ⅱ	Ⅲ	Ⅳ
1	ア	ウ	イ	エ
2	イ	ア	エ	ウ
3	ウ	エ	ア	イ
4	エ	イ	ウ	ア
5	エ	ウ	イ	ア

（本試験2017年問58）

●一般知識編

正解 4

正答率 **94%**

ア～エは，いずれも「しかし」で始まる。そうすると，空欄Ⅰ～Ⅳに入るものは，その直前の内容を受けたものだと考えられる。

Ⅰの直前には「『生きる意味』を与えてくれた」とある。そうすると，「その『与えられる』意味を生きても」を含むエがⅠに入る。

Ⅱの直前には「潮流」とある。そうすると，「潮流」を含むイがⅡに入る。

Ⅲの直前には「『心の時代』」とある。そうすると，「『心の時代』」を含むウがⅢに入る。

Ⅳの直前には「そうした教えに頼ってしまいそうになる。」とある。そうすると，これを言い換えた「『おすがり』」を含むアがⅣに入る。

以上より，Ⅰには「エ」，Ⅱには「イ」，Ⅲには「ウ」，Ⅳには「ア」が入り，正解は**4**である。

MEMO

第3編 文章理解

| チェック欄 | | | |

文章理解／空欄補充型

重要度 A

問 133
本文中の空欄 I ～ V には，それぞれあとのア～オのいずれかの文が入る。その組合せとして妥当なものはどれか。

　言葉というのは，人間が持っているコミュニケーション手段であり，これが人間の最大の特徴だといっても良い。言葉によってコミュニケーションが取れない状態というのは，人間的な行為がほとんどできない状況に近い。しかし，それでも，その言葉は，それを発する人の本心だという保証はまったくないのである。故意に嘘をつくこともできるし，また，言い間違える，ついうっかり発言してしまう，無意識に言ってしまう，売り言葉に買い言葉で返してしまう，などなど，多分にエラーを含んだものである。　Ⅰ　。行動で判断できるのは，単に「好意的」か「敵対的」かといった雰囲気でしかない。

　したがって，自分が認められていない，という判断は，多分に主観であるから，自分で自分の寂しさ，孤独感を誘発することになる。仲間の中に自分がいても，孤独を感じることになる。　Ⅱ　。孤独とは，基本的に主観が作るものなのである。

　　Ⅲ　。大人になれば，あからさまな危害というのは（法律で禁止されているわけだから）滅多に受けないが，子供のうちは，そうともいえない。突然暴力を振るってくる他者がすぐ近くにいるかもしれない。相手にも相手の理屈があって，「目つきが悪い」というような言いがかりをつけられることだってあるだろう（大人でも，不良ややくざならあるかも）。　Ⅳ　。こういった物理的な被害があれば，誰でも，「自分はあいつにとっては良い子ではない」と判断するだろう。　Ⅴ　。これなどは，客観に近いといえるかもしれない。

（出典　森博嗣「孤独の価値」から）

●文章理解

ア　しかし，これ以外に，相手の気持ちというのはなかなか認知できない

イ　勝手な主観で，「敵対的」だと判断され，先制攻撃を受けるわけである

ウ　ようするに「気に入られていない」状況であり，つまりは，認められていないわけである

エ　ただ，もちろん，主観とはいえないような状況も存在する

オ　それは，たとえば，都会のような大勢の人々がいる場所でも孤独になれるということだ

	I	II	III	IV	V
1	ア	イ	エ	オ	ウ
2	ア	オ	エ	イ	ウ
3	イ	オ	ウ	ア	エ
4	エ	ウ	オ	イ	ア
5	オ	エ	イ	ア	ウ

（本試験2019年問60）

●一般知識編

正解 2

正答率 **94**%

合格基本書

　　　I　の前後の文章は「言葉というのは，人間が持っているコミュニケーション手段であり，これが人間の最大の特徴……である。　I　。行動で判断できるのは，単に『好意的』か『敵対的』かといった雰囲気でしかない。」としているから，　I　には，コミュニケーション手段となりうるのは言葉だけであることを述べる文章が入る。よって，　I　には，「しかし，これ以外に，相手の気持ちというのはなかなか認知できない」とするアが入る。

　　　II　の前後の文章は「仲間の中に自分がいても，孤独を感じることになる。　II　。孤独とは，基本的に主観が作る……」としているから，　II　には，通常は孤独ではないような場合でも孤独になれることを述べる文章が入る。よって，　II　には，「それは，たとえば，都会のような大勢の人々がいる場所でも孤独になれるということだ」とするオが入る。

　　　III　の前後の文章は「孤独とは，基本的に主観が作るものなのである。　III　。大人になれば，あからさまな危害……滅多に受けない……子供のうちは，そうともいえない。」としているから，　III　には，孤独が主観以外のものによって作られることを述べる文章が入る。よって，　III　には，「ただ，もちろん，主観とはいえないような状況も存在する」とするエが入る。

　　　IV　の前後の文章は「突然暴力を振るってくる他者がすぐ近くにいるかもしれない。相手にも相手の理屈があって，『目つきが悪い』というような言いがかりをつけられることだってあるだろう……。　IV　。こういった物理的な被害があれば……」としているから，　IV　には，勝手な理由で物理的な被害を受けることを述べる文章が入る。よって，　IV　には，「勝手な主観で，『敵対的』だと判断され，先制攻撃を受けるわけである」とするイが入る。

340

●文章理解

　　V　の前後の文章は「こういった物理的な被害があれば，誰でも，『自分はあいつにとっては良い子ではない』と判断するだろう。　V　。これなどは，客観に近い……。」としているから，　V　には，相手から嫌われまたは認められていない状況にあることを述べる文章が入る。よって，　V　には，「ようするに『気に入られていない』状況であり，つまりは，認められていないわけである」とするウが入る。

　　以上より，Ⅰにはア，Ⅱにはオ，Ⅲにはエ，Ⅳにはイ，Ⅴにはウが入り，正解は**2**である。

第**3**編

文章理解

341

| チェック欄 | | | |

文章理解／空欄補充型

重要度 A

問 134

本文中の空欄 Ⅰ および Ⅱ には，それぞれあとのア～カのいずれかの文が入る。その組合せとして妥当なものはどれか。

　コミュニケーション失調からの回復のいちばん基本的な方法は，いったん口をつぐむこと，いったん自分の立場を「かっこにいれる」ことです。「あなたは何が言いたいのか，私にはわかりません。そこで，しばらく私のほうは黙って耳を傾けることにしますから，私にもわかるように説明してください」。そうやって相手に発言の優先権を譲るのが対話というマナーです。

　でも，この対話というマナーは，今の日本社会ではもうほとんど採択されていません。今の日本でのコミュニケーションの基本的なマナーは，「　　Ⅰ　　」だからです。相手に「私を説得するチャンス」を与える人間より，相手に何も言わせない人間のほうが社会的に高い評価を得ている。そんな社会でコミュニケーション能力が育つはずがありません。

　「相手に私を説得するチャンスを与える」というのは，コミュニケーションが成り立つかどうかを決する死活的な条件です。それは「　　Ⅱ　　」ということを意味するからです。

　それはボクシングの世界タイトルマッチで，試合の前にチャンピオンベルトを返還して，それをどちらにも属さない中立的なところに保管するのに似ています。真理がいずれにあるのか，それについては対話が終わるまで未決にしておく。いずれに理があるのかを，しばらく宙づりにする。これが対話です。論争とはそこが違います。論争というのはチャンピオンベルトを巻いたもの同士が殴り合って，相手のベルトを剥ぎ取ろうとすることだからです。

　対話において，真理は仮説的にではあれ，未決状態に置かれねばなりません。そうしないと説得という手続きには入れない。説得というのは，相手の知性を信頼することです。両者がともに認める前提

342

●文章理解

から出発し，両者がともに認める論理に沿って話を進めれば，いずれ私たちは同じ結論にたどりつくはずだ，そう思わなければ人は「説得」することはできません。

(出典　内田樹「街場の共同体論」から)

ア　自分の言いたいことばかりを必死に情緒に訴えて，相手を感動に導くこと

イ　自分の言いたいことのみを先んじて冷淡に述べ，相手の発言意欲を引き出すこと

ウ　自分の言いたいことだけを大声でがなり立て，相手を黙らせること

エ　あなたの言い分も私の言い分も，どちらも立つように，しばらく判断をキャスティングする

オ　あなたの言い分が正しいのか，私の言い分が正しいのか，しばらく判断をペンディングする

カ　あなたの言い分も正しいけれど，私の言い分はもっと正しいと，しばらく判断をマウンティングする

	I	II
1	ア	エ
2	イ	エ
3	イ	オ
4	ウ	オ
5	ウ	カ

(本試験2020年問58)

第3編 文章理解

343

●一般知識編

正解 4

正答率 **89**%

合格基本書

　　　Ⅰ　がある文章とその後の文章は「今の日本でのコミュニケーションの基本的マナーは，『　　Ⅰ　』だからです。相手に『私を説得するチャンス』を与える人間より，相手に何も言わせない人間のほうが社会的に高い評価を得ている。」としているから，　Ⅰ　には「相手に何も言わせない人間」について述べた文章が入る。したがって，　Ⅰ　には，「自分の言いたいことだけを大声でがなり立て，相手を黙らせること」とするウが入る。

　　　Ⅱ　がある文章の次の段落の文章は「それは『　Ⅱ　』ということを意味するからです。」を受けて，「それはボクシングの世界タイトルマッチで……中立的なところに保管するのに似ています。真理がいずれにあるのか，それについては対話が終わるまで未決にしておく。いずれに理があるのかを，しばらく宙づりにする。これが対話です。」としているから，　Ⅱ　には，どちらの真理や言い分が正しいのかについて判断をせず，しばらくそのまま留保することを述べた文章が入る。したがって，　Ⅱ　には，「あなたの言い分が正しいのか，私の言い分が正しいのか，しばらく判断をペンディングする」とするオが入る。

　　以上より，Ⅰにはウ，Ⅱにはオが入り，正解は**4**である。

第3編 文章理解

チェック欄

文章理解／空欄補充型

重要度
A

問 135 次の「話し手の意識」について分析した本文があるが，空欄に入る文として適当なものは，**1〜5**のうちどれか。

話し手から見てもあいまいな発話を例に，話し手の特徴をあぶりだしてみたい。

「警官は自転車で逃げた犯人を追いかけた」

(警官が自転車で追いかけたのか，犯人が自転車で逃げたのか)

このような発話は，言い方によってはあいまい性が消えてしまうことがある。たとえば次の①のように区切って言えば警官が自転車に乗っていたと解釈するだろうし，②のように区切って言えば犯人が自転車に乗っていたと解釈することになるだろう。もうひとつの解釈が思いつかないかぎり，聞き手は文そのもののあいまい性には気づきにくくなるはずだ。

① 「警官は自転車で　逃げた犯人を　追いかけた」
② 「警官は　自転車で逃げた犯人を　追いかけた」

ここで考えたいのは，このようなあいまいな要素のある発話を話し手が使ってしまった場合，話し手は聞き手にわかりやすいような言い方を実際にしているのかどうかということである。話し手はそのつもりでも，聞き手には実際はわかっていないことが少なからずあることを示したおもしろい実験がある。

この実験の参加者は，話し手役か聞き手役のどちらかを演じた。話し手役の参加者は「警官は自転車で逃げた犯人を追いかけた」のようなあいまいな文を声に出して読み，聞き手役の参加者がそれを聞いた。「警官は自転車で逃げた犯人を追いかけた」の文を声に出して読む前に，話し手役はこの文があいまいであることの説明と，(イ)あるいは（ロ）のような，発話解釈に必要な文脈になりうる情報を与えられ，それを黙読することができた。

(イ)「犯人はバイクで逃走したが，運よく警官はそばに自転車があるのに気がついた」

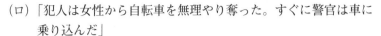

(ロ)「犯人は女性から自転車を無理やり奪った。すぐに警官は車に乗り込んだ」

　この実験の目的は，聞き手役が話し手の意図した解釈をどの程度理解できたか，また聞き手役の理解度を話し手がどの程度期待していたかということを調べることであった。聞き手役が実際に話し手役の意図したとおりに解釈できた比率は66パーセントという結果だった。これを高く見るか低く見るかにもよるが，文のあいまい性を認識している話し手は，聞き手には文脈に合った意味だけが伝わるように言い方を工夫しているはずなのに，聞き手の理解度は100パーセントにはほど遠かったことは示唆的である。その一方，話し手役が予測した聞き手役の理解度はそれよりも有意に高く，76パーセントだった。　　　が示されたと言えるだろう。

（松井智子「子どものうそ，大人の皮肉―ことばのオモテとウラがわかるには」より）

1 基本的に話し手の表現力の貧しさが目立つということ
2 話し手には相手に伝えようとする強い意志と話し方の技術が必要であること
3 実際よりも高めに聞き手の理解度を見積もってしまう傾向が話し手にはあること
4 総じて聞き手の理解度はあいまいな表現に対し太刀打ちできない程度のものであったこと
5 残念ながら話し手と聞き手のコミュニケーション成立の実現性については悲観的にならざるを得ないこと

（本試験2014年問59）

●一般知識編

正解 **3**

正答率 **84**%

合格基本書

　空欄の前には，「話し手役が予測した聞き手役の理解度はそれ（＝実際の聞き手役の理解度）よりも有意に高く，76パーセント」とある。この部分が示していることが空欄に入るはずである。したがって，実際よりも高めに聞き手の理解度を話し手役が予測することを述べている肢3が，空欄に入る文として適当である。

　以上より，空欄には「実際よりも高めに聞き手の理解度を見積もってしまう傾向が話し手にはあること」が入り，正解は**3**である。

348

MEMO

第3編 文章理解

| チェック欄 | | | |

文章理解／空欄補充型

重要度 A

問 136 本文中の空欄 ☐ に入る文章として，妥当なものはどれか。

そもそも住宅とは何だろう。試みに辞書を引くと「人が住み，生活するための家」(『国語辞典』集英社) とある。確かに，住宅は人が生活する場であり，住人の交代や生活の変化に伴い，姿を変えてゆくものである。

しかしその一方で，住宅の平面や形は生活だけで決まるものではない。たとえば，社宅のように同じ間取りが並ぶ場合でも，内部の造作や家具は住人によって異なり，全く違う住宅にみえることがある。住宅としての機能が同じでも，意匠が異なれば周囲に与える影響は異なる。これは，「機能」と「意匠」がどちらも住宅を構成する重要な要素でありながら，全く異なる意味を持っているためである。

ファッションにたとえるとわかりやすい。

住宅の意匠もまた，住人の好みや生活だけで決まるものではなく，住人の思想，地位，身分を表現するために周到に選ばれる。住宅は，「生活の器」であると同時に，自分をどう見せたいのか，どう表現したいのか，その「欲望を映す鏡」ともいえる。

住宅はまた，気候や風土などの自然条件，建てるための技術，さらには社会思想の変化も反映する。住宅の祖型ともいえる竪穴住居の場合，人を自然から守ることが最も重視されたはずだが，江戸時代の書院造では生活の快適さよりむしろそこに坐る人の身分を視覚的に示すことが求められたし，近代に入り，大正時代には住宅による生活改善が社会的なテーマとなった。住宅に求められるものは，時代や社会背景によって異なる。住宅はすなわち，「時代を映す鏡」ともいえるのである。

●文章理解

（出典　小沢朝江・水沼淑子「日本住居史」から）

1　人は，夏には涼しく，冬には暖かく過ごせるように，気候にふさわしい服を選ぶ。もちろん人それぞれに好みもあるだろう。でも，学生が就職活動に当たり一様にリクルートスーツを着るのは，その服が快適だからでも，好きだからでもなく，「社会人の卵」であり「良識ある大人」である自分を表現するためといえる。

2　人は，春にはあでやかに，秋にはしとやかに過ごせるように，季節にあわせた服を選ぶ。もちろん人それぞれに好みもあるだろう。でも，学生が卒業式に当たり一様にスクールカラーを意識した服を身につけるのは，その服が快適だからでも，好きだからでもなく，「社会人の卵」であり「節度ある学生」である自分を表現するためといえる。

3　人は，公的には清潔に，私的には快適に過ごせるように，気分にあわせた服を選ぶ。もちろん人それぞれに好みもあるだろう。でも，生徒たちが体育祭で一様にチームカラーのTシャツを着るのは，その服が快適だからでも，好きだからでもなく，「社会人の鏡」であり「良識ある生徒」である自分を表現するためといえる。

4　人は，表面では上品に，内面では安逸に過ごせるように，時宜にあわせた服を選ぶ。もちろん人それぞれに好みもあるだろう。でも，社員たちが真夏の職場でクールビズの服を着るのは，その服が快適だからでも，好きだからでもなく，「社会人の鏡」であり「自由ある個人」である自分を表現するためといえる。

5　人は，集団では一律に，個人では個性豊かに過ごせるように，場所にあわせた服を選ぶ。もちろん人それぞれに好みもあるだろう。でも，社員たちが会社の社員旅行の宴会で一様に旅館の浴衣を着るのは，その服が快適だからでも，好きだからでもなく，「社会人の鏡」であり「自信ある個人」である自分を表現するためといえる。

（本試験2018年問58）

●一般知識編

正解 **1**

正答率 **72**%

合格基本書

　空欄の前段落の最後の文章は「これは，『機能』と『意匠』がどちらも……重要な要素でありながら，<u>全く異なる意味を持っているため</u>である。」として，空欄の直前の文章は「ファッションにたとえるとわかりやすい。」としている。空欄には，「機能」と「意匠」が全く異なる意味を持っていることを，ファッションを例にして説明する文章が入るものと考えられる。

　なお，空欄の直後の文章は「住宅の意匠もまた，住人の好みや生活だけで決まるものではなく，<u>住人の思想，地位，身分を表現する</u>ために周到に選ばれる。住宅は，……<u>自分をどう見せたいのか，どう表現したいのか</u>，その『欲望を映す鏡』ともいえる。」として，「意匠」は思想，地位，身分を表現するためのものであるとしている。

　ここで選択肢をみると，ファッションの「機能」の例について的確に説明しているのは，「<u>夏には涼しく，冬には暖かく過ごせるように，気候にふさわしい服を選ぶ。</u>」とする **1** の文章である。**1** の文章は，ファッションの「意匠」の例についても，「<u>学生が就職活動に当たり一様にリクルートスーツを着るのは，……『社会人の卵』であり『良識ある大人』である自分を表現する</u>ためといえる。」として，身分を表現する「意匠」について的確に説明している。よって，**1** の文章は，空欄に入る文章として妥当である。

　以上より，正解は **1** である。

352

MEMO

第3編 文章理解

チェック欄

文章理解／空欄補充型

重要度 A

問 137 本文中の空欄 I ～ IV に入る語句の組合せとして、妥当なものはどれか。

わたしたちは，現代日本語で，「恋人のことを思う（想う）」と言ったり，「来週の旅行の計画を考える」と言ったりする。「思う」と「考える」，二つの漢字から成る熟語が「思考」だが，同じ「思考」でも，感情の籠もった思念を心に I と浮かべることが「おもう」，筋道を立てて理知的に頭を働かせることが「かんがえる」――わたしたちは二つの動詞をおおむねそんなふうに使い分けているようだ。幼年期以来の言語生活の諸場面の蓄積から，そうした使い分けを習得し，それに II してきたということだ。

ただし，さほど区別せずに混用し，「そう思います」と言ったり「そう考えます」と言ったりもしている。「考えます」の方がいくらか改まった感じになるといったところか。しかし，二つの動詞それぞれの意味領野は正確にはいったいどのようなものなのか，両者はどのように食い違い，またどのように重なるのか。そんな疑問がふと湧くこともないではない。そういうときこそ古語辞典の出番である。

「おもふ」について，「オモ（面）オフ（覆）の約」と説明している辞典がある。胸のうちに様々な感情を抱いているが，「おもて」（オモ（面）テ（方向）であり，そこからオモテ（表）の意味にもなる）には出さず，じっと蓄えているというのが III である，と。共同体の公共の場面には露出しがたい，顔の裏に（裏面に）「覆われた」感情――それが「おもひ」なのである。

では，「かんがふ」はどうか。元来は「かむがふ」，さらに遡れば「かむかふ」なのだという。カはアリカ，スミカのカ，すなわち「所」「点」で，ムカフは両者を向き合わせるの意。「かんがふ」とは，二つの物事を突き合わせ，その合否を調べ，ただすことなのだ。

語源の探索は，客観的に実証されうる場合と推量や想像によるしかない場合とがある。「おもふ」「かんがふ」の以上のような語源説明がそのどちらであるのか，国語学の専門家でもないわたしは詳らかにしない。ひょっとしたら，辞典の項目執筆者にはまことに失礼な

●文章理解

がら，まったくの憶測，当て推量，こじつけに近い語源説なのかも
しれない。が，たとえそうであるにせよ，「おもふ」なら「おもふ」，
「かんがふ」なら「かんがふ」というきわめて基本的な語彙が，長い
歳月をくぐり抜ける中で蒙ってきた変容の過程に，ふと「おもひ」
を致させてくれる，それをめぐって何がしか「かんがへ」をめぐら
すきっかけを与えてくれるという意味で，ときにこうした記述を参
照してみるのはきわめて刺激的かつ有用な振る舞いだろう。自分が
日常何げなく用いている単純な言葉のうちに，民族の歴史の膨大な
時間が孕まれていることを気づかせてくれるからだ。単に古典を理
解するための　Ⅳ　というにとどまらない古語辞典の愉しみが，そ
んなところにもある。

　結局，本来はまったく意味を異にする二語だったということだ。
「おもひ」とはもともとは内に秘め隠された思いのことであり，だと
すれば「何々と思います」などと今日わたしたちがおおっぴらに口
にするのは，原義とは完全に矛盾した言葉の使いかたということに
なる。それは顔の表情に表われないように抑制しつつ，心のうちに
じっと堪えている不安，怨恨，執念，恋情など，何かしら激しい情
動を孕んだ思念であった。他方，「かんがふ」とは，二つの物事を対
峙させ，比較考量するというきわめて厳格な知性の働きを意味して
いた。その働きが窮まるところ，調べただし，罰を与えるという意
味を帯びるまでになったという。

　　　　（出典　松浦寿輝「『おもひ』と『かんがへ』」から）

	Ⅰ	Ⅱ	Ⅲ	Ⅳ
1	漠然	習熟	原義	補助ツール
2	整然	修練	言辞	補助コンテンツ
3	漠然	錬成	言辞	補充アイテム
4	判然	納得	原義	主要ツール
5	漫然	習熟	語彙	主要アイテム

（本試験2017年問59）

●一般知識編

正解 1

正答率 **92**%

合格基本書

　本文では，「おもふ」と「かんがへ」について述べている。これは，出典に関する記載をみても明らかである。

　まず，Ⅰを検討する。第1段落で，「感情の籠もった思念を心に　Ⅰ　と浮かべることが『おもう』，筋道を立てて理知的に頭を働かせることが『かんがえる』」として，「おもう」と「かんがえる」を対比している。そして，「かんがえる」とは，「筋道を立てて理知的……」であるとしており，「おもう」はこれとは異なる意味になるはずである。したがって，整然や判然は入らないことがわかる。これらの言葉は，はっきりわかるさまや整ったさまなどを現す言葉だからである。そして，第3段落で，「『おもふ』について，……胸のうちに様々な感情を抱いているが，『おもて』……には出さず，じっと蓄えている」としているから，漫然が入らないことがわかる。漫然とは，はっきりした目的や意識を持たず行動するさまのことをいう。したがって，Ⅰには，漠然が入る。

　次にⅡを検討する。Ⅱを含めた文章では，「おもふ」と「かんがへる」を，私たちは幼年期からの経験によって使い分けているとしている。そして，Ⅱの前に「習得」という言葉があるが，習得したあとのことがⅡに入ることがわかる。そして，習得の次の段階は「習熟」であるから，Ⅱには，習熟が入る。すなわち，使い分けを身につけ（習得）て，熟練していく（習熟）のである。

　Ⅲを検討する。第5段落で，「『おもふ』なら『おもふ』，『かんがふ』なら『かんがふ』というきわめて基本的な語彙が，長い歳月をくぐり抜ける中で蒙ってきた変容の過程に，ふと『おもひ』を致させてくれる」とある。すなわち，「おもふ」や「かんがふ」は，長い歳月を経て，意味内容が変容してきたという内容である。すなわち，Ⅲはその変容する前の意味を指していることがわかるから，Ⅲには原義が入る。

356

●文章理解

　最後にⅣを検討する。第２段落で「おもふ」と「かんがえる」の食い違いや重なり等の「疑問が湧くこともないではない」とし，「そういうときこそ古語辞典の出番である。」としている。すなわち，筆者は古語辞典を「コンテンツ（内容，中身）」や「アイテム（品目，項目）」ではなく，疑問を解決するための「ツール（道具，工具）」とみていることがわかる。したがって，Ⅳには「補助ツール」または「主要ツール」が入る。そして，第５段落のⅣの前後の記述をみると，「単に……Ⅳ　というにとどまらない古語辞典……」としており，「単に『主要（中心的で大事な）ツール』というにとどまらない」とするのでは文脈が不自然である。したがって，Ⅳには，補助ツールが入る。

　以上より，Ⅰには「漠然」，Ⅱには「習熟」，Ⅲには「原義」，Ⅳには「補助ツール」が入り，正解は**1**である。

チェック欄

文章理解／空欄補充型

重要度 A

問138 本文中の空欄□□□に入る文章として，妥当なものはどれか。

人は悲しいから泣くのだろうか，それとも泣くから悲しいのだろうか。もちろん悲しいとわかっているから泣くのだ，という人がほとんどだろう。しかし心理学者，生理学者たちはむしろ泣くから悲しく感じるのだ，と主張してきた。

この説は直感に反するように見えるかも知れない。しかし実際に感情（生理反応を含めて情動と呼ぶ）を経験する場面を考えると，案外そうでもない。

　　　　　　　　　　　　　　　　　　　　　　　　　　　　また人を好きになるときは，「気がついたらもう好きになっていた」ということがむしろ多いのではないか。身体の情動反応が先にあり，それが原因になって感情経験が自覚されるという訳だ。「身体の情動反応が感情に先立つ」という話の順序が逆に見えるのは，身体の情動反応が無自覚的（不随意的ともいう）であることが多く，気づきにくいからだ。

（出典　朝日新聞　2003（平成15）年12月4日付け夕刊　下條信輔「体と心の相互作用　知らぬ間に，見ることで好きになる」から）

1 たとえば会社のエレベーターで偶然嫌な上司と乗り合わせたとしよう。まず状況を分析し，あの人は本当はいい人なのだ，と言いきかせてからおもむろにエレベーターから降りる人がいるだろうか。その場は表面的にとりつくろい，デスクに戻って落ち着いてからあらためて嫌悪感が込み上げて来る，という方が普通ではないか。

●文章理解

2 たとえば山道で突然クマに出会ったとしよう。まず状況を分析し，自分は怖いのだ，と結論してからおもむろに逃げる人がいるだろうか。足が反射的に動いて山道を駆け下り，人里に辿り着いて一息ついてから恐怖が込み上げて来る，という方が普通ではないか。

3 たとえば街で突然昔の恋人を見かけたとしよう。まず状況を分析し，自分が好きだった人だ，と確認してからおもむろにすれ違う人がいるだろうか。表情は理性的に装って通り過ぎ，自分の家に戻ってから懐かしさが込み上げて来る，という方が普通ではないか。

4 たとえば台所で偶然ゴキブリを見つけたとしよう。まず状況を分析し，害虫は殺してもいいのだ，と弁別してからおもむろに殺虫剤を探す人がいるだろうか。手が反射的に叩きまくり，ごみ箱の前で我に返ってから生命の重さを考える，という方が普通ではないか。

5 たとえば夜中にトイレで突然幽霊と遭遇したとしよう。まず状況を分析し，あれは人間ではないのだ，と認知してからおもむろに叫び声をあげる人がいるだろうか。目を反射的に覆って用を足して，ベッドに戻って一息ついてから幽霊は存在しないのだと科学的に考える，という方が普通ではないか。

（本試験2019年問58）

●一般知識編

正解 **2**

正答率 **82**%

合格基本書

　空欄の前では「人は悲しいから泣くのだろうか，それとも泣くから悲しいのだろうか。……泣くから悲しく感じるのだ，……この説は直感に反するように見えるかも知れない。しかし実際に感情……を経験する場面を考えると，案外そうでもない。」とし，空欄の後では「身体の情動反応が先にあり，それが原因になって感情経験が自覚されるという訳だ。」としている。そこで，空欄には，「泣くから悲しく感じる」ように「身体の情動反応が先にあり，それが原因になって感情経験が自覚される」ことを経験する場面の具体例を述べた文章が入る。

　よって，空欄には，「たとえば山道で突然クマに出会ったとしよう。まず状況を分析し，自分は怖いのだ，と結論してからおもむろに逃げる人がいるだろうか。足が反射的に動いて山道を駆け下り，人里に辿り着いて一息ついてから恐怖が込み上げて来る，という方が普通ではないか。」とする肢2の文章が入る。

　以上より，正解は**2**である。

MEMO

第3編 文章理解

| チェック欄 | | |

文章理解／空欄補充型

重要度 **A**

問139
本文中の空欄 I ～ V には，それぞれあとのア～オのいずれかの文が入る。その組合せとして妥当なものはどれか。

　白は，完成度というものに対する人間の意識に影響を与え続けた。紙と印刷の文化に関係する美意識は，文字や活字の問題だけではなく，言葉をいかなる完成度で定着させるかという，情報の仕上げと始末への意識を生み出している。白い紙に黒いインクで文字を印刷するという行為は，不可逆な定着をおのずと成立させてしまうので，未成熟なもの，吟味の足らないものはその上に発露されてはならないという，暗黙の了解をいざなう。

　推敲という言葉がある。推敲とは中国の唐代の詩人，賈島の，詩作における逡巡の逸話である。詩人は求める詩想において「僧は推す月下の門」がいいか「僧は敲く月下の門」がいいかを決めかねて悩む。逸話が逸話たるゆえんは，選択する言葉のわずかな差異と，その微差において詩のイマジネーションになるほど大きな変容が起こり得るという共感が，この有名な逡巡を通して成立するということであろう。月あかりの静謐な風景の中を，音もなく門を推すのか，あるいは静寂の中に木戸を敲く音を響かせるかは，確かに大きな違いかもしれない。いずれかを決めかねる詩人のデリケートな感受性に，人はささやかな同意を寄せるかもしれない。しかしながら一方で，推すにしても敲くにしても，それほどの逡巡を生み出すほどの大事でもなかろうという，微差に執着する詩人の神経質さ，器量の小ささをも同時に印象づけているかもしれない。これは「定着」あるいは「完成」という状態を前にした人間の心理に言及する問題である。

　白い紙に記されたものは不可逆である。後戻りが出来ない。

I

II

●文章理解

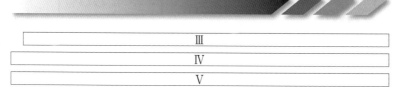

| Ⅲ |
| Ⅳ |
| Ⅴ |

(出典　原研哉「白」から)

ア　思索を言葉として定着させる行為もまた白い紙の上にペンや筆で書くという不可逆性，そして活字として書籍の上に定着させるというさらに大きな不可逆性を発生させる営みである。

イ　今日，押印したりサインしたりという行為が，意思決定の証として社会の中を流通している背景には，白い紙の上には訂正不能な出来事が固定されるというイマジネーションがある。

ウ　推敲という行為はそうした不可逆性が生み出した営みであり美意識であろう。

エ　このような，達成を意識した完成度や洗練を求める気持ちの背景に，白という感受性が潜んでいる。

オ　白い紙の上に朱の印泥を用いて印を押すという行為は，明らかに不可逆性の象徴である。

	Ⅰ	Ⅱ	Ⅲ	Ⅳ	Ⅴ
1	イ	エ	ウ	オ	ア
2	イ	オ	ア	ウ	エ
3	エ	ウ	オ	イ	ア
4	エ	オ	ア	イ	ウ
5	オ	イ	ウ	ア	エ

(本試験2018年問59)

●一般知識編

正解 2

正答率 **80**%

合格基本書

　空欄の前の文章は「白い紙に記されたものは不可逆である。後戻りが出来ない。」とし，イは「……白い紙の上には訂正不能な出来事が固定されるというイマジネーションがある。」としているから，イは空欄の前の文章に続くと考えられる。したがって，[　I　]にはイが入る。

　イは「今日，押印したりサインしたりという行為が，意思決定の証として社会の中を流通している背景には……」とし，オは「白い紙の上に朱の印泥を用いて印を押すという行為は……」としているから，オはイに続くと考えられる。したがって，[　II　]にはオが入る。

　アは「……不可逆性を発生させる営みである。」とし，ウは「そうした不可逆性が生み出した営み……」としているから，ウはアに続くと考えられる。そして，ウは「……美意識であろう。」とし，エは「このような，達成を意識した完成度や洗練を求める気持ち……」としているから，エはウに続くと考えられる。したがって，ア→ウ→エの順となるので，[　III　]にはア，[　IV　]にはウ，[　V　]にはエが入る。

　以上より，Iにはイ，IIにはオ，IIIにはア，IVにはウ，Vにはエが入り，正解は**2**である。

MEMO

第3編　文章理解

チェック欄

文章理解／空欄補充型

問140 本文中の空欄 I ～ V に入る語句の組合せとして、妥当なものはどれか。

　自信のあること、当然だと思うことは、小さい声で言うようにしましょう。その小さな声が、池に小石を投げ入れたときのように、 I を広げていって、はじめてそれまでの流れが変わり、決定が覆る可能性が出てくるのです。普段から大きい声を出さないようにする習慣を身につけていたほうがいいかもしれません。

　また、怒っている気持ちを外に表すような言い方や態度での発言も感心しません。会議では、それはほとんどの場合、逆効果です。

　議論が II するにつれて、言葉が荒く汚くなる人がいますが、これにも注意しましょう。感情的になりすぎない姿勢が大切です。

　議論というのは言葉で行われるものであり、まずは III であることが求められます。それには、仕事のなかでの鍛錬が大きな意味を持ちます。また独り善がりでなく、相手が聞いてくれる話し方が必要になります。それは、立場を変えて考えてみれば容易にわかるはずです。

　とくに、話し合いの場が厳しいときほどユーモアを交えた話し方ができると一目置かれます。言うまでもありませんが、ユーモアは、社交を IV し、表明した意見のアタリを弱める役割があるのです。

　反論や問題提起は、言う側も言われる側も、心理的 V が高まります。そうしたときに、場にあったユーモアを発することは大きな味方になります。

　自分の意見が受け入れられたときに「勝ち誇った」顔を見せないことも大事です。

（出典　岡本浩一「会議を制する心理学」から）

	I	II	III	IV	V
1	波紋	白熱	正確	促進	葛藤
2	波乱	熱中	親密	推進	抑圧
3	波紋	過熱	正常	推進	葛藤
4	波及	白熱	親密	進捗	抑圧
5	波乱	過熱	正確	進捗	懊悩

（本試験2020年問60）

●一般知識編

正解 1

正答率 **91%**

　　Ⅰ　がある文章は「その小さな声が、池に小石を投げ入れたときのように、　Ⅰ　を広げていって……」としているから、　Ⅰ　には、水に石などを投げ入れたときに生ずる輪のような波模様を意味する「波紋」が入る。

　　Ⅱ　がある文章とそれに続く文章は「議論が　Ⅱ　するにつれて、言葉が荒く汚くなる人がいますが……感情的になりすぎない姿勢が大切です。」としているから、　Ⅱ　には、議論などの勝ち負けの雰囲気が盛り上がった様を意味する「白熱」が入る。なお、ここでは議論が盛り上がること自体を否定的にみていないから、熱くなりすぎてしまうという熱くなることに対してネガティブなイメージを含意する「過熱」は入りにくい。

　　Ⅲ　がある文章とそれに続く文章は「……まずは　Ⅲ　であることが求められます。それには、仕事のなかでの鍛錬が大きな意味を持ちます。」としているから、　Ⅲ　には、選択肢に挙げられた語句のうち、仕事のなかでの鍛錬によって取得することができるものである「正確」が入る。

　　Ⅳ　がある文章とその前の文章は「……ユーモアを交えた話し方ができると一目置かれます。……ユーモアは、社交を　Ⅳ　し、表明した意見のアタリを弱める役割があるのです。」としているから、　Ⅳ　には、関係する者や事柄などがある物事を早くはかどるようにすることを意味する「促進」が入る。なお、ここではユーモアが自然にまたは当然に社交をはかどるようにするという意味合いがあるから、努力や尽力して物事を推し進めることを含意する「推進」は入りにくい。

　　Ⅴ　がある文章は「反論や問題提起は、言う側も言われる側も、心理的　Ⅴ　が高まります。」としているから、　Ⅴ　には、もつれ、悶着や争いを意味する「葛藤」が入る。なお、ここでは反論や問題提起における言う側と言われる側の

●文章理解

対等な対立の視点から述べられていると考えられるから，欲望や行動を押さえつけることを意味する「抑圧」，悩みもだえることを意味する「懊悩」は入りにくい。

　以上より，Ⅰには「波紋」，Ⅱには「白熱」，Ⅲには「正確」，Ⅳには「促進」，Ⅴには「葛藤」が入り，正解は**1**である。

第**3**編

文章理解

369

出る順行政書士シリーズ

2021年版 出る順行政書士 ウォーク問 過去問題集 **2**一般知識編

1994年6月20日　第1版　第1刷発行
2021年2月5日　第28版　第1刷発行
　　　　　　編著者●株式会社　東京リーガルマインド
　　　　　　　　　LEC総合研究所　行政書士試験部

　　　　　　発行所●株式会社　東京リーガルマインド
　　　　　　　〒164-0001　東京都中野区中野4-11-10
　　　　　　　　　　　　　アーバンネット中野ビル
　　　　　　　　　　☎03（5913）5011（代　表）
　　　　　　　　　　☎03（5913）6336（出版部）
　　　　　　　　　　☎048（999）7581（書店様用受注センター）
　　　　　　　振　替　00160-8-86652
　　　　　　　www.lec-jp.com/

　　　　　　本文デザイン●エー・シープランニング　千代田 朗
　　　　　　本文イラスト●髙橋 雅彦
　　　　　　印刷・製本●日本プロセス秀英堂株式会社

Ⓒ2021 TOKYO LEGAL MIND K.K., Printed in Japan　　　　ISBN978-4-8449-5833-8
複製・頒布を禁じます。
本書の全部または一部を無断で複製・転載等することは，法律で認められた場合を除き，著作者及び出版者の権利侵害になりますので，その場合はあらかじめ弊社あてに許諾をお求めください。
なお，本書は個人の方々の学習目的で使用していただくために販売するものです。弊社と競合する営利目的での使用等は固くお断りいたしております。
落丁・乱丁本は，送料弊社負担にてお取替えいたします。出版部までご連絡ください。

『出る順行政書士シリーズ』のご案内

LEC渾身の書籍ラインナップは、組み合わせて使うことで学習効率UP

出る順行政書士
合格基本書
独学合格の定番
「見開き完結型テキスト」
で効率的に学習

出る順行政書士 ウォーク問
過去問題集
①法令編
②一般知識編

過去問10年分で実力確認

準拠

出る順行政書士
合格問題集
合格基本書と完全リンク
「過去問＋オリジナル問題」
で重要論点を攻略

出る順行政書士
40字記述式・多肢選択式問題集
記述式・多肢選択式の得点力を徹底強化
※2021年3月上旬発刊予定

王道の「インプット学習本」から、豊富なラインナップの「アウトプット学習本」で"独学合格"に道筋を!!

初めて受験される方から学習経験のある方まで、受験生の目的に合わせた様々なタイプのラインナップをご用意しています。ご自身の学習進度にあわせて書籍を使い分けていくことで、効率よく学習効果を発揮することができます。

合格!

要点整理 / INput

出る順行政書士
最重要論点250

本試験直前期にコンパクトに知識整理

※2021年5月中旬発刊予定

予想問題 / OUTput

出る順行政書士
当たる！直前予想模試

3回分掲載。本試験の臨場感を自宅で体験

※2021年4月下旬発刊予定

LECの書籍はすべて購入特典付き

巻末ハガキからの応募で書籍購入者限定特典冊子プレゼント！

出る順行政書士 合格基本書
特典 法改正情報冊子 2021年4月下旬発送開始予定

出る順行政書士 合格問題集
特典 行政法 一問一答 条文ドリル 2021年4月下旬発送開始予定

出る順行政書士 ウォーク問過去問題集 ①法令編／②一般知識編
特典 行政書士試験徹底分析ブック 2021年4月下旬発送開始予定

出る順行政書士 40字記述式・多肢選択式問題集
特典 問題で学ぶ重要判例 2021年6月上旬発送開始予定

出る順行政書士 最重要論点250
特典 重要事項100肢チェック 2021年7月上旬発送開始予定

出る順行政書士 当たる！直前予想模試
特典 直前アドバイスブック 2021年7月上旬発送開始予定

※書籍の表紙デザイン等は、実際と異なる場合がございますので、予めご了承ください。

2021年合格目標 LEC行政書士講座のご案内

あなたにぴったりのカリキュラムが見つかる！選べる!!

おすすめコースラインナップ

初めて受験される方向け

開講コース名	回数	カリキュラム
パーフェクトコースSP	87	**初めて学ぶ！法律入門講座** オリエンテーション・基礎法学 1回 憲法 2回 民法 2回 行政法 2回 [全7回] / **合格講座** 憲法・基礎法学 11回 民法 22回 行政法 22回 商法・会社法 3回 一般知識 6回 [全64回] / **記述基礎力養成講座** [全4回] / **文章理解特訓講座** [全2回]
パーフェクトコース	80	**合格講座** 憲法・基礎法学 11回 民法 22回 行政法 22回 商法・会社法 3回 一般知識 6回 [全64回] / **記述基礎力養成講座** [全4回] / **文章理解特訓講座** [全2回]
合格講座スタンダードコース	67	**合格講座** 憲法・基礎法学 11回 民法 22回 行政法 22回 商法・会社法 3回 一般知識 6回 [全64回]
法律系資格受験生コース	36	**合格講座** 行政法 22回 一般知識 6回 [全28回] / **文章理解特訓講座** [全2回]

LEC行政書士講座を もっと知るための5つの方法

Webでチェックする

●**資格・勉強方法を知る**
① Webガイダンス
人気講師陣が資格や勉強方法について解説するガイダンスを見ることができます。

●**Web講義を体験してみる**
②おためしWeb受講制度
LECの講義って実際にどんな感じ？講義についていけるか心配！
そんな不安や疑問を解消してもらうために一部の講義をWebで受講できます。

充実のフォロー制度

IN	IN & OUT	OUT

科目別答練 憲法・基礎法学 1回 民法 2回 行政法 2回 商法・会社法 1回 一般知識 1回 [全7回]	全日本 行政書士 公開模試 [全2回]	ファイナル 模試 [全1回]
科目別答練 憲法・基礎法学 1回 民法 2回 行政法 2回 商法・会社法 1回 一般知識 1回 [全7回]	全日本 行政書士 公開模試 [全2回]	ファイナル 模試 [全1回]
科目別答練 憲法・基礎法学 1回 民法 2回 行政法 2回 商法・会社法 1回 一般知識 1回 [全7回] 教材配布のみ	全日本 行政書士 公開模試 [全2回]	ファイナル 模試 [全1回]
記述60問 解きまくり 講座 [全3回]	全日本 行政書士 公開模試 [全2回]	ファイナル 模試 [全1回]

●『Web(動画)＋スマホ視聴＋音声DL』or『DVDフォロー』が標準装備

通学講義はもちろん、自宅や外出先・移動中にポータブル機器で受講ができます！

●インターネットフォロー『教えてチューター制度』を完備

受講中の不安や、講義や教材に関する質問に専門スタッフがお答えします！

●費用面からもサポート各種割引制度

受講料がお得になる各種割引をご用意しています。
・本試験受験生30％割引
・他資格合格者20％割引
・LEC他資格受講生20％割引
・LEC再受講35％割引

近くのLECに行ってみる

●とりあえず話を聞いてみる
③受講相談
試験に精通したスタッフが試験や講座、教材などあらゆるご質問にお答えします。
お気軽にご相談ください。

●講師の話を聞いてみる
④無料講座説明会〈参加無料・予約不要〉
全国の本校にて資格の概要や勉強法をお話する説明会を開催しています。

●実際に教室で講義を体験してみる
⑤講義無料体験会〈参加無料・予約不要〉
開講日は無料で体験入学ができます。
実際の教室で、講義の雰囲気を体感いただけます。

LEC Webサイト ▷▷▷ www.lec-jp.com/

情報盛りだくさん！

資格を選ぶときも、
講座を選ぶときも、
最新情報でサポートします！

最新情報
各試験の試験日程や法改正情報、対策講座、模擬試験の最新情報を日々更新しています。

資料請求
講座案内など無料でお届けいたします。

受講・受験相談
メールでのご質問を随時受付けております。

よくある質問
LECのシステムから、資格試験についてまで、よくある質問をまとめました。疑問を今すぐ解決したいなら、まずチェック！

書籍・問題集（LEC書籍部）
LECが出版している書籍・問題集・レジュメをこちらで紹介しています。

充実の動画コンテンツ！

ガイダンスや講演会動画、
講義の無料試聴まで
Webで今すぐCheck！

動画視聴OK
パンフレットやWebサイトを見てもわかりづらいところを動画で説明。いつでもすぐに問題解決！

Web無料試聴
講座の第1回目を動画で無料試聴！気になる講義内容をすぐに確認できます。

スマートフォン・タブレットからはQRコードでのアクセスが便利です。

自慢のメールマガジン配信中！（登録無料）

LEC講師陣が毎週配信！ 最新情報やワンポイントアドバイス、改正ポイントなど合格に必要な知識をメールにて毎週配信。

www.lec-jp.com/mailmaga/

LEC E学習センター

新しい学習メディアの導入や、Web学習の新機軸を発信し続けています。また、LECで販売している講座・書籍などのご注文も、いつでも可能です。

online.lec-jp.com/

LEC電子書籍シリーズ

LECの書籍が電子書籍に！ お使いのスマートフォンやタブレットで、いつでもどこでも学習できます。

※動作環境・機能につきましては、各電子書籍ストアにてご確認ください。

www.lec-jp.com/ipad/

LEC書籍・問題集・レジュメの紹介サイト **LEC書籍部** www.lec-jp.com/system/book/

- LECが出版している書籍・問題集・レジュメをご紹介
- 当サイトから書籍などの直接購入が可能(*)
- 書籍の内容を確認できる「チラ読み」サービス
- 発行後に判明した誤字等の訂正情報を公開

＊商品をご購入いただく際は、事前に会員登録（無料）が必要です。
＊購入金額の合計・発送する地域によって、別途送料がかかる場合がございます。

※資格試験によっては実施していないサービスがありますので、ご了承ください。

LEC 全国学校案内

＊講座のお問合せ、受講相談は最寄りのLEC各校へ

LEC本校

■北海道・東北

札 幌本校　☎011(210)5002
〒060-0004 北海道札幌市中央区北4条西5-1　アスティ45ビル

仙 台本校　☎022(380)7001
〒980-0021 宮城県仙台市青葉区中央3-4-12
仙台SSスチールビルⅡ

■関東

渋谷駅前本校　☎03(3464)5001
〒150-0043 東京都渋谷区道玄坂2-6-17　渋東シネタワー

池 袋本校　☎03(3984)5001
〒171-0022 東京都豊島区南池袋1-25-11　第15野萩ビル

水道橋本校　☎03(3265)5001
〒101-0061 東京都千代田区神田三崎町2-2-15　Daiwa三崎町ビル

新宿エルタワー本校　☎03(5325)6001
〒163-1518 東京都新宿区西新宿1-6-1　新宿エルタワー

早稲田本校　☎03(5155)5501
〒162-0045 東京都新宿区馬場下町62　三朝庵ビル

中 野本校　☎03(5913)6005
〒164-0001 東京都中野区中野4-11-10　アーバンネット中野ビル

立 川本校　☎042(524)5001
〒190-0012 東京都立川市曙町1-14-13　立川MKビル

町 田本校　☎042(709)0581
〒194-0013 東京都町田市原町田4-5-8　町田イーストビル

横 浜本校　☎045(311)5001
〒220-0004 神奈川県横浜市西区北幸2-4-3　北幸GM21ビル

千 葉本校　☎043(222)5009
〒260-0015 千葉県千葉市中央区富士見2-3-1　塚本大千葉ビル

大 宮本校　☎048(740)5501
〒330-0802 埼玉県さいたま市大宮区宮町1-24　大宮GSビル

■東海

名古屋駅前本校　☎052(586)5001
〒450-0002 愛知県名古屋市中村区名駅3-26-8
KDX名古屋駅前ビル

静 岡本校　☎054(255)5001
〒420-0857 静岡県静岡市葵区御幸町3-21　ペガサート

■北陸

富 山本校　☎076(443)5810
〒930-0002 富山県富山市新富町2-4-25　カーニープレイス富山

■関西

梅田駅前本校　☎06(6374)5001
〒530-0013 大阪府大阪市北区茶屋町1-27　ABC-MART梅田ビル

難波駅前本校　☎06(6646)6911
〒542-0076 大阪府大阪市中央区難波4-7-14　難波フロントビル

京都駅前本校　☎075(353)9531
〒600-8216 京都府京都市下京区東洞院通七条下ル2丁目
東塩小路町680-2　木村食品ビル

京 都本校　☎075(353)2531
〒600-8413 京都府京都市下京区烏丸通仏光寺下ル
大政所町680-1 第八長谷ビル

神 戸本校　☎078(325)0511
〒650-0021 兵庫県神戸市中央区三宮町1-1-2　三宮セントラルビル

■中国・四国

岡 山本校　☎086(227)5001
〒700-0901 岡山県岡山市北区本町10-22　本町ビル

広 島本校　☎082(511)7001
〒730-0011 広島県広島市中区基町11-13　合人社広島紙屋町アネクス

山 口本校　☎083(921)8911
〒753-0814 山口県山口市吉敷下東 3-4-7　リアライズⅢ

高 松本校　☎087(851)3411
〒760-0023 香川県高松市寿町2-4-20　高松センタービル

松 山本校　☎089(961)1333
〒790-0003 愛媛県松山市三番町7-13-13　ミツネビルディング

■九州・沖縄

福 岡本校　☎092(715)5001
〒810-0001 福岡県福岡市中央区天神4-4-11　天神ショッパーズ
福岡

那 覇本校　☎098(867)5001
〒902-0067 沖縄県那覇市安里2-9-10　丸姫産業第2ビル

■EYE関西

EYE 大阪本校　☎06(7222)3655
〒530-0013 大阪府大阪市北区茶屋町1-27　ABC-MART梅田ビル

EYE 京都本校　☎075(353)2531
〒600-8413 京都府京都市下京区烏丸通仏光寺下ル
大政所町680-1 第八長谷ビル

【LEC公式サイト】www.lec-jp.com/

LEC提携校

＊提携校はLECとは別の経営母体が運営をしております。
＊提携校は実施講座およびサービスにおいてLECと異なる部分がございます。

■北海道・東北

北見駅前校【提携校】 ☎0157(22)6666
〒090-0041 北海道北見市北1条西1-8-1 一燈ビル 志学会内

八戸中央校【提携校】 ☎0178(47)5011
〒031-0035 青森県八戸市寺横町13 第1朋友ビル 新教育センター内

弘前校【提携校】 ☎0172(55)8831
〒036-8093 青森県弘前市城東中央1-5-2
まなびの森 弘前城東予備校内

秋田校【提携校】 ☎018(863)9341
〒010-0964 秋田県秋田市八橋鯲沼町1-60
株式会社アキタシステムマネジメント内

■関東

水戸見川校【提携校】 ☎029(297)6611
〒310-0912 茨城県水戸市見川2-3092-3

熊谷筑波校【提携校】 ☎048(525)7978
〒360-0037 埼玉県熊谷市筑波1-180 ケイシン内

所沢校【提携校】 ☎050(6865)6996
〒359-0037 埼玉県所沢市くすのき台3-18-4 所沢K・Sビル
合同会社LPエデュケーション内

東京駅八重洲口校【提携校】 ☎03(3527)9304
〒103-0027 東京都中央区日本橋3-7-7 日本橋アーバンビル
グランデスク内

日本橋校【提携校】 ☎03(6661)1188
〒103-0025 東京都中央区日本橋茅場町2-5-6 日本橋大江戸ビル
株式会社大江戸コンサルタント内

新宿三丁目駅前校【提携校】 ☎03(3527)9304
〒160-0022 東京都新宿区新宿2-6-4 KNビル グランデスク内

■東海

沼津校【提携校】 ☎055(928)4621
〒410-0048 静岡県沼津市新宿町3-15 萩原ビル
M-netパソコンスクール沼津校内

■北陸

新潟校【提携校】 ☎025(240)7781
〒950-0901 新潟県新潟市中央区弁天3-2-20 弁天501ビル
株式会社大江戸コンサルタント内

金沢校【提携校】 ☎076(237)3925
〒920-8217 石川県金沢市近岡町845-1 株式会社アイ・アイ・ピー金沢内

福井南校【提携校】 ☎0776(35)8230
〒918-8114 福井県福井市羽水2-701 株式会社ヒューマン・デザイン内

■関西

和歌山駅前校【提携校】 ☎073(402)2888
〒640-8342 和歌山県和歌山市友田町2-145
KEG教育センタービル 株式会社KEGキャリア・アカデミー内

■中国・四国

松江殿町校【提携校】 ☎0852(31)1661
〒690-0887 島根県松江市殿町517 アルファステイツ殿町
山路イングリッシュスクール内

岩国駅前校【提携校】 ☎0827(23)7424
〒740-0018 山口県岩国市麻里布町1-3-3 岡村ビル 英光学院内

新居浜駅前校【提携校】 ☎0897(32)5356
〒792-0812 愛媛県新居浜市坂井町2-3-8 パルティフジ新居浜駅前店内

■九州・沖縄

佐世保駅前校【提携校】 ☎0956(22)8623
〒857-0862 長崎県佐世保市白南風町5-15 智翔館内

日野校【提携校】 ☎0956(48)2239
〒858-0925 長崎県佐世保市椎木町336-1 智翔館日野校内

長崎駅前校【提携校】 ☎095(895)5917
〒850-0057 長崎県長崎市大黒町10-10 KoKoRoビル
minatoコワーキングスペース内

沖縄プラザハウス校【提携校】 ☎098(989)5909
〒904-0023 沖縄県沖縄市久保田3-1-11
プラザハウス フェアモール 有限会社スキップヒューマンワーク内

※上記は2020年12月1日現在のものです。

お問合せ窓口

書籍・講座・資料のお問合せ・お申込み

○ LECコールセンター（通学講座のお申込みは、最寄りの各本校にて承ります）

0570-064-464

受付時間 平日 9:30～20:00 土・祝 10:00～19:00 日 10:00～18:00

※このナビダイヤルは通話料お客様のご負担となります。
※固定電話・携帯電話共通（一部のPHS、IP電話からのご利用可能）。
※LECの講座は全国有名書店や、大学内生協・書籍部でも受付しております。受付店舗についてはLECコールセンターへお問合せください。
※書店様のご注文・お問合せは、下記の（書店様専用）受注センターで承ります。

知りたい！
聞きたい！

○ LEC公式サイト

www.lec-jp.com/

※書籍・講座のお申込みについてはLEC公式サイトにある「書籍・レジュメ購入」および「オンライン申込」から承ります。

QRコードから
かんたんアクセス！

○ LEC各本校（「LEC全国学校案内」をご覧ください）

○ （書店様専用）受注センター（読者の方からのお問合せは受け付けておりませんので、ご了承ください）

☎ 048-999-7581　Fax 048-999-7591

受付時間 月～金 9:00～17:00 土・日・祝休み

書籍の誤字・誤植等の訂正情報について

○ LEC書籍の訂正情報WEBサイト（発行後に判明した誤字・誤植等の訂正情報を順次掲載しております）

www.lec-jp.com/system/correct/

※同ページに掲載のない場合は、「お問い合わせ」（www.lec-jp.com/system/soudan/）の各種フォームよりお問い合わせください。

なお、訂正情報に関するお問い合わせ以外の書籍内容に関する解説や受験指導等は一切行っておりません。また、お電話でのお問い合わせはお受けしておりませんので、予めご了承ください。

LECの取扱資格・検定一覧

法律系 司法試験／予備試験／法科大学院／司法書士／行政書士／弁理士／知的財産managing技能検定®／米国司法試験

公務員系 国家総合職・一般職、地方上級／外務専門職／国税専門官／財務専門官／労働基準監督官／裁判所事務官／家庭裁判所調査官補／市役所職員／理系（技術職）公務員／心理・福祉系公務員／警察官・消防官／経験者採用／高卒程度公務員

簿記・会計系 公認会計士／税理士／日商簿記／ビジネス会計検定試験®／給与計算検定

労務・キャリア系 社会保険労務士／FP（ファイナンシャルプランナー）／キャリアコンサルタント／貸金業務取扱主任者／年金アドバイザー／人事総務検定／労働時間適正管理者検定／特定社労士／マイナンバー管理アドバイザー

不動産系 宅地建物取引士（旧・宅地建物取引主任者）／不動産鑑定士／マンション管理士／管理業務主任者／土地家屋調査士／測量士補／民泊適正管理主任者／ADR調停人研修／住宅ローン診断士／土地活用プランナー／競売不動産取扱主任者／ホームインスペクター

福祉・医療系 保育士／社会福祉士／精神保健福祉士／公認心理師／心理カウンセラー／ケアマネジャー／登録販売者

ビジネス実務系 通関士／中小企業診断士／ビジネスマネジャー検定試験®／秘書検定／ビジネス実務法務検定試験®

IT・情報・パソコン系 ITパスポート／MOS試験

電気・技術系 QC検定

※上記に掲載されていない資格・検定でも、LECで取り扱っている場合があります。詳細はLEC公式サイトをご覧ください。

企業研修

■人材開発・キャリア開発サポート
企業内での集合研修や
eラーニング・通信教育の
企画提案・提供
partner.lec-jp.com/

人材サービス

■プロキャリア事業部
資格や学習知識を活かした
就職・転職をサポート
東京オフィス ☎03-5913-6081
大阪オフィス ☎06-6374-5912
lec-procareer.jp/

LECグループ

■事務所作りをトータル
サポート 株式会社輪法
合格後の独立開業を
バックアップ
☎03-5913-5801
rinpou.com/

■専門士業のワンストップサービス
士業法人グループ
新たな士業ネットワーク構築と
独立支援・実務能力の養成をめざす
社会保険労務士法人LEC（エル・イー・シー）
司法書士法人法思
税理士法人LEC（エル・イー・シー）
弁護士法人LEC（エル・イー・シー）